JN315136

ジョルダーノ・ブルーノ著作集
Le opere scelte di Giordano Bruno

5

傲れる野獣の追放

Spaccio de la bestia trionfante

加藤 守通 訳

Traduzione giapponese di Morimichi Kato

東信堂

Istituto Italiano per gli Studi Filosofici
Centro Internazionale di Studi Bruniani

Giordano Bruno
Spaccio de la bestia trionfante

introduzione,traduzione e note
di Morimichi Kato
dal testo critico di
Giovanni Aquilecchia
edizione Les Belles Lettres

TOKYO - Toshindo - 2013

訳者解説

『傲れる野獣の追放』は、一五八四年にロンドンにてジョン・チャールウッド社から刊行された。ブルーノのイタリア語著作集をかつて刊行したイタリアの哲学者ジョヴァンニ・ジェンティーレは、イタリア語著作集（『カンデライオ』は除く）の最初の三つを「形而上学的対話」、後の三つを「道徳的対話」と呼んだが、本書は「道徳的対話」の最初のものである。『聖灰日の晩餐』『原因・原理・一者について』『無限・宇宙・諸世界について』において展開されたブルーノの形而上学と宇宙論は、本書において道徳哲学的な次元へと更なる展開を示した。そして、本書の付録とも言うべきものが、それに続いて刊行された『天馬のカバラ』である。道徳的対話の掉尾《とうび》は、すでに邦訳されている『英雄的狂気』によって飾られている。本書は、イタリア語著作の中では、『英雄的狂気』と並ぶ長編であり、ブルーノの倫理・政治・宗教思想を知るためにきわめて重要なものである。

本書は、ギリシャ・ローマ神話における最高神であるユピテル（ギリシャ名はゼウス）の改悛とそれに伴う改革という形態を取っている。周知のように、ギリシャ・ローマ神話におけるユピテルは、妻であるヘラの目を逃れて、幾人もの乙女や美少年と関係を持つなど、様々な悪徳に手を染めた。しかし、いまや年老いたユピテルは、過去の悪徳を悔い、彼および他の神々が新たな改良された生を生きることを欲する。彼は、巨人族に対する神々の勝利を祝う祭の場で、彼の決意を神々に告げ、神々の賛同を得る。このようにして自らの内面（内なる天）を浄化し、自己改良を行った後に、神々は外部に可視的なしかたで存在する天の改革に取り組むことになる。外部の天は、多くの星座で満たされているが、これらの星座の大部分はユピテルや他の神々の悪行を記念する獣たちだからである。そして、これらの獣たちを追放し、その場所に新たに諸徳を置くことが、神々の元老院で審議される。『傲れる野獣の追放』とは、神々による天の浄化の物語である。

このテーマは古代ギリシャの作家ルキアノスの『神々の会議』に由来する。この作品においては、神々の悪徳を星座の形を借りて描くことと天の改革という本書の二大テーマがすでに見出される。また、ルネサンスにおいても、ニッコロ・フランコやA・F・ドーニが同様のモティーフを取り上げている。

この物語の寓話的な意味は、可視的な天の改革を通じて人間の内面の改革を語ることにある。ユピテルは、人間の知性を象徴している。ユピテルの手助けをする神モムスは、古代の作家ルキアノスからとられた「自由な言論」（パレーシアン）の神であり、本書では良心を象徴している。四八の星座に区分された天は、人間というミクロコスモスの象徴である。『傲れる野獣の追放』は、人間の新たなる自己改革と自己形成のプログラムの書なのである。

しかし、ブルーノの筆致は、通常の道徳書や教育書からは懸け離れた、カラフルな躍動感に満ちている。星座のもとになったギリシャ・ローマ神話の世界を背景にして、天の座を求めて擬人化された〈運〉〈富〉〈貧乏〉〈閑暇〉など多種多様な役者たちが登場する。そして、われわれの人生に作用する美徳や悪徳が、しばしば皮肉に満ちた饒舌とともに、俎上に挙げられ、手際よく料理されていく。

ブルーノの辛辣な舌鋒は、当時の宗教をも容赦しない。ブルーノは、自然のあらゆる事物の中に神が宿るという彼の自然哲学の立場から古代エジプトの宗教と偶像崇拝を擁護するが、その対極として、反自然的な立場から自然法や人間の偉業を中傷し、否認する立場を時に論難し、時に揶揄している。ブルーノは非難の対象を名指ししていないが、おそらく彼の最大のターゲットはルターやカルヴァンといったプロテスタントたちであろう。とりわけルターの『奴隷意志論』に関しては、明らかなあてこすりとみられるような箇所が本書に散見される。とはいえ、ブルーノは、ノアの洪水以降アダムを父祖とするノアの家系から人類が再生したという人類の単一起源説や神と人間の間に生まれたオリオン〔キリストが暗示されている〕の神性といった、キリスト教の根本教義に対しても皮肉を惜しまない。結果として、本書は、ブルーノ裁判において彼の異端を証明する格好の材料を提供することになったのである。

本書の概要は、以下の通りである。なお、ブルーノは個々の星座のまわりに数多くの悪徳と美徳を配置しているが、煩瑣なために簡略化した。同様の簡略化は、小見出しでも行われている。

「説明の書簡」は、エリザベス朝の卓越した詩人にしてブルーノの庇護者であるフィリップ・シドニーに宛てられている。シドニーへの謝辞の後、ブルーノは本書をギリシャ神話のシレーノスと比較する。ここで暗示されているのは、プラトンの『饗宴』に出てくるシレーノス像のことである。その外見は、半人半獣の醜い姿をしているが、その中には宝物が隠されている。プラトンはこの像によって彼の師ソクラテスを表現したが、ブルーノは同じイメージで自らの著作を表現している。本書は、滑稽で猥雑な外見をしているが、そこには来るべき倫理学の要諦が秘められているのである。さらにブルーノは、本書の前提となる形而上学について箇条書きの形で要点を列挙している。これらの要点は、すでに訳された『原因・原理・一者について』で詳しく論じられている。大雑把な言い方をすれば、唯一の神的実体が宇宙を形成している中で、個々の存在は有為転変の中に置かれ、輪廻転生を繰り返すというブルーノの思想がそこに見いだされる。この主張は一見するとペシミスティックに見えるかもしれないが、有為転変の中に置かれているからこそ、上昇と改革が可能になるのである。「書簡」の後半部では、人間の魂の改革の寓話としての天の浄化の概略が示されている。この概略は、目次の代わりとでも言うべきものだが、いささか冗長で読みにくい。ユピテルが人間の精神を、モムスが良心を、天の改革が魂の改革を意味するという冒頭部だけ読んだら、他の部分は省略することを、初めての読者にはお勧めしたい。

三つの「対話」は、地上の知恵を体現するソフィアがサウリーノという人物（ブルーノの母方の家系の名でもある）を相手に、ユピテルによる天の改革を語る形式を取っている。「第一対話」と「第二対話」の末尾には、ソフィアと天の使者メルクリウスとの会話というエピソードがはめ込まれている。

「第一対話第一部」では、有為転変に関する考察の後に、本書の主人公であるユピテルが登場する。このギリシャの神々の王もまた有為転変の法則に勝てず、若さを失い、かつての力と権威を失っている。彼はいままでの放蕩生活を恥じ、追放していたモムスを召喚し、天上の宮廷の綱紀粛正を断行する。神々がかつて巨人族との戦いに勝利した記念日にユピテルは彼の娘ヴェヌスに語りかけ、自らをはじめとする神々の老衰を嘆く。美の女神であるヴェヌスさえ、醜い老女に変わり果てたのである。その一方で、「半人たち」が席巻し、時代は彼らに支配されるようになったのである。

「同第二部」。ユピテルはただちに神々を集会へと招集する。そして、演説を開始し、まず自らをはじめとした神々の悪行が星座として衆目に晒されていることを嘆く。星座は、ギリシャ神話を題材にしているが、そこで扱われていることの大半は、神々の奔放で不道徳な行いと関わりがあるからである。ユピテルは個々の星座を列挙してこのことを示すが、それはいわば悪徳のホロスコープと呼べるものである。ユピテルは、正義や節制などの美徳を追放し、悪徳を体現する傲れる野獣たちで天を飾った不明を恥じ、まずは内面の改革を提言し、この提言はただちに実行される。そのうえで、彼は、熟慮の時間を経て後日天の浄化を実施することを提案し、散会となる。

「同第三部」。ユピテルの提案通り、四日後に神々が集まり、ユピテルとモムスの主導のもとで天の浄化が実施される。まず北の空に陣取っている大熊座の〈熊〉が追放され、その座を〈真理〉が継承する。さらに、〈竜〉の座を〈賢慮〉が、〈ケフェウス〉の座を〈法〉が占めることになる。〈北冠〉は追放されず、やがて来るべき不敗の戦士のために天に残される。この戦士は、ヨーロッパに災厄をもたらしている「衒学者たちの怠惰な学派」(プロテスタントの宗派)に終止符を打つ任務を負っている。〈北冠〉の座は、〈審判〉が占めることになる。ヘラクレス座のヘラクレスに関しては、彼自身は何の咎もないので、新たに地上に生まれ、怪物退治を行うことが決定される。ソフィアの話はここでいったん途絶え、ソフィアを訪ねて来た天の使者メルクリウスとの会話が、末尾に組み込まれる。そこでは、神の摂理について、ブルーノの故郷ノラの人たちの日常の些末な事柄を例に滑稽なしかたで語られる。しかし、やがて会話はより深遠な議論へと展開していく。すべてのものは、いかに小さかろうが、無限大の摂理の中に置かれているのである。

「第二対話第一部」。天の座を継承した真理、賢慮、知恵、法、審判に関する詳細な議論が展開される。審判に関する議論は、時代批判へと発展し、古代ローマ人が賞讃される一方で、「文法学者たち」という名の下でプロテスタントの神学者たちが罵倒される。

「同第二部」。〈ヘラクレス〉の座を巡って、〈富〉〈貧乏〉〈運〉が順次登場し、継承者としての権利を執拗に主張するが、退けられる。もっともそれらはまったく拒絶されるのではなく、地上における役割がそれらに課せられることになる。また〈富〉と〈貧乏〉の醜い複合体である〈貪欲〉についても論じられる。

「同第三部」。〈運〉が退出し、〈ヘラクレス〉の座は〈剛毅〉に与えられる。続いて、〈竪琴〉が追放され、その座を記憶を司る女神ムネモシュネーとその娘たちである九人のムーサたちが継承する。〈数論〉〈幾何学〉〈音楽〉〈論理学〉〈詩〉〈天文学〉〈自然学〉〈形而上学〉〈倫理学〉である。彼女らは、それぞれの学芸の言葉を使って、感謝の辞を述べる。彼女らの中で、最大の評価は、末娘である〈倫理学〉に与えられる。次に、〈白鳥〉が追放され、〈改悛〉がその座を継承する。争いの原因を作った傲慢な女王〈カシオペア〉は、戦神マルスの提案で、スペインに追放され、その座を〈純一〉が継承する。ヘラクレスに並ぶ英雄である〈ペルセウス〉は、彼とともに怪物退治を行うために、ヨーロッパに派遣される。この座の継承者として、〈勤勉〉ないし〈熱意〉ないし〈労苦〉が登場する。三つの語は、ほぼ同義語として使われている。〈労苦〉は、ユピテルから指令を受けた後、自らの抱負を語る。天の浄化についての話は、ここでいったん中断し、ソフィアは再度来訪したメルクリウスとナポリで発生した暴動について話し合う。この暴動は、一五四七年に起きたものだとされており、読者は、神話的な寓話の世界から、現実の混乱へと目を向けさせられるのである。

「第三対話第一部」。〈閑暇〉と〈眠り〉が登場し、〈閑暇〉は〈勤勉〉に与えられた〈ペルセウス〉の座を自らに与えるよう主張する。この主張の中核を占めるのは、黄金時代の賛美である。〈閑暇〉は自らが支配していた黄金時代の平和を賛美し、〈勤勉〉の登場によって争いが生じたと訴える。それに対するユピテルの返答は、「神々は人間に知性と手を与えた」という言葉で始まる労働の賛美である。この主張は、労働を重視する近代思想の先駆けとして、しばしば引用される。しかし、ここで〈眠り〉が寝ぼけ眼で歩み出て、神々の前で下半身を晒すという大失態を演じることで、大混乱が生じる。いたたまれなくなって立ち尽くす〈閑暇〉を擁護するために、モムスは閑暇の家の住民たちがけっして暇ではないことを語る。そこでは、化粧や賭博にいそしむ宮廷人からはじまり、重箱の隅をつつく議論にうつつをぬかす学者たちの実態が細かく描写される。ブルーノは、モムスの長広舌を通じて、暇人たちの空虚な営みを皮肉たっぷりに描写しているのだが、この長広舌自体が暇人たちに感染されたかのようにダラダラとしたものになっている。モムスの口がようやく閉ざされた後に、ユピテルは〈閑暇〉に役割を与え、賞讃すべき熱心な〈閑暇〉にかぎって、〈熱意〉と同じ座に座ることが許される。

「同第二部」。ここでは矢継ぎ早に、以下の順に星座の改変が行われる。〈トリプトレモス〉→〈人間性〉、〈蛇遣〉→〈聡明さ〉、〈矢〉→〈注意〉、〈ワシ〉→〈雅量〉、〈イルカ〉→〈慈愛〉、〈天馬〉→〈神的狂気〉、〈アンドロメダ〉→〈希望〉、〈三角形〉→〈信義〉、〈牡羊〉→〈競争心〉、〈雄牛〉→〈忍耐〉、〈昴〉→〈会話〉、〈双子〉→〈平和〉、〈カニ〉→〈改宗〉、〈獅子〉→〈寛大〉、〈乙女〉→〈純潔〉、〈天秤〉→〈公正〉、〈サソリ〉→〈誠意〉、〈オリオン〉→〈瞑想〉、〈雄ヤギ〉（後述）、〈水瓶〉→〈節制〉、〈魚〉→〈沈黙〉。〈雄ヤギ〉は、かつて神々を救った功績ゆえに、〈自由〉とともに天の座に留まることを許される。〈雄ヤギ〉を巡る議論は、動物を神々として崇拝した古代エジプトの宗教の考察へと発展する。そこでエジプトの神イシスが登場し、神がすべてのものに宿るという汎神論の立場からエジプト人の偶像崇拝を擁護する。また、魔術とカバラに関しても論及される。フランセス・イエイツをはじめとしたブルーノ研究者たちが重視した「アスクレピオスの嘆き」もここで言及される。古代エジプトの賢者アスクレピオスは、将来エジプトの宗教が没落し、「邪悪な天使たち」が地上を席巻することになることを嘆くが、いずれ再び光の時代に戻ることを予見している。この予見は、自らの「古代の真なる知恵」の再興者として捉えるブルーノの時代理解にとって重要な意味を持っている。もうひとつ見逃してはならないのが、〈水瓶〉の処遇によって誘発された人類の起源を巡る、皮肉たっぷりの言葉である。当時、人類はノアの洪水以後世界に広まったという人類の単一起源説と新大陸の住民は別の起源を持つという複数起源説の論争があった。アダムを人類の唯一の父祖とみなすキリスト教は前者を支持したが、神が世界の至る所に等しく宿ると考えるブルーノは当然後者を支持した。ユピテルは〈水瓶〉に地上に行って、単一起源説を強弁するように指示しているが、このことによって単一起源説の主張者の牽強付会を揶揄しているのである。

「同第三部」。以下の順に残りの星座の改変が行われる。〈クジラ〉→〈平安〉、〈オリオン〉→〈精励〉、〈エリダヌス川〉はイタリアに現に存在しているが想像上天にも留まる、〈ウサギ〉→〈希望〉、〈大犬〉→〈伝導〉、〈子犬〉→〈社交性〉、〈船〉→〈気前の良さ〉、〈ヒドラ〉は〈利発〉とともに天に留まる、〈カラス〉→〈魔術〉、〈カップ〉→〈禁欲〉、〈ケンタウロス〉は〈純一〉とともに天に留まる、〈三重冠〉はフランス国王アンリ三世に与えられその座を〈勝利〉が継承する、南の〈魚〉→〈健康〉。海の上を歩いたオリオンと人間と獣の二つの実体を併せ持つケンタウロスは、モムスによって揶揄されるが、そこにはキリスト教の教義に対するあてこすりが見られる。最後に、〈三重冠〉がアンリ三世に与えられ、ヨーロッパを席巻する内乱と紛争を彼が集結に導くという期待とともに天の浄化は完結する。

本書は、一九九九年にフランスのベル・レトレ社から刊行された、ジョヴァンニ・アクイレッキアによる以下の校訂版をもとにしている。

Expulsion de la bête trionfante, Paris: Les Belles Lettres, 1999

この校訂版は、ジャン・バルザモのフランス語訳、マリア・ピア・エッレーロの註、そしてヌッチョ・オルディネの解説を伴う、充実したものである。

訳出にあたっては、以下の訳も参考にした。

The Expulsion of the Triumphant Beast, translated and edited by Arthur D. Imerti, with an introduction and notes, Rutgers University Press, New Brunswick, New Jersey, 1964

Expulsión de la bestia triunfante, traducción, introducción y notas de Miguel A. Granada, Alianza Editorial, 1989

本書に引用されている文学作品等の翻訳の際には、以下の翻訳を引用または参照させていただいた。ただし、表記等に変更を施した箇所もある。

ルドヴィコ・アリオスト『狂えるオルランド』、脇功訳、名古屋大学出版会、二〇〇一年

ウェルギリウス『アエネーイス』、岡道男・高柳宏幸訳、京都大学学術出版会、二〇〇一年

ウェルギリウス『牧歌・農耕詩』、小川正廣訳、京都大学学術出版会、二〇〇四年

オウィディウス『変身物語』、中村善也訳、岩波文庫、一九九五年

トルクァート・タッソ『愛神の戯れ』、鷲平京子訳、岩波文庫、一九八七年
『聖書』新共同訳、日本聖書協会、一九八八年
セネカ『オエディプス』、岩崎務訳、『セネカ悲劇集二』、京都大学学術出版会、一九九七年
ルクレティウス『事物の本性について』、藤沢令夫・岩田義一訳、筑摩書房、一九六五年

また、すでに東信堂から刊行した、ヌッチョ・オルディネ著『ロバのカバラ』は、本書に関する貴重な解説を多く含んでいる。参考にしていただければ幸いである。

なお、本書にはユダヤ人や屠殺業などに関する差別的な表現が存在するが、本書の時代背景や作者の意図を尊重して修正は行わなかった。

東信堂の下田勝司社長には、本書の出版に際してたいへんお世話になった。あらためてここで感謝の意を表したい。

（二〇一三年五月）

目次

凡例

● 〈 〉 神格化された抽象名詞（〈真理〉）
　星座として用いられている固有名詞（〈オリオン〉）と普通名詞（〈サソリ〉）
　ラテン語の単語ないし文（〈すなわち〉）

●〔 〕 訳者の補足説明

● 各対話及び各部の副題、そして小見出しは訳者による補足である

Le opera scelte di Giordano Bruno

Vol.5: Spaccio de la bestia trionfante

Traduzione giapponese di Morimichi Kato

Casa Editrice Toshindo

ジョルダーノ・ブルーノ著作集❺

傲れる野獣の追放

加藤守通＝訳

東信堂＝刊

ユピテルによって提案され、
評議によって実現され、
メルクリウスによって明らかにされ、
ソフィアによって語られ、
サウリーノによって聞かれ、
ノラの人[1]によって記録された、
それぞれが三つの部分から成る
三つの対話に分割されている、
この書を、たいそう輝かしく
卓越した騎士である
フィリップ・シドニー氏[2]に
献呈する。

パリ

一五八四年刊行

説明の書簡　フィリップ・シドニーへの献辞と本書の概略

たいそう輝かしく卓越した騎士であるフィリップ・シドニー氏へ
ノラの人より

○フィリップ・シドニーへの献辞

太陽を見ない者は盲目であり、太陽を知らない者は愚かであり、太陽に感謝しない者は恩知らずです。太陽は莫大な明かりによって輝き、莫大な善によって卓越し、莫大な善行によって役に立ち、感覚の師であり、実体の父であり、生の創始者なのですから。同様に、卓越した騎士殿よ、もしもわたしが閣下の才能を評価せず、閣下の作法を賛美せず、閣下の功労を称賛しないとしたならば、わたしはまったく取るに足らない者になることでしょう。わたしが初めてイギリスの島に来たときに、閣下は、時間が許すかぎり、これらの美質をわたしに対してお示しになられたのですから。じつに閣下は、機会あるごとに多くの人々にお会いになられ、閣下の真に英雄的な生得の傾向が指し示すかぎり、すべての人々のことを考慮なさるのです。これらすべての人々の考えはすべての人々に、多くの人々の責務は多くの人々に委ねるとして、わたし個人の問題に戻るならば、わたしが、閣下に感謝の意を表して挨拶せずに、閣下の美しい、恵まれた、礼儀正しい祖国を去ることによって、末代までも恩知らずの悪名を残すということを、運命は許さないでしょう。このことは、たとえわたしが時々、幾人かの輩の煩わしくも厚かましい無礼に対して気持ちを害したとしても[3]、変わることはありません。同様のことは、たいそう寛大で親切なファルク・グレヴィル氏[4]についても言えます。氏は、竹馬の友として閣下と長く親交を温めており、数多くの尊敬に値する外面的かつ内面的な完成という点で、閣下に似通っておられます。そして、わたしに関することを言えば、彼は、閣下の次にわたしに手を差し伸べてくれた、第二の恩人なのです。もしも嫉妬深い復讐の女神が悪意に満ちた下劣な関係者たちという毒を盛らなかったならば、わたしは彼の親切を受け入れ、彼はそれを実行したことでしょう。

○本書の特質

それゆえ、わたしは（グレヴィル氏には別の題材を用意するとして）閣下にこの一連の対話を献呈いたします。それは、それを手にする人たちの状態に応じて、善いものであったり悲しいものであったり、称賛されたり無価値であったり、優秀であったり劣悪であったり、博識であったり無知であったり、高邁であったり低劣であったり、有益であったり無益であったり、実り豊かであったり不毛であったり、威厳があったり放埒であったり、宗教的であったり世俗的であったりします。そして、愚かで倒錯した者たちの数は、知恵と正義を兼ね備えた者たちの数よりもはるかに多いので、大多数の声が生み出す栄誉やその他の成果に鑑みたとき、わたしには自分の学問と労苦から僥倖を期待することなどとうていできません。むしろわたしの学問と労苦は不満の材料を与えるので、話すよりも沈黙したほうがよいのです。しかし、永遠の真理から見たときには、少数の人々によってしか知られることも求められることも期待されることもないのみならず、それに加えて卑しまれ軽蔑され迫害されたものほど、価値があり輝かしいものはありません。それゆえ、わたしは、岩に囲まれた深い濁流が力を増せば増すほど、激しい流れの中に道を切り開くようよりいっそう努めることになるのです。

それゆえに、物まね上手で、喜劇的な役者である、シレーノスたちのうわべについて、大衆は嘲笑し、からかい、馬鹿にし、面白がるがよいでしょう[5]。とはいえ、その下には善性と真理の宝が安全に隠されているのです。それと反対に、厳格な目つきと抑制された表情と長いあごひげと教師の重々しい礼服のもとに、多くの人たちは、無知を隠し持つのに余念がありません。この無知は、卑しい大ぼらふきであり、名高い悪行に劣らず有害なものなのです。

そこでは、善さや学識によっては善良な学者として自分を売り出すことができない多くの輩が、われわれがいかに無知で悪辣かを示すことによって、自分をたやすく売り出すことができるのです。しかし、神が知り、不可謬な真理が認めるように、この種の人間は愚かな極悪人であり、わたしはと言えば、思想や言葉や行いを通じて、誠意と純一と真実しか、知りもせず、持ちもせず、自負もしないのです。いまにきっとこのような判決が下されることになるでしょう。ただしそのためには、時代は以下の条件を満たしていなければなりません。すなわち、①英雄的な仕事や成果が無価値で無駄なものと思われないこと、②分別を欠いた信仰が最高の知と判断されないこと、③人間のペテンが神々の熟慮から区別されること、④自然法を覆すことが超人的な宗教や敬虔さがなすわざであると判断されないこと、⑤熱心な観想が錯乱から区別されること、⑥名誉が貪欲な所有の中に、光輝がご馳走の中に、名声が従者の頭数の中に、威厳が豪華な服装の中に、偉大さが金満の中に、真理が奇跡の中に、賢慮が悪意の中に、聡明さが裏切りの中に、賢慮[6]が欺瞞の中に、人生通がごまかしの中に、法が力の中に、正義が専制の中に、判決が暴力の中に（その他すべてに関して同様のことが言えます）、存しないこと、です。

本書において、〔わたしこと〕ジョルダーノは俗語で語り、自由に命名し、自然が与えた特性に応じてそれぞれに固有の名を与えます。彼は、自然が価値あるものとしたものを恥ずべきものとは言わず、自然が開いたまま示したものを覆い隠しません。彼は、パンをパンと、ワインをワインと、頭を頭と、足を足と、そしてその他の部分をそれらに固有の名で呼びます。彼は、食べることを食べることと、寝ることを寝ることと、飲むことを飲むことと、そしてその他の自然な行いをそれらに固有の名で語ります。彼にとって、奇跡は奇跡であり、驚くべき武勲は驚くべき武勲であり、真理は真理であり、学識は学識であり、善さと美徳は善さと美徳であり、ペテンはペテンであり、欺瞞は欺瞞であり、ナイフと火はナイフと火であり、言葉と夢は言葉と夢であり、平和は平和であり、愛は愛なのです。彼は、哲学者を哲学者として、衒学者を衒学者として、君主を君主として、大臣を大臣として、説教者を説教者として、吸血鬼を吸血鬼として、役立たず、大道芸人、詐欺師、奇術師、ペテン師、道化、オウムを彼らが呼ばれ、示され、そうあるところの名で呼びます。行動の人、慈善家、知者や英雄に対しても同様です。まったくもって、世界の市民にして住民であり、父なる〈太陽〉と母なる〈大地〉の息子であるこの人は、世界を愛するがゆえに、ご覧のように、世界から憎まれ、非難され、迫害され、追放されているのです。けれども、彼は、自らの死と輪廻と変容を待ち受ける間、怠惰であったり時間の使い道を誤ったりすることはないのです。

○本書の仮想敵

本日、彼は、彼の道徳の厳選され整えられた種子をシドニー氏に差し出します。そのわけは、氏がそれを目新しいものとして感嘆したり、認識したり、理解したりするためではありません。むしろ、氏がそれを審査し、考察し、判定を下すためなのです。この判定において、氏は、受け入れるべきことすべてを受け入れ、大目に見ることすべてを大目に見ることでしょう。そして、偽善者たちの顰蹙と非難、知ったかぶりをする人たちのにやけた高慢ちきな態度、衒学者たちの揚げ足取りと冷やかしに対して、擁護すべきことすべてを擁護することでしょう[7]。その際、第一の人たち〔偽善者たち〕に対して、氏は以下のように警告することでしょう。「死者を蘇らせ、病人を癒し、自分のものを与えることによって始まり、成長し、維持されてきた、あの宗教を尊重しなさい。他人のものを奪い、健康な人を不具にし、生者を殺すところには、慈愛は存在しません」と。第二の人たち〔知ったかぶりをする人たち〕に対して、氏は次のような助言をすることでしょう。「能動的知性である可知的太陽へと振り向き、光を持たない者が光を持つように祈りなさい」と。第三の人たち〔衒学者たち〕に対して、氏は次のように諭すことでしょう。「われわれは、（これらの人たちがそうであるように）ある特定の声や言葉の奴隷であるべきではありません。むしろ、神々のお蔭で、これらの声や言葉をわれわれにとって都合がよく快適なしかたで適用することで、これらの声や言葉をわれわれに仕えさせることが許されていますし、われわれにはそうする自由があるのです」と。そうすれば、第一の人たちは邪悪な良心によって、第二の人たちは盲目によって、第三の人たちは熱意の悪用によって、われわれを悩ますことがないでしょう。さもなければ、第一の人たちは、われわれの判断をあまりにも厳格に検閲したために、愚鈍や嫉妬や悪意のとがを負うことになるでしょう。第二の人たちは、われわれの思想を僭越にも中傷したために、無知や過信や向こう見ずのとがを負うことになるでしょう。第三の人たちは、われわれの言葉を愚かにも吟味したために、臆病や軽薄さや虚栄のとがを負うことになるでしょう。

○本書の意図

さて、この話におけるわたしの意図を、それを理解しようと欲しかつまた理解できる人に理解してもらうために、わたしは次のことを証言します。わたしに関して言えば、すべての賢者と善人が賞賛に値すると考えることをわたしも賞賛します。そして、彼らとともに、その反対を非難いたします。それゆえ、わたしは皆に向かって祈り懇願します。「いかなる蛮勇と悪意の持ち主といえども、この著作において書かれていることがわたしの積極的な主張であると決めつけて、このことを自分や他人に説得することがありませんように。また、わたしが、知ってか知らずか、ある時点において、真理に対して敵意を持ち、誠実で有益で自然で、それゆえに神的であるものに対して攻撃を仕掛けようとしたなどと、この人が（もしも真実を信じようと欲するならば）信じることがありませんように。むしろ、わたしが全精力を傾けてその反対を目指していることを、この人が確信してくれますように。そして、もしも時には確信ができずに決定不能な場合には、真相を捉えて解決に至るまでは、この人が懐疑の状態に留まっていますように。加えて、これらの対話の登場人物たちは彼ら自身の言葉を話すだけでなく、その他多くの人たちの話を引用するのですが、そこに引用された人たちも同様に、自らの考えに事欠かず、彼らにふさわしい熱情を持って語っている、ということをこの人が考慮してくれますように」と。

したがって、これら三つの対話は未来の作品の素材と下書きとしてここに広げて置かれているということを、皆に心に留めて欲しいものです。というのも、わたしは可知的な神的太陽がわたしの中に照らす内なる明かりに則って道徳哲学を論じようとしているのですが、その際先ず音楽家のように序曲を先に置き、画家のようにぼんやりとした輪郭と陰影を描き、紡績工のように糸を織り引き延ばし、偉大な建築家のように目に見えない奥深い土台を造ることが有益だと考えたのです。そして、このことをうまく成し遂げるためには道徳性のすべての主要な形態、つまりおもだった徳と悪徳を選り分けて整理する必要に迫られたのです。

こうしてユピテルが登場することになるのですが、彼は、自分が天を、四十八の有名な像〔星座〕に見られるように、数多くの野獣たち、すなわち悪徳、によって満たしたことを後悔しているのです。彼はいまや、野獣たちをこの栄誉ある至高の場所である天から追放し、それらの大部分を地上の特定の場所に遣ろうと審議しています。そして、〔野獣たちによって占められていた天の〕同じ場所が、長い間追放され、不当にもちりぢりにされていた諸徳によって継承されることを審議しています。さて、このことが実行されている間、もしも弾劾に値しないことが弾劾され、賞賛に値することが軽蔑され、非難に値することが高められ、あるいはその逆のことが起きるのをご覧になるとしても、すべては（語る権限を持つ者たちによる場合ですら）暫定的に語られているにすぎない、ということをご理解ください。つまり、すべては、音楽が演じられ、絵画が描かれ、織物が織られ、屋根が高くされるときに検査され議論され比較されるべき問題として、公開の場に置かれているにすぎないのです。そこでは、ソフィアはソフィアを表し、サウリーノはサウリーノを演じ、ユピテルはユピテルを演じています。モムスやユノやヴェヌスやその他のギリシャとエジプトの神々は、放蕩な者も厳格な者も、彼らが表すことができる条件や本性に適合した役柄と性格を演じています。まじめなテーマをご覧になろうと、愉快なテーマをご覧になろうと、すべてが特別な眼鏡で等しく眺めるに値するとお考えください。

結論を言いますと、ここではっきりと定められているのは、道徳的な考察の主題の配列と数、そしてこれらの主題において具象化されているこの種の哲学の基礎以外の何物でもないのです。そのほかには、各人がこの〔著作という〕手立てにおいて、自らの器量に応じた成果を獲得すればよいでしょう。というのも、善人たちの利益にならないほど悪しきものは存在せず、悪人たちの破廉恥な言行の原因や材料にならないほど善にして価値あるものも存在しないからです。それゆえに、ここでは、（そこから学識にふさわしい成果を集めることができない）他のすべてのことを、疑わしい、あやしい、不確かなこととみなしてください。そして、われわれの最終的な意図が、諸々の徳と悪徳の秩序、文字譜、状態、方法的指示、樹木、劇場、広場であるとお思いください。もしもその後に他のことを考察するために議論し、探求し、調査し、矯正し、戦線を拡大し、歩を進め、陣を張る必要が生じるならば、そのときわれわれは、われわれの明かりと独自の意図にしたがって、すべてを決定することになるでしょう。そして、この問題について、他の特殊な対話において説明を加えることになるでしょう。これらの対話において、この種の哲学の普遍的な建築はじゅうぶんに完成されることになるでしょう。そして、そこでわれわれはより断定的なしかたで議論することになるでしょう。

○形而上学の要諦

そういったわけで、ここにユピテルが登場するのですが、彼は、第一原理や普遍的原因の正統で善良な代理人にして補佐役ではなく、むしろ変遷の運命に従属した変わりやすいものとみなされるべきなのです。それゆえに、ユピテルは次のことを知っています[8]。すなわち、唯一の無限の存在者である実体全体の中に無数の数え切れない特殊な諸自然が存在し、彼自身それらのうちのひとつの個体にすぎません。これらの特殊な諸自然は、実体、本質、本性においてはひとつですが、そこに入り込む数が原因で、数え切れない有為転変という一種の運動と変容を被ることになるのです。特殊な諸自然のどれもが、ユピテルも含んで、このような個体であり、このような複合から成り、このような偶有的な状況のもとにあり、差異によって数のもとに置かれています。これらの差異は、対立から生じますが、すべての対立は原初的で第一の対立に還元されます。これこそが他のすべての〔二次的な〕対立の第一原理であり、これらの〔二次的な〕対立はあらゆる変化と有為転変の近接した起動因なのです。このことによって、はじめはユピテルでなかったものが、その後ユピテルになり、現在ユピテルであるものが、ついにはユピテルとは別のものになるのです。

ユピテルは次のことも知っています。すなわち、永遠の物質的実体（それは破滅も破壊も受け入れませんが、希薄化や濃密化は受け入れ、形成され、整えられ、形姿を得ることができます）から成る複合は分解され、体質は変化し、形姿は変容し、存在は別のものになり、運命は変わります。しかし、実体において元素であるものは、つねに留まります。また、つねに存在していた、あの唯一の物質的原理（それは、諸物の真の、永遠の、生成と破壊を受け入れない実体です）も留まり続けるのです。

ユピテルは次のこともよく知っています。すなわち、非物質的な永遠の実体においては、何も変化したり、形を得たり失ったりせず、この実体は破滅を受け入れないものであり続けます。なぜならば、それは複合を受け入れないのですから。それゆえに、この実体は、それ自体においても、あるいは偶有的にも、「死ぬ」と言われることはありません。というのも、死とは、複合物のつなぎ合わされた諸部分の間の離別以外の何物でもないからです。死においては、各々の実体的原理全体（それは消滅不可能です）は留まりつつも、友愛、一致、部分が織りなす性質、統一、秩序といった偶有性はなくなるのです。

ユピテルは次のことも知っています。すなわち、霊的な実体は、諸物体と親近性を持つとはいえ、自らがこれらの物体と複合したり混合したりすることはありません。というのも、このこと〔混合〕は、物体と物体、特定の性質を持った質料と別の性質を持った質料の間に生じるからです。それに対して、霊的な実体はひとつのものであり、内から働きかけ形成する原理なのです。それ〔霊的な実体〕から、それを通じて、それのまわりに、複合体が生じます。それはちょうど、船の船頭、家の家父長、外からではなく内から建物を制作し、つなぎ合わせ、維持する職人のようなものです。正反対の諸要素を統合し、不調和な特質をある種の調和のもとにつなぎ合わせ、生き物の複合体を維持する働きは、その中にあるのです。それは、巻き棒をねじり、織物を織り、糸を編み、気質を抑制し、秩序を与え、精気を取り込んで配分し、肉に繊維を与え、軟骨を延ばし、骨を硬くし、神経を枝分かれさせ、動脈を掘り、静脈を豊かにし、心臓を暖め、肺に息を吹き込みます。そして、生命力を持った熱と根源的な湿によって、すべてを内から助けるのです。そこから現にあるような基体《ヒュポスタシス》が成立し、現にあるような容貌や形や相貌が外に現れるのです。このようにして、生きていると言われているすべてのものにおいて、心臓の中心、あるいはそれに対応するものから出発して、四肢を広げ形作りながら、そしてそのようにしてできた四肢を維持しながら、〔肉体という〕部屋が形成されるのです。同様に、消滅の原理に迫られたときには、それは、正反対の諸要素をばらばらにし、絆を裁ち切り、基体的な複合を取り除くことによって、自らの建造物を捨て去り、建物の破壊の原因になるのです。というのも、それは、同一の気質によって同一の糸を永遠に編み続け、同じ秩序を保ち、同一の複合物に宿り続けることができないのですから。それゆえに、外に面した部分や四肢から心臓へと退き、あたかも感覚を失った道具や器財をそこに再び集めることによって、それは、それがかつて入ったことのある同じ扉から出て行くということを、明らかに示すのです。

ユピテルは次のことも知っています。すなわち、複合されたり分解されたりすることができ、扱いやすく、加工しやすく、形を受け入れることができ、動的で、つねに魂の支配と徳のもとにある物質的な質料でさえ、破壊されることがなく、点やアトムに分解されても消滅することがないというのに、それとは反対に、命令し、支配し、主宰し、動かし、生命を与え、養い、感覚を与え、維持し、保つ、より卓越した自然がより悪い状態にあるということはまったくありえない不可能なことなのです。要するに、それが、（特定の愚かな輩が哲学者の名のもとに主張しているように[9]）調和や均整や体質から結果として生じる現実態であり、つまるところ複合体が分解されれば複合と一緒に消え去る偶有性にすぎないということは、不可能なことなのです。それは本来、それから生じる調和や体質や均整の原理にして内なる原因であるはずなのですから。そして、この原理は、物体なしには存在しませんが、物体のほうもまたこの原理によって動かされ、支配され、それがあることによって統一され、それがなくなれば解消されるのです。

ユピテルは、真に人間であるところのあの実体とは、この原理のことであり、複合から生じる偶有性ではないと考えています。この原理こそが、神霊であり、英雄であり、デーモンであり、特殊な神であり、英知なのです。この原理の中で、この原理から、この原理を通じて、様々な肉体の多様な体質がかつてもいまも形成されています。この原理は、異なった種類の存在や異なった名称や異なった運命を甘んじて引き受けるのです。この原理は、理性的な行為と欲望との関わりにおいて、肉体を理性によって統御する原理であり、肉体に対して優位を保ち、肉体によって強制されたり制約を受けたりしません。

万物を統べる至高の正義によって、この原理は、混乱した情念のせいで自らのあるいは他の肉体において、苛まれ、卑しいものにされることがあります。他の住処をうまく治められなかったときには、より良い住処を統治し管理することは期待できないのです。それゆえに、先の住処で（たとえば）馬や豚のような生を送った者は、運命的な正義によってそのような犯罪にふさわしい牢獄と、そのような労働者や職人にふさわしい器官と道具を肉体として織りなされることになるのです。（多くの卓越した哲学者たちはそのように考えており、わたしも、このことは信じるに値しないとしても、おおいに考慮するに値すると思っています。）このようにして、変容の定めゆえにつねに別のものへと変わりながら、それは、永遠に、先に定められた状態の中での生き様の善し悪しに応じて、より幸運な生やより不運な生を送ることになるのです。実際、人間が知的側面においても感情的側面においても別人となり、善人が悪人になることを、われわれは見ています。また、獣においても、より善くなったり、より悪くなったりしますが、このことは、内なる霊に隠れていたものが肉体において特定の輪郭と形状を獲得することによって生じるのです。だからこそ、賢明な人相学者はけっして間違えることがないのです。実際、人間という種においては、多様な表情、顔つき、声、動作、情念、性向がありますが、これらの中には、馬や豚やロバやワシや牛に似た人たちがいます。それゆえに、彼らの中に生命原理があって、彼らは、先の生において豚や馬やロバやワシやその他の獣であったか、あるいは（節制や学問や観想といった美徳、あるいは悪徳によって、別人にならないかぎり）次の生においてそうなるのです。

○本書のあらすじ

第一対話第一・二部

この見解（われわれは、目下の説明に必要な以上にこのことに多言を弄しましたが、それにはじゅうぶんな理由があるのです）に基づいて、ユピテルは改悛の行いをなすことになります。ここでユピテルは通俗的なしかたで描写されています。すなわち、彼は、徳と優雅さを持つだけでなく、人間や時には獣にふさわしい放埒、軽薄さ、弱さも持っています。

このことは、ユピテルが様々な基体ないし形相へと変身したという話が示す通りです。この話は、ユピテルが象徴する魂および人間が、この流動的な質料の中に置かれていることで、様々な情念の変容を被ることを意味しています。この同じユピテルが天を統治し動かす者になっているのですが、それには以下の意味があります。いかなる人間、いかなる個人においても世界と宇宙の観想がなされます。そして、個々の人間の中で統治し、この驚嘆すべき建物の中で諸徳と諸悪の位階と座とを配置する、この知的な明かりこそが、ユピテルが意味するところのものなのです。

さて、愚かな数学者たちの空想から取られ、彼らに劣らず愚かな自然哲学者たち（その中でももっとも空虚な存在がペリパトス派なのですが）によって認められた世界から、話を始めることにしましょう。この世界は〔虚妄であるとはいえ〕、われわれの今の目的のためには役に立つのですから。この世界は、まず数多くの天圏に分けられたうえで、次におよそ四十八の像に区分されます。そして、俗に天空と呼ばれている、星々を帯びた第八天がこれらに分割されているとみなされています。この世界が、われわれの仕事の出発点にして対象なのです。というのも、ここで（われわれの各人を表す）ユピテルは、ちょうど胎児から幼児へ、少年から力強い青年へ、青年から弱々しい老人へと変化し続けるように、無垢で無能な存在から有害で能力ある存在になり、悪辣になったり、時には善良になったりします。また、無知な存在から賢者になったり、大食漢から節制ある存在になったり、無節操な存在から純潔になったり、放埒な存在から威厳を得たり、不正な存在から公正になったりします。このような変化は、彼自身の力の衰退によって引き起こされ、〔神々に対して優位に立ち、われわれを脅かす〕運命が司る正義への恐怖によって時には促されることもあります。

そこで、巨人族との戦（これは、魂が悪徳と乱れた情念に対して行う、停戦のない永続的な戦争の象徴です）を天にて祝う日に、この父なる神は、かなり前から考え、腹を決めていたことを、実行に移し、形にしようと決めました。人間が生き方と習慣を変えるためには、われわれの魂の望楼、物見櫓、あるいは艫にある、ある種の明かりによって招かれなければなりません。この明かりは、一部の人たちによって「良心《シンデレーシ》」と呼ばれており、ここではほとんどつねにモムス[10]によって表されることになります。それから、ユピテルは神々に提案します。つまり、内なる熟慮の推論を働かせます。そして、なすべきことについて相談します。そこで彼は祈りを捧げ、能力を錬磨し、意図を整えます。このことは、英知の太陽と理性の光がない、夕食後の無思慮の夜中になされはしません。また、朝方、すきっ腹を抱えて、つまり霊の熱なしに、また上位の熱によって暖められることなしに、なされもしません。このことがなされるのは、昼食後、つまり徳への熱意という神肴と神への愛という神酒を飲んだ後にです。それは、昼頃、それもちょうど真昼時の、敵対的な過ちがあまり暴れずに、友好的な徳がわれわれにもっとも好意的である、明るい時間帯なのです。そのときに、傲れる野獣、すなわち神的な部分を足蹴にしてのさばっている諸々の悪徳、が追放されます。そして、心は過ちから洗い清められ、諸々の徳によって飾り立てられることになります。このことを可能にするのは、自然的な善と正義との中に見られる美を愛することであり、この美の果実から生じる意志が欲求することであり、それと反対の醜さと不快を憎み恐れることなのです。

このことは、すべての神々の集まりにおいて全会一致で賛同されることになります。その際に、魂の諸徳と諸能力は、あの起動因としての光が正、善、そして真と定めるものすべての仕事と活動を一斉に援助することになります。この起動因としての光が導く、感覚、知性、論述、記憶、愛、魂の欲情的な部分、魂の怒りっぽい部分、良心、選択は、メルクリウス、パラス、クピド、ヴェヌス、マルス、モムス、ユピテル等々によって表されています。

第一対話第三部・第二対話第一部

さて、〈熊〉〔小熊座〕がいた場所には、それが天におけるもっとも卓越した場所であるという理由で、〈真理〉が置かれます。〈真理〉は、万物の中でもっとも高位の価値あるものであるどころか、万物の始めであり、終わりであり、中間なのです。というのも、それは、〈存在性〉〈必然性〉〈善性〉〈始原〉〈中間〉〈終末〉〈完全性〉の領域を満たしているからです。それは、形而上学的、自然的、道徳的、論理的な諸領域において受胎されるのです。そして、〈熊〉とともに、〈醜悪〉〈虚偽〉〈欠陥〉〈不可能〉〈偶然性〉〈偽善〉〈欺瞞〉〈裏切り〉が下降します。〈大熊〉の部屋は、この場では言えない理由ゆえに、空位の状態に留まります。〈竜〉が斜行し、体を曲げている場所には、〈真理〉の近くにあるという理由で、〈賢慮〉がその侍女である〈弁証法〉と〈形而上学〉と一緒に置かれます。右からは、〈狡賢さ〉〈狡猾〉〈悪意〉が、左からは〈愚鈍〉〈無力〉〈無思慮〉がそれを取り巻いています。〈賢慮〉は、〈熟慮〉の領域を行き来します。そして、その場所から、〈でたらめ〉〈不用意〉〈偶然〉〈軽率〉が左右の取り巻きと一緒に落ちていきます。

〈ケフェウス〉が一人で剣を振っている場所からは、〈詭弁〉と性悪の〈無知〉と愚かな〈信頼〉が、奴隷や従者や取り巻きたちと一緒に落ちていきます。そして、〈知恵〉が〈賢慮〉の仲間になるために、そこに姿を現し、神的・自然的・道徳的・理性的な諸領域を行き来するのが見られるのです。

〈牛飼〉が〈車〉を見守っている場所には、母なる〈知恵〉の近くにいようとして、〈法〉が上昇します。それが神的・自然的・貴族的・市民的・政治的・経済的・そしてとりわけ倫理的な諸領域を行き来するのを見ることができます。これらの諸領域を通じて、〈法〉は高次の事象へと上昇し、低次の事象へと下降し、同等の事象へと拡張され、自らへと向かうのです。そこからは、〈背信〉〈犯罪〉〈超過〉〈逸脱〉が息子や従者や仲間たちと一緒に落ちていきます。〈北冠〉が〈剣〉に付き添われて輝く場所には、〈審判〉が見出されますが、それは法と正義の行為のもっとも近い結果なのです。〈審判〉が〈把握〉〈議論〉〈決定〉〈命令〉〈実行〉の五つの領域を行き来しているのが見られるようになるでしょう。その結果、その場所からは、〈不公正〉がその家族全員と一緒に落下します。〈審判〉の静かな左手が持つ冠によって〈賞〉と〈褒美〉が象徴されています。多忙な右手が振り回す剣によって〈罰〉と〈復讐〉が象徴されています。

第二対話第二部—第三対話第一部

〈アルキデス〉〔〈ヘラクレス〉〕が棍棒で空間を作っているように見える場所には、〈富〉と〈貧乏〉と〈貪欲〉と〈運〉がそれらの取り巻きの眼前で議論を交わした後に、〈剛毅〉が住むことになります。〈剛毅〉が〈攻撃〉〈反撃〉〈攻略〉〈維持〉〈攻勢〉〈防衛〉の諸領域を行き来するのを見ることができるでしょう。その右側からは〈野性〉〈狂乱〉〈残忍〉が、左側からは〈無気力〉〈脆弱〉〈小心〉が落下します。そしてその周りには〈向こう見ず〉〈大胆〉〈僭越〉〈不遜〉〈馴れ馴れしさ〉を、その向かい側には〈臆病〉〈震え〉〈疑い〉〈絶望〉を、それらの仲間や従者たちと一緒に見ることができます。〈剛毅〉はほとんどすべての領域を行き来するのです。

九弦の〈竪琴〉を見ることができる場所には、母なるムーサが〈数論〉〈幾何学〉〈音楽〉〈論理学〉〈詩学〉〈天文学〉〈自然学〉〈形而上学〉〈倫理学〉の九人の娘たちと一緒に上昇します。その結果、〈無知〉〈無力〉〈獣性〉が落下することになります。母親は宇宙を領域とし、それぞれの娘は固有の対象を持っています。

〈白鳥〉が翼を広げる場所には、〈改悛〉〈浄化〉〈撤回〉〈改良〉〈洗浄〉が上昇します。そして、その結果、そこから

〈自愛〉〈不浄〉〈不潔〉〈無恥〉〈驕慢〉が、〈誤謬〉と〈過失〉の領域のあたりを行き来しているそれらの家族全部を伴って、落ちていきます。

〈カシオペア〉が彼女の王座から追放され、〈自惚れ〉〈高慢〉〈傲慢〉〈自慢〉が、〈野心〉と〈虚偽〉の領域に見られる他の仲間たちを引き連れて、彼女とともに去った場所には、秩序ある〈威厳〉〈栄誉〉〈品位〉とそれらの宮廷の他の仲間たちが上昇します。それらは通常、〈純一〉や〈真理〉や他の類似したものどもの領域を好き好んで行き来していますが、時には〈必然性〉の力によって、〈卑下〉や他の同様のものども（それらは偶有的に徳とみなされることができるのです）の領域を行き来します。

凶暴な〈ペルセウス〉がゴルゴンの頭を戦利品として示している場所には、〈労苦〉〈熱意〉〈勉学〉〈熱情〉〈警戒〉〈仕事〉〈修練〉〈専心〉が、〈情熱〉と〈恐怖〉の拍車をつけて上昇します。ペルセウスは、有益な〈想い〉と通俗的な善への〈軽蔑〉という二つの羽根のついた靴を履き、〈忍耐〉〈才能〉〈精励〉〈技芸〉〈探索〉〈勤勉〉を従えています。彼は、〈発明〉と〈獲得〉を息子とみなしていますが、両者のどちらも、運の〈善〉、肉体の〈善〉、心の〈善〉の三つの器を持っています。彼は、〈強靭〉〈力〉〈無傷〉の領域を駆け巡ります。彼の前を逃げていくのは、一方では、〈麻痺〉〈倦怠〉〈閑暇〉〈無気力〉〈怠惰〉〈怠け癖〉とそれらのすべての家族であり、他方では、〈刺激〉〈そそのかし〉〈強制〉〈挑発〉の領域から出てくる〉〈不公平〉、愚かな〈専心〉、〈無職〉〈興奮〉〈好奇心〉〈苦悩〉〈混乱〉、そして〈悔恨〉の宮殿を建てるその他の従者たちなのです。

第三対話第二部

〈トリプトレモス〉の部屋には、〈人間性〉が、〈相談〉〈援助〉〈寛容〉〈好意〉〈賛同〉〈補助〉〈救済〉〈爽快〉といった親族とともに、それらの他の仲間たちや兄弟、従者たちや息子たちを引き連れて上昇します。それらは、〈人間愛〉の領域を行き来しています。そして、〈無愛想〉や他の悪徳の領域を駆け巡る〈嫉妬〉や〈悪意〉や〈軽蔑〉や〈不評〉やその他これらの兄弟を引き連れて、〈人間嫌い〉が〈人間性〉と袂を分かつのです。

〈蛇遣〉の家には、〈聡明〉〈慎重〉〈明敏〉が、〈熟考〉と〈熟慮〉の領域に住む他の同様の諸徳とともに、上ります。そこからは、〈へま〉〈愚かさ〉〈馬鹿〉が、〈無分別〉と〈無思慮〉の領域に留まる多くの仲間たちと一緒に、逃亡します。〈矢〉の場所には、秩序づけられた〈勉学〉と〈注意〉と〈熱中〉の領域で活動する、判断力のある〈選択〉〈遵守〉〈意図〉が見出されます。そして、そこからは、〈策略〉と〈漏えい〉と他の卑劣極まる耕作者たちの庭に喜んで住む、〈誹謗〉〈中傷〉〈恨み〉、そして〈憎悪〉と〈嫉妬〉の他の息子たちが立ち去ります。

〈イルカ〉が留まっている空間には、〈慈愛〉〈愛想〉〈義務〉が現れます。それらは、それらの仲間とともに、〈人間愛〉と〈親密〉の領域に見出されるのです。そこから敵対的で乱暴な大群が逃走し、〈諍い〉〈決闘〉〈復讐〉の領域へと撤退していきます。

〈簒奪〉と〈暴力〉の領域に住む〈野心〉〈自惚れ〉〈無謀〉〈専制〉〈迫害〉、そしてその他のお節介な仲間たちとともに〈ワシ〉が去る場所には、〈威厳〉と〈権力〉と〈権威〉の領域を行き来する〈雅量〉〈豪華〉〈寛大〉〈帝国〉が滞在しに来ます。

〈ペガサスの馬〉がいたところには、〈霊感〉の領域を行き来する〈神的狂気〉〈恍惚〉〈預言〉〈脱我〉がいます。そこからは、邪悪な〈神霊〉の巣窟である節度を欠いた〈憂鬱〉の領域に住む、獣的な〈狂気〉〈錯乱〉、不条理な〈衝動〉〈意気消沈〉、内的感覚の〈解消〉が遠くへと逃げていきます。

二重の〈無知〉の領域に見出される〈頑迷〉〈倒錯〉、愚かな〈説得〉とともに〈アンドロメダ〉が去る場所を継承するのは、〈良き訓育〉の領域に姿を現す〈容易〉〈希望〉〈期待〉です。

〈三角形〉が目立っている場所には、別名〈忠誠〉と呼ばれる〈信義〉が留まります。それは、〈詐欺〉〈欺瞞〉〈不安定〉の領域からたいそう離れた、〈堅持〉〈愛〉〈誠意〉〈純一〉〈真理〉などの領域にいるのです。

〈雄羊〉の王宮には、〈司教の位〉〈公爵の位〉〈模範〉〈証明〉〈助言〉〈指示〉が置かれます。それらは、〈同意〉、有徳な〈競争心〉〈模倣〉の領域において幸せなのです。そこからは、〈悪例〉〈醜聞〉〈離反〉〈離散〉〈困惑〉〈背教〉〈教会分離〉〈異端〉の領域において苛まれているのです。それらは、〈敬意〉〈従順〉〈同
〈雄牛〉は、〈忍耐〉〈寛容〉〈辛抱強さ〉、そして統制された正しい〈怒り〉の像であったことが示されます。それらは、〈統治〉〈職務〉〈奉仕〉〈労苦〉〈労働〉〈従順〉等の領域で働いています。ほとんど同じ領域に見出される〈痼癪〉〈侮蔑〉〈憤慨〉〈はにかみ〉〈いらいら〉〈嘆き〉〈喧嘩〉〈立腹〉は、〈怒り〉とともに、立ち去ります。

〈昴〉が住んでいた場所には、〈統一〉〈礼節〉〈集合〉〈人民〉〈共和国〉〈教会〉が上昇します。それらは、秩序ある〈愛〉が主宰する、〈共生〉〈融和〉〈霊的一致〉の領域に留まっています。そして、〈昴〉と一緒に、〈独占〉〈群衆〉〈セクト〉〈三頭執政官の職〉〈派閥〉〈党〉〈連合〉が天から追いやられます。それらは、〈邪悪な助言〉が一族郎党とともに主宰する、無秩序な〈情愛〉、不公正な〈企て〉〈内乱〉〈謀反〉の領域で活動しているのです。

〈双子〉が去る場所には、〈愛〉〈友情〉〈平和〉の象徴が上昇します。それらは、それらに固有の領域で満足しています。そして、追放された〈双子〉は、自分たちと一緒に、恥ずべき〈党派根性〉を連れて行きます。それは、不公正で邪悪な〈欲望〉の領域に頑迷にも足を留めているのです。

〈カニ〉は、自分と一緒に、悪しき〈抑圧〉、不名誉な〈後退〉、卑しい〈欠陥〉、賞賛できない〈抑制〉〈お手上げ〉、

良き考えと行いから〈退くこと〉、〈ペネロペによる機の編み直し〉、そして他の同類の伴侶や仲間たちを連れて立ち去ります。それらは、〈移り気〉〈小心〉〈精神の貧しさ〉〈無知〉等の領域に安んじています。そして、正しい〈改宗〉、悪の〈抑圧〉、偽と不正の〈撤回〉がそれらの従者たちとともに星々へと上昇します。それらは、〈退歩〉や〈悪化〉や欲得ずくの〈頑迷〉とは正反対の、正直な〈畏れ〉、秩序ある〈愛〉、真っ直ぐな〈意図〉、賞賛すべき〈改悛〉、およびその他の同僚たちの領域で活動しています。

〈獅子〉は、自分と一緒に、独裁的な〈恐怖〉〈驚愕〉〈怖さ〉、危険で憎むべき〈権威〉、〈自惚れ〉の〈栄光〉、愛されるよりも恐れられることの〈喜び〉を連れて行きます。それらは、〈怯え〉と〈疑惑〉の影に苛まれる、〈険しさ〉〈残酷〉〈暴力〉〈排除〉の領域を行き来しています。そして、天の空間には、〈雅量〉〈寛大〉〈光輝〉〈高貴〉〈卓越〉が上昇します。それらは、〈正義〉〈憐憫〉、正しい〈打倒〉、ふさわしい〈赦し〉の領域で奉仕しています。これら〈正義〉等は、恐れられるよりもむしろ愛されるように努め、〈安全〉や精神の〈静謐〉やそれらの家族と慰め合っているのです。

〈乙女〉のもとには、〈節制〉〈はにかみ〉〈純潔〉〈謙虚〉〈羞恥心〉〈正直〉が向かいます。それらは、〈恥知らず〉や〈無節制〉や敵対的な家族の他の母たちによって軽蔑された、〈純粋〉と〈名誉〉の領域で勝ち誇っています。

〈天秤〉が象徴していたのは、〈公正〉〈正義〉〈好意〉〈感謝〉〈尊敬〉、そしてその他の仲間や従者や取り巻きたちです。それらは、〈配分〉〈交換〉〈再配分〉の領域を行き来しています。そこには、〈不正〉〈不興〉〈忘恩〉〈傲慢〉、そしてその他それらの仲間や息子や従者たちが足を踏み入れることはありません。

〈サソリ〉が曲がった尾を丸めて両腕を広げているところには、〈詐欺〉、敵対的な〈賛同〉、見せかけの〈愛〉、〈ごまかし〉〈裏切り〉はもはや現れることはありません。そこに現れるのは、〈純一〉〈誠意〉〈真理〉の娘たちといったそれらとは正反対の諸徳であり、これらの諸徳は母たちの領域を行き来しているのです。〈射手座〉は〈観想〉〈勉学〉、善き〈衝動〉、およびそれらの従者と従僕たちのしるしでした。それらは、〈知性〉と〈意志〉を形成するために、〈真〉と〈善〉の領域を対象および基体として持っています。気取った〈無知〉と卑しい〈愚かさ〉はそこから遠く離れています。

〈雄ヤギ〉がまだ座っているところには、〈隠遁〉〈孤独〉〈脱我〉、およびそれらの母親、仲間、召使いたちを見ることができます。それらは、〈赦免〉と〈自由〉の領域に引きこもっていますが、〈会話〉〈契約〉〈宮廷〉〈饗宴〉はそこでは安心できないのです。

湿った無秩序な〈水瓶〉の場所には、数え切れないほど多くの徳の母である〈節制〉を見ることができます。それは、とりわけ〈礼節〉と〈洗練〉という娘とともに姿を現します。それらの領域から、情念の〈不節制〉が〈粗野〉〈苦々しさ〉〈野蛮〉と一緒に逃げていきます。

〈人間嫌い〉と精神の〈卑しさ〉の領域を行き来する、不適切な〈沈黙〉、知への〈嫉妬〉、教説の〈ぺてん〉が、〈魚〉と一緒に取り払われたところには、〈思慮〉〈節制〉〈忍耐〉〈抑制〉の領域を行き来する、適切な〈沈黙〉と〈寡黙〉が置かれることになります。そこからは、それと正反対の隠れ家に向かって、〈おしゃべり〉〈多弁〉〈饒舌〉〈おどけ〉〈道化〉〈悪ふざけ〉、言葉の〈軽薄〉〈虚言〉〈ひそひそ話〉〈告訴〉〈陰口〉が逃げていきます。

第三対話第三部

〈クジラ〉が濡れずにいたところには、〈平和〉と〈静寂〉の領域で安全な、心の〈平安〉が見出されます。そこから除外されるのは、〈嵐〉〈攪乱〉〈苦悩〉〈不安〉、そしてそれらの他の仲間と兄弟です。

神的で奇跡を起こすオリオンが〈詐術〉〈手練手管〉、無益な〈トリック〉、虚しい〈奇才〉〈些末事〉〈悪事〉——これらは〈大言〉〈虚栄〉〈纂奪〉〈略奪〉〈虚偽〉、そして他の多くの悪徳の領域を行き来し、これらに道案内や傭兵隊長や門番として仕えているのです——と一緒に神々を驚かせる場所には、熱心な〈軍務〉が目に見える敵と見えない敵に対して高みに上げられ、〈大度〉〈剛毅〉、公共的な〈愛〉〈真理〉、そして他の数え切れないほどの徳の領域で苦労するのです。

エリダヌス川の幻影がまだ残っている場所には、何らかの高貴なものが見出されるべきですが、それについては別の機会に話すことにします。というのも、それに関するユピテルの尊敬すべき考えは、これら他の考えとは同一の次元のものではないからです11。

逃げ足の速い〈ウサギ〉が、虚しい〈恐怖〉〈臆病〉〈震え〉〈不信〉〈絶望〉、偽りの〈懐疑〉、そして父なる〈無能〉と母なる〈無知〉の他の息子や娘たちと一緒に取り除かれた場所には、〈賢慮〉と〈熟慮〉の息子にして、〈栄誉〉と〈名誉〉の従者であるところの、〈恐怖〉を眺めることができます。それは、すべての徳の領域から出来することができます。〈大犬〉がウサギの後を走りながら背中を伸ばしている場所には、〈注意〉〈保護〉、共和国への〈愛〉、家の財産の〈守護〉〈僭主殺し〉〈熱心〉、有益な〈伝道〉が上昇します。それらは、〈賢慮〉と自然の〈正義〉の領域に見出されます。そして、〈大犬〉と一緒に〈狩猟〉と他の野獣的な徳が下降します。これらは〈残忍〉〈野獣性〉〈屠殺〉の領域を行き来するとはいえ、ユピテルはこれらが英雄的なものとして評価されることを望んでいます。

〈子犬〉は、〈世辞〉〈へつらい〉、卑しい〈奉仕〉、そしてそれらの仲間たちを連れて下降します。そして、それがいた場所へと、〈感謝〉と〈忠誠〉の領域を行き来する、〈寛大〉〈おとなしさ〉〈社交性〉〈優しさ〉が上昇します。

〈船〉は、卑しい〈貪欲〉、嘘つきの〈商売〉、薄汚い〈利得〉、不安定な〈海賊行為〉、そして他の卑しく、たいていの場合有害な仲間たちと一緒に、海に戻ります。〈船〉がいた場所には、〈運〉の領域を行き来する、〈気前の良さ〉、丁寧な〈交際〉、時宜にかなった〈供給〉、有益な〈付き合い〉、価値ある〈旅〉、豪華な〈輸送〉が、それらの兄弟、同伴者、舵取り、漕ぎ手、兵士、斥候、その他の従者たちと一緒に住みに来ます。

〈ヒドラ〉と呼ばれる南方の〈ヘビ〉が尾を長く伸ばしていた場所には、先見の明ある〈注意〉、判断力に富んだ〈利発〉、若々しい〈壮健〉が見られるようになります。そこからは、老年の〈麻痺〉と愚かな〈幼児化〉が、〈陰謀〉〈嫉妬〉〈不和〉〈悪口〉、そして他の食事の仲間たちを連れて立ち去ります。

〈カラス〉は、陰気な〈黒〉、ガアガア鳴く〈饒舌〉、卑しいジプシー風の〈詐欺〉、憎むべき〈厚顔〉、盲目の〈軽蔑〉、ぞんざいな〈奉仕〉、のろのろの〈勤務〉、性急な〈食欲〉と一緒に取り払われます。そして、神的な〈魔術〉が娘たちとともに、〈占い〉が〈鳥占い〉を筆頭とした一族郎党とともに、その場所を継承します。これらは、良き目的のために、軍事〈技術〉、〈法〉〈宗教〉〈聖職〉の領域で働くのが常なのです。

〈食欲〉と〈酩酊〉とともに、多くの従者や仲間や取り巻きたちを引き連れて、〈カップ〉が提示されていた場所には、〈禁欲〉が姿を現し、飲食に関する〈節酒〉と〈節制〉がそれらの組織と朋輩とともに存在します。

半神〈ケンタウロス〉が祭司の職を保持して留まる場所には、神的な〈たとえ話〉、神聖な〈神秘〉、道徳的な〈寓話〉、神的で聖なる〈聖職〉が、それらの教師や擁護者や従者たちとともに整然と並んでいます。そこからは、老いぼれた獣的な〈寓話〉が、愚かな〈隠喩〉、虚しい〈アナロジー〉、不安定な〈神秘的解釈〉、馬鹿げた〈比喩〉と盲目な〈象徴的解釈〉と一緒に失墜し、追放されます。そして、偽りの廷臣、けがれた会合、反逆的な党派、混乱した身分、崩壊された秩序、失敗した改革、薄汚い清潔さ、汚い浄化、有害この上ない大法螺がそれらに付いていきますが、これらはみな、そこで陰鬱な〈悪意〉が支配し、盲目で粗野な〈無知〉が操る、〈貪欲〉と〈傲慢〉と〈野心〉の領域を行き来しているのです。

〈祭壇〉とともにいるのは、〈宗教〉〈敬虔〉〈信義〉です。そして、その東側から、多くの狂気を伴った〈軽信〉と多くの取るに足らない輩を引き連れた〈迷信〉が落ちていきます。そして、その西側からは、不公正な〈不敬虔〉と虚しい〈無神論〉が真っ逆さまに落ちていきます。

南の〈冠〉が待っている場所には、〈報酬〉〈名誉〉〈栄光〉が存在します。それらは、労苦に満ちた徳と有徳な勉学（これらは、先述したように、天の加護を受けているのです）がもたらす成果なのです。

南の〈魚〉が取り去られた場所には、先述した名誉と栄光の果実の〈享受〉が存在します。そこには、〈悦楽〉〈歓喜〉の川、〈快楽〉の急流が存在します。そこには〈晩餐〉が存在し、魂は

知性をいとも高貴な食事によって養い、
神肴や神酒ゆえにユピテルを妬むことはない[12]。

そこには、波乱に満ちた苦悩の〈終焉〉〈ベッド〉、静かな〈休息〉、安全な〈静謐〉があるのです。

お元気で。

第一対話　天の浄化の始まり

第一部　老ユピテルの改悛とモムスの召喚

対話者

ソフィア[13]、サウリーノ[14]、メルクリウス

■ 有為転変と対立物の一致

ソフィア　というわけで、物体、質料、そして存在者の中に変化と多様性と有為転変がないとしたら、ふさわしいもの、良いもの、喜ぶべきものは、何も存在しないでしょう。

サウリーノ　ソフィアさん、あなたの論証はじつにお見事です。

ソフィア　喜びはすべて、ある種の移動や行程や運動に存しています。空腹の状態は不快で悲しく、満腹の状態は不愉快で重苦しいものですが、一方から他方への運動は、われわれを喜ばせます。燃えるような性欲の状態はわれわれを苦しめ、情欲が燃え尽きた状態はわれわれを悲しませます。われわれを穏やかにするのは、一方から他

方への移動なのです。不快な過去なしには、現在にはいかなる喜びもないのです。労苦は、〈原則的に〉、休息の後でなければ喜ばしくなく、休息は、〈原則的に〉、労苦の後でなければ楽しくないのです。

サウリーノ　もしもそうならば、悲しみが混ざることなしには楽しさはないことになります。というのも、満足させるものとうんざりさせるものが運動に備わっているからです。

ソフィア　その通りです。さらに付け加えますと、ユピテルは時々、あたかもユピテルであることに厭きたかのように、気晴らしに農夫や猟師や兵士になり、神々と一緒にいたと思えば、人間たちと一緒にいたり、時には獣たちと一緒にいたりします。田舎の住民は、祭りや気晴らしのために都会に出かけます。都会の住民は田舎で休憩し、休暇を過ごします。座ったり横たわったりする者は、歩くことが気に入ります。歩き回った者は、座ることに休息を見出します。屋根の下に長くいすぎた者には、田園が気に入り、畑仕事に倦んだ者は、居間を熱望します。ひとつの食物を繰り返すことは、それがいかに好物であっても、けっきょく吐き気をもたらします。したがって、一方の極から他方の極への変化と運動は、両者の中間にあり両者に参与する者にとって、満足をもたらします。そして、結果として、われわれは、両極の間に、似たもの同士の間における以上に、親近性を見出すのです。

サウリーノ　わたしもそう思います。なぜならば、過ちのないところには正義はなく、正反対のものがなければ調和は実現されず、球は球の上に、一点においてしか接触しないので、置くことができず、くぼんだものはふくらんだものの中に収まるからです。道徳哲学においても、傲慢な者は傲慢な者と、貧乏人は貧乏人と、けちはけちと、うまくいきません。一人は、へりくだった者と、もう一人は金持ちと、三人目は豪奢な者とうまくいくのです。それゆえに、もしも自然学と数学と道徳哲学に則って考察すれば、「対立物の一致」の理論に到達したあの哲学者[15]は大きな発見をしたこと、そして対立が存在するところに一致を求める魔術師は愚かな実践者ではないことが分かるでしょう。ですから、あなたがおっしゃったことはすべて真実なのです。けれども、ソフィアさん、あなたは何のために、何を目指して、そう言うのですか。

ソフィア　ここから推測してもらいたいのですが、われわれが見るものすべての始まり、中間、終り、また誕生、生成、完成は、対立物から、対立物を通じて、対立物の中で、対立物によって、存在します。対立があるところには、作用と反作用があり、運動があり、差異があり、多数があり、秩序があり、等級があり、継起があり、有為転変があるのです。それゆえに、分別のある人は誰一人として、自分の現在の状態や財産が他人の状態や財産と比べてどのような優劣の関係にあろうとも、そのために落胆したり、小躍りしたりしません。そういうわたしも、〈真理〉という神的な対象を慕って、長い間逃亡し、身を隠し、迫害され、虐げられてきましたが、以下の判断に至りました。すなわち、この時期こそが、やがてわたしが再来し、現れ出て、高められ、栄誉を得る（逆境が悪ければ悪いほど、この栄誉は偉大なものになることでしょう）ことの始まりであると、運命によって定められている、と。

サウリーノ　同様に、大地から力強く跳躍しようとする者は、まず身をかがめなければなりません。また、堀をうまく飛び越えようとする者は、時には勢いをつけるためにかなりの歩数を後退しなければならないのです。

ソフィア　だからこそ、今まで悪かったぶん、運命のお蔭で将来はより良い境遇に置かれることになるだろう、と期待しているのです。

サウリーノ
その一方で、いちばん低きにある者は、
いちばん底にある者は、
車輪が回り続けるなら、
上にと登るにいちばん近くにある道理。
ある者は断頭台にあわやその首委ねた
次の日、天下に号令することになる[16]。

けれども、ソフィアさん、どうかもっと詳しく考えを述べてください。

■ 老ユピテルの改悛

ソフィア　雷鳴をとどろかすユピテルは、多くの歳月を若者として過ごし、放埒に身を任せ、戦や恋に熱中していました。しかし、今や、あたかも時間に打ち負かされたかの如く、好色や悪徳、そして壮年期や青年期がもたらす諸状態から遠ざかりはじめたのです。

サウリーノ　詩人はとにかく、哲学者がこれほど如実に神々を描き紹介したことはないでしょう。それでは、ユピテルやその他の神々は年を取るのですね。ということは、彼らもまた三途《アケロン》の川岸を越えることになるのでしょうか。

ソフィア　サウリーノさん、お静かに。わたしを脱線させずに、終わりまで聞いてください。

サウリーノ　どうぞ話してください。よく注意を傾けて聞きましょう。あなたの口から重要で重々しい言葉が発せられるに違いないのですから。けれども、わたしの頭がそれを理解し、記憶に留めることができるかは、怪しいものです。

ソフィア　心配には及びません。話に戻りますと、ユピテルは成熟しはじめたのです。そして、頭に雪を頂き、額に皺を持ち、鼻に眼鏡をかけ、あごに真っ白なひげをたくわえ、手に杖を持ち、足に鉛を持つ人たちしか、自らの助言者に加えなくなったのです。さらに、これらの人たちは、頭に正しい想像力と入念な思考と物忘れしない記憶力を、額に賢明な理解力を、目に賢慮を、鼻に利発さを、耳に注意力を、舌に真実を、胸に誠意を、心に穏やかな情念を、肩に忍耐を、背に侮辱の忘却を、腹に節制を、下腹部に禁欲を、足に持続力を、足の裏に正しさを、左手に法令のモーセ五書を、右手に論述的な理性と指示的な学問と統制的な正義と命令的な権威と遂行的な権力を持っていなければならないのです。

サウリーノ　準備万端ですね。けれども、その前に自身がよく洗い清められていなければなりません。

ソフィア　もはやユピテルは動物に変身することがありません。彼に牛の角を付けるエウロパも、彼を金色に変色させるダナエも、彼に白鳥の翼を与えるレダも、彼にワシのくちばしを与えるアステリアのニンフたちやフリギアの少年たちも、彼を蛇にするドリスも、彼を牧人におとしめるムネモシュネーも、彼をサテュロスという半獣にするアンティオペも、彼をアンフィトリオンに変身させるアルクメネも、もはや存在しないのです[17]。というのも、変容のこの船を操作していたあの舵はとても貧弱になり、波の威力にほとんど抵抗できず、船は浅瀬に乗り上げかねないからです。帆は引き裂かれて穴が開き、風が吹いても膨らみません。逆風や荒れ狂う嵐にもかかわらず船を前進させていた櫂も、いまや（ネプトゥーヌスの平原〔海〕がいかに静かで穏やかであろうとも）「熊座の方角へ」「まっすぐに」「後ろに」「全速力で」という船長の叫びに微動だにしません。なぜならば、漕ぎ手が全身麻痺の状態にあるからです。

サウリーノ　なんという災厄でしょう。

ソフィア　ですから、もはやユピテルが肉欲に負けた放蕩者だという寓話を語る人は誰もいないのです。この善良な父の霊は馴致されたのですから。

サウリーノ　大勢の妻と、大勢の（妻の）女中と、大勢の情婦を持っていた人が最期に満喫し、うんざりし、くたびれて、「空の空、すべては虚しい」と言ったようなものですね[18]。

ソフィア　ユピテルは、裁きの日が近いことを考えています。（公にされているところによれば）およそ、あるいはちょうど、三万六千年が終わり、世界年が一巡したとき、もう一人のケリウス[19]が支配権を奪うと考えられています。その際、彼が恐れるのは、地震をもたらす変化と諸惑星の前代未聞の関係と配置ゆえに、運命が相続による継承を過去の大きな世界年の周期におけるものと異なったものにするのではないか、そしてそれは占星術の予言者や占い師たちが喧伝する内容とも違うのではないか、ということです。

サウリーノ　それゆえに、より用心深いケリウスがやって来て、プレスター・ジョーン[20]のように、将来起こり得る不都合を回避しようとして、彼の息子たちをアラマト山の囲いの中に追放し、さらにサトゥルヌスによって去勢されないために、鉄の下着をつねに身に付け、寝るときもダイヤのズボンを脱ぐことがないのではないか、と恐れているのですね。それゆえ、先行する事件が生じないために、その他すべての帰結には扉が閉ざされることになるでしょう。そして、キュプロス島の女神の誕生[21]も、足が不自由なサトゥルヌスの没落も、ユピテルの栄誉も、われわれの時代を越えて未来の定められた期日まで続く彼の子孫代々の繁栄も、虚しく待たれることになるでしょう。

〈偉大なるアキレウスは、再びトロイアに送られることはないだろう。〉[22]

ソフィア　事態はこのようなものであり、ユピテルは、力が衰え、徳が骨抜きになる中で、自らの死がある種のしかたで近づいているのをいやというほど思い知らされます。そして、来たるべき世紀において彼に有利に事が運ぶようにと、熱い誓いと熱烈な祈りを運命に捧げるのです。

■ 運命について

サウリーノ　ソフィアさん、奇妙なことをおっしゃいますね。ユピテルが運命の条件を知らないとでもお思いですか。運命には、「無慈悲なもの」という、残念ながら広まりすぎている固有の異名があるのですよ。おそらくユピテルは、休暇中に（運命が彼に休暇を許すとしての話ですが）詩人を読むことがあったでしょう。その際、悲劇作家セネカの作品を手にして、以下の教訓を得たのではないでしょうか。

運命がわれわれを導き、われわれは運命に従う。

かき乱された心の平安も
曲った紡錘《つむ》から出た糸を変えることはできない。
われらが行うこと、もたらすことはみな、
天のあらかじめ定められた決定に依存し、
残酷な妹は、紡ぎ出された糸を、
元に戻すことはない。
運命の女神《パルカエ》たちが機を織る手にはある種の秩序があるが、
われわれのめいめいは、自らの運命に遭遇しに
不確かな道を歩む。23

ソフィア　さらに運命は、次のことを望みます。つまり、同じユピテルは、「運命は動かすことができず、現在においても未来においても変えることができない」ことを知っているのですが、それにもかかわらず、彼は宿命に直面するための先に述べた〔熱い誓いと熱烈な祈りのような〕手段に欠かないのです。運命は、聞き入れられると聞き入れられないとにかかわらず、祈りを命じました。そして、輪廻転生する魂を苛まないようにと、変身の中途にレテの川の水を置いたのです。そうすれば、忘却を通じて、誰もが現在の状態を情熱的に保持することになるのですから。同様の理由で、若者は幼児の状態を希求せず、幼児は胎児の状態を求めず、どちらも今の生の前の生の状態を求めません。豚は、豚でなくなろうとして、死のうとはしません。馬は、馬でなくなることをもっ

とも怖がっています。ユピテルは、必然に迫られて、ユピテルでなくなることを最高に恐れています。けれども、運命のお蔭で、この川の水を飲むことなしに、彼は自らの状態を変えることはないのです。

サウリーノ　そうすると、ソフィアさん、前代未聞のことですが、この神にもまた祈りを捧げる相手がいるのですね。彼もまた、正義を恐れているのですね。かつてわたしは、神々がスティクスの沼沢に対して偽証するのを最高に恐れていたということを、不思議に思ったものでした。このことが、神々が支払わなければならない罰から来るということが、いまようやく理解できました。

■　モムスの召喚

ソフィア　その通りです。ユピテルは、彼の鍛冶屋であるヴルカヌスに、休日には働かないよう命じました。また、バッカスに対しては、バッカスの取り巻きたちが姿を現し、酔っぱらいたちが乱痴気騒ぎを行うのは、カーニヴァルや主要な祝祭の日のみ、それも日没後にユピテルから特別の明確な許可を得たうえでなければならない、と命じました。

モムスは、かつて神々を批判し、（神々からしてみると）あまりにも厳格に彼らの過ちを弾劾したので、彼らの集まりと会話から追放されていました。そして、カリストの尾の先端にある星へと追放され、コーカサス山の上空にある平行線の境界を越えることを許されていませんでした。この哀れな神は、この場所で、厳しい寒さと飢えに苛まれていたのです。このモムスが、いまや召喚され、無罪を認められ、元の地位に戻され、伝令官に任ぜられたのです。この地位は、通常の任務に加えて、肩書きや高位に考慮せずに悪徳を非難できるという、幅広い特権を持った特別のものでした。モムスは、クピドに対して、人間や英雄や神々の前で、いままでのようにズボンをはかずにうろつくことを禁じました。そして、天の川やオリンポスの元老院でお尻を見せるという眼を背けるような醜態を、天の住民にこれ以上さらすことがないようにし、これからはすくなくとも下半身はズボンをはいて出かけるよう命じました。また、自然の欲求のためにしか弓を引かず、人間の愛を他の動物の愛のようにし、人間が特定の時期にしか恋に陥らないようにとも命じました。そして、ちょうどネコには三月が、ロバには五月が定められているように、人間には、ペトラルカがラウラに、ダンテがベアトリーチェに恋した時期〔四月〕が適宜であるとしたのです。

この規定は、次回の会議までの〈暫定的な〉ものですが、この会議は、太陽が天秤座の第十度（それは、〈オリオン〉の膝が曲がっている場所に位置する〈エリダヌス川〉の先端に定められています）に達したときに招集されることになっています。そのときには、自然の法が回復されることになるでしょう。そして、この法を通じて、男性はみな、養うことができ身ごもらせることができるかぎり、複数の妻を持つことが許されることになります。なぜならば、すでに妊娠している婦人や、もっとたちの悪い受け皿（たとえば、中傷を恐れて中絶を余儀なくせざるを得なくなるような不倫の相手）に対して、英雄を生み至高天の空虚な座を埋めることができる「人間を生む種子」を浪費するのは、無駄であり、不正であり、自然の規則にまったく反しているからです。

サウリーノ　じつに配慮が行き届いていますね。他に何かありますか。

ソフィア　例のガニュメデスは、ユノの逆鱗に触れながら、ユピテルの寵愛を受け、他の神々がユピテルからうやうやしく距離を置いているときにも、彼一人ユピテルの傍らにおり、三叉の雷を彼に手渡すことができたのですが、その彼もいまや美点をほとんど失い、下手をすると、ユピテルの小姓からマルスの盾持ちになることを甘んじて受け入れなければならないでしょう。

サウリーノ　この変化はどこから生じたのですか。

ソフィア　ユピテルの変化について言ったことが原因です。それに加えて、サトゥルヌスが嫉妬に駆られて、過ぎた日々に、ガニュメデスを愛撫する振りをして、自分の皺だらけの手でガニュメデスの顎や紅色の頬を撫でたことも災いしています。この接触のせいで、ガニュメデスの顔にはひげが生え出し、ユピテルを悩殺する力を持ったあの魅力を徐々に失うことになったのです。この魅力のお蔭で、かつて彼はユピテルによって天へと連れ去られ、人間の子でありながら神になり、神々の父は鳥になったのですが[24]。

サウリーノ　何ともすごい話ですね。先に進んでください。

ソフィア　ユピテルは、すべての神々に対して、二十一歳以下の年齢の小姓や「寝所付きの奴隷」を持つことを禁じました。

サウリーノ　えっ、それでは、アポロンはお気に入りのヒアキントスをどうしたのですか。彼は何と言ったのですか。

ソフィア　たいそう機嫌を損ねていました。

サウリーノ　きっと彼の悲しみが、もう七日も続いているこの悪天候の原因なのですね。彼の息が多くの雲を、彼のため息が荒れ狂う風を、彼の涙が豪雨を作り出すのですね。

ソフィア　うまく言い当てましたね。

サウリーノ　あの哀れな少年はどうなったのですか。

ソフィア　ユピテルの命令で、彼は、どこかの改革派の大学か学寮で人文学を学ばされ、衒学者の鞭の下にいます。

サウリーノ　何という運、不実な巡り合わせでしょうか。この少年が衒学者の餌食になるのですか。彼を詩人に委ねるか、弁論家の手に渡すか、十字架の棒に慣れさせるほうがよかったのではないでしょうか。彼を別の学問に向かわせたほうがよかったのではないでしょうか。たとえば……

ソフィア　それでじゅうぶんです。存在しなければならないものは、存在するでしょうし、存在しなければならなかったものは、存在しているのです。さて、ガニュメデスの物語を終えるとしましょう。一昨日、彼は、いつもの待遇を期待しながら、普段の少年の笑みでユピテルに神酒を一杯差し出しました。するとユピテルは、険しい眼でしばらく彼の顔を見つめてから、こう言ったのです。「トロースの息子よ、恥ずかしくないのか。おまえは、まだ自分が少年だと思っているのか。年を取るにつれて、思慮深くなり、分別豊かにならないのか。過去の時代は過ぎ去ってしまったと言うことに気づかないのか。あの頃は、われわれが玄関を通って出てくると、シレーノスやファウヌスやランプサクス出身の神〔プリアープス〕や他の者たちの歓声で耳が聞こえなくなるほどだった。彼らは、おまえに少し触れたり、少なくともおまえの服にさわることができれば、それだけで幸福だと思っていたのだ。そして、触れたことを思い出しながら、食事に行くときさえ手を洗わず、空想に任せて他のことを行っていたのだ。さあ、腰を上げて、他の仕事に就く用意をしなさい。もう若気の過ちを思い出させる者をまわりに置くつもりはないのだ」と。この哀れな少年、あるいは青年、の表情の変化を見た人は、はたして同情するでしょうか。笑うでしょうか。あるいは、二つの感情に引き裂かれることになるのでしょうか。

サウリーノ　今回はきっと、〈アポロンは笑った〉[25]ことでしょう。

ソフィア　まー、聞いてください。話はまだほんの序の口ですから。

サウリーノ　どうぞ話してください。

■ ユピテルとヴェヌスの会話

ソフィア　昨日は、巨人族に対する神々の勝利を祝う祭の日でした。昼食の直後、諸事物の本性を統べ、すべてのものに天の下での楽しみを与える、あの女神〔ヴェヌス〕が……

双子の愛の美しき母、
人間と神々を統べる女神。
世界の生きとし生けるものはみな、彼女のお蔭ではらまれ、生み出されて、太陽を見る。
彼女が光り輝く東方から姿を現すとき、
風と嵐は逃げ去る。
静謐な海は彼女に微笑む。

大地は美しい上着で覆われ、
優美な妖精《ナイアス》たちの美しい手で、
多くの葉や花や果実で満たされた
河神《アケロウス》の光沢に輝く角を彼女に差し出す。26

……この女神が、舞踏の準備をすませたうえで、陰鬱なカロン〔三途の川の渡守〕さえをも慰め魅惑するであろうあの優美さとともに、歩み出ました。そして、序列にしたがって、ユピテルに最初に手を差し出しました。ユピテルは、いままではいつも、彼女を左手で抱きかかえ、胸と胸とをくっつけて、右手の親指と人差し指で彼女の下唇を押し、口と口、歯と歯、舌と舌を押しつけて（父親が娘に対して行う愛撫として、これほど放埒なものはありません）、踊りへと席を立ったものでした。しかし、昨日は、右手で彼女の胸を押しのけ、（あたかも〈我に触れることなかれ〉と言うかのように）彼女を遠ざけて、同情に満ちたまなざしと敬虔な表情で、こう言ったのです。

「ヴェヌスよ、ヴェヌスよ、われわれの、そしてとりわけおまえの置かれた状況を、一度たりともおまえが考えたことがないとは。人間たちがわれわれについて想像していることは本当だと思っているのかい。彼らは、われわれについて、老いた者は老いており、若者は若く、子どもは子どもであり、われわれが大地から天へと移ったときの状態に永遠にあり続けると考えている。われわれの絵や肖像がつねに同じものに見えるように、われわれの生命の状態も変化することなく継続すると思っているのかい。今日、祝祭を通じて、過ぎし日の状態の記憶が蘇った。あの頃、わたしは、ペリオン山の上にオッサ山を、オッサ山の上にオリンポス山を大胆にも乗せようとしたあの誇り高い巨人族を、雷《いかずち》をもって打ち破ったのだ。また、わたしは、（神々に向かって百の岩を投げ、天を打ち負かすことができるようにと）母なる大地によって百の手と腕を与えられたブリアレウスを、冥府の奈落の暗い洞窟へと投げ下ろすことができた。さらに、ティレニア海がイオニア海と出会う海域に傲慢なティフォンを遠ざけ、生ける肉体の永遠の墓になるようにと、その上からトリナクリア島〔シチリア島〕をかぶせたこともある。それゆえに、詩人は言っている。

いとも巨大なシチリア島が、巨人のからだに乗っかって、
向こう見ずにも天界の座をうかがったティフォンを
ひじょうな重さで、押さえつけている。
懸命にあらがって、立ちあがろうといく度ももがくのだが、
その右の手は、イタリアに向いたペロロス岬の下敷きにされていて、
左手はパキュノスの、両脚はリリュアイオンの、それぞれの岬に押さえられている。
頭には、エトナ火山がのしかかり、そこでは無骨なヴルカヌスが
巨大な金槌で稲妻を打ち出している[27]。

わたしは、別の巨人の上にプロチダ島を雷とともに打ち下ろした。また、リカオンの傲慢な所行に終止符を打ち、デウカリオンの時代には、天に逆らう大地を水浸しにした。そして、他の多くの明らかなしるしによって自分が

自らの権威に値する者であることを示したのだ。

■半人たちの横行と神々の黄昏

ところが、いまや、わたしは特定の半人たち[28]に刃向かう力も持たず、偶然と運の望み通りに世界が進行するのを、いやいやながら、指をくわえてみている始末だ。そして、幸運の後を追う者が幸運に追いつき、幸運を勝ち取る者が幸運を楽しむのを傍観しているのだ。いまや、わたしは、イソップの老いたライオンのようだ。このライオンに対して、〈罰せられることなしに〉、ロバは足蹴りを加え、サルはからかい、そしてあたかも無感覚の切り株に対してするように、ブタはほこりだらけの腹をこすりつけるのだ。わたしがかつて高貴な神託を受けた社や祭壇は、いまや地に落ち、不名誉極まりないかたちで俗なものになってしまった。そして、その代わりに、別の奴らのために祭壇と像が建てられたのだが、こいつらは名前を言うのさえ恥ずかしい輩なのだ。というのも、奴らは、われわれのサテュロスやファウヌスやその他の半獣よりも劣り、それどころか、エジプトのワニよりも卑しいからだ。ワニは、魔術によって導かれた場合、神性の何らかのしるしを示していたのに、奴らときたら土の肥やしからできているのだから。このことはみな、われわれの敵である運によってなされたのだ。運が奴らを選び、高めたのは、奴らに名誉を与えるというよりもむしろ、われわれにより多くの恥辱と軽蔑と侮蔑を与えるためだったからだ。わたしがかつてわたしのヘルメスたちを通じて与え、整備し、命じ、制定した、法や規則や儀礼や犠牲は、打ち壊され、無に帰した。そして、それらの代わりに、この盲目の女〔運〕が思い浮かべることができるもっとも不潔で不名誉な怠惰が見出されるのだ。その結果、われわれを通じて人間が英雄になったように、いまや人間は獣より悪しき存在に成り下がったのだ。祭壇でわれわれに供された焼いた肉の煙は、もはやわれわれの鼻に届かない。いまやわれわれは、時として空腹になると、へぼ料理人の神々のように、台所で欲望を満たさなければならないのだ。そして、いくつかの祭壇では、〈吝嗇な手が与える〉香が焚かれているが、この煙も少しずつ霧消して、われわれの聖なる制度のいかなる痕跡も残さなくなるのではないかと思えるのだ。経験を通じてよく知っているのだが、世界は勇猛な馬によく似ている。この馬は、自らを力強く制御することができない者に乗られると、そのことをよく知って、乗り手を軽蔑し、背から振り落とそうとする。そして、地面に振り落とされた乗り手を足蹴にしようとするのだ。見よ、わたしの体はかさかさになり、脳は湿りがちになった。吹き出物ができ、歯が落ちた。肌は黄色になり、髪は白くなった。眉毛はのび、視力は弱まった。息は弱々しくなり、咳は強くなった。座るときは硬直し、歩くときはよろよろするようになった。脈は震え、肋骨は硬くなった。節々は細くなり、関節は膨らんだ。最後に、(これがいちばん苦しいことだが)かかとは固く、姿勢はなよなよ、そして袋はだらりとのびて、棒は短くなった。

　わたしのユノは、わたしゆえに嫉妬しない。
　わたしのユノは、わたしのことを気にかけない。

■ヴルカヌスとヴェヌスの老衰

(他の神々は傍らに置いて)おまえのヴルカヌスを自分でよく見てご覧。彼は、頑丈な鉄床をものすごい勢いで打ち続けたものだ。そして、鉄床を打ち鳴らすその轟音は、火を吐くエトナ山から地平線へと放たれ、カンパニアのヴェスヴィウス山や岩の多いタブルヌス山の窪みからこだまがはねかえったものだ。いまや、わたしの鍛冶屋で、おまえの夫である彼の力はどこにある。消え失せてしまったのではないかい。消えうせてしまっただろう。火をおこすためにふいごをふくらませる元気があるのかい。灼熱の金属を打つために重い金槌を持ち上げる気力があるのかい。

妹よ、もしもおまえが他の神々に起きたことを信じないならば、おまえの鏡に聞いてごらん。おまえに加えられた皺と、時の鋤によって顔に掘られた畝とは、画家の仕事を（彼が嘘をつくことを望まず、ありのままを描かなければならない場合）日々困難なものにしているではないか。おまえの優美な笑窪は世界を魅了し、おまえの顔を七倍も魅力的なものにしたものだ。そして、その顔からは（目からと同様に）愛神が戯れながらたいそう鋭い燃える矢を放ったものだ。しかし、いまや、口の端からはじまってすでにほめたあの部分（笑窪）に至るまで、両側から四つの括弧の形が姿を現している。これらは、それぞれが対になって、歯と耳との間に現れおまえをワニに似せる（四重の）弧の円周を形作り、おまえの口を引っ張って、笑いを妨げているのだ。さらに、おまえが笑うときも笑わないときも、おまえの額に宿る幾何学者は、命の源である液体を乾燥させ、皮膚を骨へとどんどん近づけ、皮を薄くし、それぞれ四つの平行線を深く刻み込むことによって、墓場への一直線の道をおまえに示しているのだ。

ヴェヌスよ、なぜ泣くのだ。モムスよ、なぜ笑うのだ。」ユピテルは、モムスが歯を見せ、ヴェヌスが涙を流すのを見て、言いました。「アスクレピウスが、天の住民の誰もが知るほどの大騒ぎをして、おまえの虫歯の奥歯を抜いた後で、鹿の角とすりつぶした珊瑚から成る粉薬をおまえに与えたことは、モムスもある道化から聞いて知っているのだ。道化たちは誰でも、宮廷のその他の人たち全員にもまさって、君主の耳に真実を語るのだ。そして、語る勇気を持たない人たちも、道化にあやかって、冗談を装って語り、意図することへと誘導し、それを実現させるのだ。愛する妹よ、残酷な時間がわれわれを支配し、われわれはみな変容を被らなければならないのだ。そして、多くのものの中でもわれわれをもっとも苛むのは、われわれがかつてそうであったのとまったく同一の存在を再び獲得するという確かな希望がないということだ。そして、この存在を獲得する以前の存在の記憶を持たないがゆえに、将来の存在についても知識がないのだ。このようにして、畏怖や敬虔や宗教や名誉や尊敬や愛は、われわれから去り、それらの後を追って、力や先見や徳や尊厳や威儀もわれわれから飛び去っていくのだ。それはちょうど、肉体とともに影が去るようなものだ。唯一真理のみが、絶対的な徳とともに、不変で不滅である。そして、真理が時として失墜し沈没するときにも、それは召使いである〈知恵〉に手を差し伸べられて、時が来れば必然的に再び上昇するのだ。

運命の神のお気に入りのこれら双子の神々を傷つけることによって、運命の神を怒らさないよう用心しようではないか。次に来る未来の状態について考えようではないか。そして、まるで普遍的な神を少ししか気にかけていないかのように、この神へと向けてわれわれの心と情念を高めるのを怠ることがないようにしようではないか。この神は、あらゆる善を与え、他のすべての運を配分するのだから。われわれが次の状態へと注ぎ移されるにせよ、あるいは自ら移動するにせよ、あるいは輪廻転生があるにせよ、われわれに幸福な守護神を与えてくれるよう、この神に祈願しようではないか。また、われわれが今の状態に保たれるか、他の状態に移るにしても、もっと良い状態、ないし今と似た状態、ないし少ししか悪くなっていない状態へと移れるよう、祈願しようではないか。この神は、嘆願を受け入れないが、それにもかかわらず、われわれは祈りとともに彼を待ち受ける必要があるのだ。加えて、高位の神に好感を持つことは、いわば将来この神から受けることになる優遇のしるしなのだ。ちょうど人間になることを定められた者を運命が母胎を通して導くのが必要であり正常であるように、また魚の体を身に付けるよう定められた霊は先ず水に沈まなければならないように、神々に厚遇されるべき者は善き祈りと仕事という媒介を通らなければならないのだ。」

第二部　悪徳のホロスコープ

■ 神々の集会

ため息を交えつつこのことを話して、天上の祖国の偉大な父は、ヴェヌスとの会話を終えました。そして、ダンスのための集いを、円卓の神々との偉大な集会の場に変えたのです。円卓の神々とは、まがいものではなく、審議の頭脳を持った由緒正しい神々のことであり、雄羊の頭や、雄牛の角や、ヤギのひげや、ロバの耳や、犬の歯や、豚の目や、猿の鼻や、雄ヤギの額や、雌鶏の胃や、馬の腹や、ラバの足や、サソリの尾は除外されています。そこで、〔風神〕アイオロスの息子ミセヌスの口から叫びが発せられると（メルクリウスはというと、彼は、昔勤めていた、トランペットを吹き、布告を告げる仕事を軽蔑していたのです。）、宮殿に散らばっていたこれらすべての神々はただちに集合しました。ここに全員が集まった後、しばらく沈黙が続きました。そして、ユピテルが、高貴な居住まいと威風堂々とした振る舞いで、それに劣らぬ悲痛な表情とともに、歩みを進めました。そして、彼が王座につき法廷に姿を現す前に、モムスが彼に話しかけました。モムスは、いつもの自由な語り口で、みなに聞こえる程度の低音でこう語りました。

「父よ、この審議は、別の日の別の機会に延期されるべきです。なぜならば、昼食直後の今頃に会議を開こうという気分は、あなたの柔弱な酌人の気前のよいつぎっぷりから生じたように思われるからです。実際、胃によって消化されにくい神酒は、生来の気質を慰めたり温めたりせずに、それを変質し、悲しませるのです。そして、この神酒は想像力を乱すので、人々に様々な症状を引き起こすのです。理由なく陽気になる人もいれば、常軌を逸して快活になる人もいます。迷信じみたしかたで敬虔になる人もいれば、空しく英雄的になる人もいます。また、怒りっぽくなる人もいれば、空中楼閣を描く人もいるのです。そして、結局は、異なった体質の脳を通過した同一の煙が消え去るとともに、あらゆるものが雲散霧消してしまうのです。ユピテルよ、あなたは動揺する強力な想いに揺り動かされて、悲しくなってしまったように見えます。ですから、あなたが黒胆汁によって弁解の余地がないほど打ち負かされ圧せられていると、みなが(それをあえて言うのはわたしだけですが)考えているのです。なぜならば、わたしが理解し、話から嗅ぎ取ることができたかぎり、あなたはたいそう深刻な事柄を論じようとしているのですが、それをあなたは、よりによって、われわれが祝祭のために集まったこの機会に、昼食後のこの時間に、たっぷりと飲み食いした状態で行おうとしているのですから。」

他の神々がモムスと議論することは、習わしではなく、許されてもいませんでした。そこで、ユピテルは、幾分軽蔑するように半ば笑みを浮かべて、モムスに何ひとつ答えることなく、高い講壇に上り、そこに座を占めて、彼のまわりを輪のように取り巻く偉大な元老院の神々を眺めました。この眼差しは、すべての神々の心臓をときめかせたはずです。このときめきは、驚嘆に打たれたためでもあり、恐怖に突き刺されたためでもあり、崇拝とめかせたはずです。

尊敬に圧倒されたためでもあります。ユピテルの威厳ある姿が現れるとき、死すべき者どもと不死なる者どもの胸にはこのような感情が呼び起こされるのです。その後、眉毛を幾分下げた後で瞳を上に向け、胸から燃えるため息を吐き出して、ユピテルは以下のように語ったのです。

ユピテルの演説

「神々よ、わたしがいつものように、技巧に富んだ序文や、陳述の美しい筋道や、結語の喜ばしい言葉の積み重ねによって、君たちの耳に大音響を鳴り響かせることを期待しないでくれたまえ。言葉の飾り立てられた織物や、文の磨き上げられた繋がりや、優美な議論の豊かな道具や、洗練された話の豪華な壮麗さや、弁論家の教育に則って一度舌に乗せられる前に三度ヤスリにかけられた用語を、望まないでくれたまえ。

〈いまはそのような見物をしているときではない。〉[29]

神々よ、君たちは真なるものを信じているのだから、わたしを信じてくれたまえ。今日、この時間に、このような状況で、この集会を開くことを決意してから、純潔な月の女神はすでに銀色の角を十二回も満たしている。この間わたしは、何を言うべきかあらかじめ考える以上に、われわれの欲求に反して何について沈黙すべきかを、じっくり考えていたのだ。

この時間に君たちを娯楽から呼び戻して集会へと招集し、昼食後に突然の会議を開いたことに、君たちは驚きの声をあげている。そして、祝日に真剣な事柄に心を煩わせることにぶつぶつ言い、トランペットの音や布告の宣言に心を乱されない者は、君たちの中に誰一人としていないのだ。しかし、たとえこれらの行動と状況の原因がそれらを確立することができたわたしの意志に立脚し、そしてわたしの意志と決定が正義の理法そのものであるとしても、それにもかかわらず、わたしは、先に進む前に、この混乱と驚嘆から君たちを解放するのにやぶさかではない。提言は、時間をかけた、重みがある、検討し尽くされたものでなければならない。熟慮は、熟しており、秘密で、用心深くなされたものでなければならない。しかし、実行は、翼を持ち、迅速で、直ちになされなければならない。だから、昼食の間に何かある奇妙な体液がわたしに襲いかかり、それが昼食後もわたしを束縛し勝利を収めたために、わたしが理性にしたがってではなく、神酒の煙に圧倒されて実行に移ったなどと、信じないでくれたまえ。そうではなくて、じつはわたしは、去年の同じ日から、今日この時間に実行しなければならないことすべてを、わたしの内で熟慮し始めたのだ。昼食の後にしたのは、悲しい報せを空腹の胃にもたらす習わしがないからだ。突然行うことにしたのは、君たちが祝祭に行くのと同じ意欲をもって会議に集まりはしないということを、わたしは良く知っているからだ。君たちの多くは会議を執拗に避けているのだからね。『敵を作りたくない』だとか、『勝敗が不確定だから』だとか、『自分の提案が取り上げられないかもしれない』だとか、『自分の意見が時には承認されないかもしれない』だとか、『どちらかの側にとって不利益になる係争において中立を装うため』だとか、『良心に重い負担を与えないため』だとか、各人がそれぞれ言い訳を持っているのだから。

兄弟姉妹そして子どもたちよ、思い出して欲しい。神肴を味わい神酒を飲み高位の威厳を楽しむことを運命によって許された者たちは、これらの特権に伴う重責に堪えることを命じられているのだ。宝冠や司教冠や王冠は、重圧をかけることなしには、頭に栄誉を与えないし、王衣や王笏は、拘束することなしには、身体を飾らないのだ。

わたしがとりわけ今回のような祝祭日をこのことのために捧げる理由を、君たちは知りたいのか。この日は、祝祭に値すると君たちは思っているのか。この日が一年中でもっとも悲劇的な日でないと、信じているのか。大地の鼠どもにさえ軽蔑され、賤しまれているときに、巨人たちに対する勝利を記念して祝うのは、たいそう非難すべきことだと、良く考えれば、誰でも分かることではないか。いっそのこと、あのときに、全能で動かしがたい運命の決定によってわれわれが天から追放されたほうが良かったのかもしれない。あのときならば、われわれの敗北は、敵たちの威厳と徳のお蔭で今ほど恥ずべきものではなかっただろうから。というのも、今われわれが天にいる有様といったら、われわれがそこにはおらず、天から追放されていたほうがましだと思うほど、情けないものなのだから。実際、われわれに大いなる栄光を与えた、われわれに対する畏怖は、消え去ってしまった。われわれの威厳と神意と正義の大いなる名声は地に落ちた。さらに情けないことに、われわれには、われわれの欠陥を補い、われわれの恥辱に対して復讐する能力も力もない。なぜならば、それを用いて運命が世界の支配者たちを統べる正義が、われわれがいかにも劣悪なしかたで用いたあの権威と権力を取り上げてしまったからだ。われわれは、死すべき者たちの眼前に裸で曝されて、われわれの悪行はあからさまになってしまったのだ。そして、正義は、天自らが、星々と同じほど明瞭かつ判明に、われわれの悪事を証言するようにし向けたのだ。というのも、天には、われわれの姦通や近親相姦や姦淫や怒りや侮蔑や略奪やその他の不正と犯罪の、成果や遺産や報告や声や文字や物語が、星々のように明らかに目にすることができるのだから。実際、われわれはわれわれの過ちの褒美としてより大きな過ちを犯し、悪徳の勝利を天にて示すことによって犯罪に席を与え、諸徳と正義を冥界の中に追放し、埋め去り、なおざりにしたのだ。

■ 悪徳のホロスコープ（一）

性的な罪という些細な事柄から始めると、〈大三角《デルトートン》〉、つまりあの三角形だけが、なぜ〈メドゥーサ〉の頭の近く、〈アンドロメダ〉の尻の下、そして〈雄羊〉の角の上の四つの星を獲得したのか。神々の間に存在する依怙贔屓を見せるためにだ[30]。

〈イルカ〉は、北の部分を〈雄ヤギ〉と境を接し、十五の星々を支配しつつ、何をしているのだろう。〈イルカ〉がそこにいる目的は、ネプトゥーヌスとアンフィトリテの間の良き斡旋人（女衒と言うのをやめるとして）が高位につくのを眺めるためだ。

なぜ〈アトラスの七人の娘たち〉[31]は白い〈雄牛〉の首のそばにいるのだろう。われわれと天を破滅から救ったということを彼女らの父親が自慢をし、われわれ神々の威厳を損なうためだ。あるいは彼女らをそこへと引き上げた神々の軽薄さを示すためにだ。

なぜユノは〈カニ〉に（姿を持たないまわりの四つの星以外に）九つの星を飾りとして与えたのだろう。それは、アルキデス〔ヘラクレス〕がこの巨大な怪物と戦っているときに、彼の踵を傷つけたからという、気まぐれゆえのことだ。

われわれギリシャ人たちによって〈オフィウルクス〉と呼ばれている〈蛇遣〉が彼と彼の小さな蛇のために三十六の星の座を獲得したことには、天上の住民たちの単なる不条理な決定以外のいかなる理由もないだろう。

〈射手〉が三十一の星を不法に占有していることに、いかなる重要で時宜にかなった理由があるだろうか。それは、〈射手〉がムーサの神々の乳母であり、ばあやであったエウスケミアの息子だったからだ。それならば、なぜむしろ母親を選ばなかったのだろう。それは、息子が踊ることができ、手品を知っていたからだ。なぜ〈水瓶〉は〈雄ヤギ〉の傍らに四十五の星を持っているのだろう。もしかして、ヴェヌスの娘のファセテを沼から救ったからだろうか。なぜ、われわれ神々のために尽力し、いまは大地に埋められている、他の人間たちではないのだろうか。なぜ、その代わりに、大した報酬には値しない奉仕をした〈水瓶〉にこれほどの場所が与えられたのだろうか。ヴェヌスの気まぐれゆえだろうか。

〈魚〉にはたしかに幾分の功績がある。ユーフラテス川から例の卵を運んだのだから。この卵は、ハトによって温められていたときには、同情深きパポスの女神〔ヴェヌス〕を宿していたのだ[32]。それにもかかわらず、〈魚〉が（まわりの四つの星を除いて）三十四の星を獲得し、水から外に出て、天のもっとも高貴な領域に住むことが許されると、君たちは思うだろうか。

〈オリオン〉は斬り合いのために武装に身を固めてたった一人で両手を広げているが、〈雄牛〉の方角の南半球で何をしているのだろうか。彼がそこにいるのは、ネプトゥーヌスの単なる気まぐれゆえだ。ネプトゥーヌスは、自らの正当な領域である水域で彼に特権を与える[33]だけでは満足せずに、愚かにも自らの世襲財産の外でも彼に勢力を持たせようとしたのだ。

〈ウサギ〉と〈大犬〉と〈子犬〉が南の部分に四十三の星を持っているのも、それらの傍の〈水蛇〉と〈コップ〉と〈カラス〉が四十一の星を持っているのも、どちらも二つ三つの愚行が原因なのだ。後の三者がこれほど多くの星を持っているのは、神々が一度〈カラス〉に飲み水を取りに行かせた日を記念してのことだ。〈カラス〉は、途中でイチジクの実（それを女性名詞にするか男性名詞にするかについては文法学者の意見が分かれているので、好きなほうを選んでくれたまえ）が実っているイチジクの木を見たのだ。食い意地が張っているために、この鳥は実が熟すのを待っていた。やっと実を食べた後で、カラスは水のことを思い出して、容器を満たしに出かけたが、そこに竜を見て恐れをなし、空の瓶のままで神々の元へと戻ったのだ。神々は、自分たちがいかに見事に頭を使ったかを見せるために、このたいそう親身で気が利いた従者の物語を天に描いたのだ。こんなことは、時間とインクと紙の無駄遣いだよ。

南の〈冠〉は〈射手〉の弓と足の下で十三の輝くトパーズによって飾られているが、それが永遠に頭を持たないことを誰が定めたのだろうか。

南の〈魚〉が〈水瓶〉と〈雄羊〉の足の下で十二の光によって飾られ、そのまわりの六つの光も持っているということを、君たちは立派なことだと思うだろうか。

〈祭壇〉（それを香炉や祠や神域と呼んでもよいが）については、話すつもりはない。それが地上に居場所を持たないいまこそ、それが天にあるのがふさわしいのだ。それがいま天にあるのは、われわれの宗教と信仰の沈没した船の残骸や船板としてなのだ。

〈ヤギ〉については何も言うことはあるまい。実際、〈ヤギ〉には、大蛇ピトンに打ち勝つ方策をわれわれに教えたという大功があるのだから、天に座を占めるに適任であると思われる。あの戦に勝利するためには、神々が野獣に変身することが必要だったが、この教えをわれわれは〈ヤギ〉から受けたのだ。〈ヤギ〉は、「自らを野獣にすることができない者は、高位に留まることができない」と、われわれに知らせてくれたのだから。

〈乙女〉については話すつもりはない。なぜならば、天において片側を〈獅子〉に、反対側を〈サソリ〉に守られているほど、処女を守るに適した場所はないからだ。可哀想なこの女性が大地から逃走した理由は、女たちの過剰な欲望ゆえだ。女たちは、身籠もる回数が多いほど、ますます性交を求めるのが常であり、それゆえに〈乙女〉は、かりに母胎の中にいたとしても、汚染される危険があるのだ。それゆえに、彼女は二十六のルビーとそれらを取り巻く別の六つの星を楽しんでいるのだ。

〈カニ〉の場所の中で輝く二匹の〈ロバ〉の恐れを知らぬ威厳については、あえて何も言うつもりはない。というのも、天の王国は、権利のうえでも道理のうえでも、彼らに属しているからだ。このことについての多くの立派な理由は、別のときに話すとしよう[34]。というのも、このように重要な事柄について、通りすがりに語る勇気がないからだ。しかし、わたしが苦しみ嘆くのは、唯一、これらの神的な動物に対してほとんど敬意が払われていないということだ。彼らには自分たちの家が与えられず、あの後退する水棲動物の居候になっている。そして、彼らには二つの惨めな星しか与えられておらず、それぞれひとつの星を持っているだけだ。しかも、これらの星の大きさは、最大級ではなく四番目のランクしか持っていないのだ。

〈神殿〉や〈ヤギ〉や〈乙女〉や〈ロバ〉について、いまはなにも決めることはするまい。もっとも、これらのうちのいくつかがそれらの威厳にふさわしいしかたで扱われず、名誉を受ける代わりに中傷に曝されているのは嘆かわしいことだ。けれども、これらと同じ重みを持った他の主題について語るとしよう。

地上の他の川たちが、それらが受けた不正ゆえにぶつぶつ言うのは、君たちもしかたがないと思うだろう。というのも、〈エリダヌス川〉が〈ヤギ〉の回帰線〔南回帰線〕のこちら側とあちら側にある三十四の光を持つ　いかなる理由も存在しないのだからね。実際、その他の川は、この川に劣らず、あるいはこの川以上に、それに値する偉大さを持っているというのに。パエトンの姉妹たちがそこに住んでいるというのが、じゅうぶんな理由だと思うかい。あるいは、もしかして、アポロンの息子が父親の職務と高位と権威を乱用したために、わたしの雷に打たれてそこに落ちたために、この川が祝福されたとでも君たちは思っているのかい[35]。

なぜ、乗り手が大地に埋葬されているのに、〈ベレロポーンの馬〉〔ペガサス〕は天に二十の星を所有することになったのだろうか。

あの弓は、なんのために輝ける七つの星をしっかりと保ち、〈ワシ〉と〈イルカ〉の側で光っているのだろうか。それが〈射手〉の近くにないということは、明らかに大きな間違いだ。近くにいれば、〈射手〉はいま持っている矢を射た後で、それを使うことができたというのに。あるいは、そこにいることが正当化できる〔別の〕場所にないというのも、間違いだ。

カメの形をした牛角でできたあの〈竪琴〉は、ライオンの残骸とあの純白で愛らしい〈白鳥〉の間で何をしているのだろう。それがそこに留まるのは、カメの栄誉ゆえだろうか、角の栄誉のためだろうか、あるいは竪琴の栄誉のためだろうか、知りたいものだ。あるいは、それを制作したメルクリウスの職人芸をみなが見て、彼の放埒で虚しいうぬぼれの証人になるためだろうか。

■美徳の追放と悪徳の栄光

神々よ、これらがわれわれの作品なのだ。われわれを天にて栄誉あるものにするわれわれの秀逸な手仕事なのだ。なんとも立派な工作ではないか。子どもが粘土や練り粉や小枝や麦わらを扱って大人の作品をまねようとするときに作る工作とたいして違わないのだから。われわれはこれらの工作ゆえに申し開きをする必要がないと、君たちは思っているのか。怠惰な作品は、怠惰な言葉に比べて、取り上げられ、問いただされ、裁かれ、弾劾されることが少ないと思っているのか。〈正義〉の女神、〈節制〉の女神、〈堅実〉の女神、〈寛大〉の女神、〈忍耐〉の女神、〈真理〉の女神、〈記憶〉の女神、〈知恵〉の女神、そしてその他、数多くの女神や神々は、天からのみならず、地上からも追放された。そしてその代わりに、秀麗な宮殿の中に高貴な〈摂理〉から住居を与えられて、イルカやヤギやカラスやヘビやその他の薄汚く、些末で、気まぐれで、軽薄なものどもが姿を見せているのだ。

君たちはこのことが不適切だと思うかもしれない。善事をなさなかったという良心の呵責にわれわれは苛まれるかもしれない。けれども、君たちはわたしとともに考えるべきなのだ。それ以上にはるかに激しく、われわれは重大な悪行や犯罪によって苦しめられ、苛まれるべきだとね。ところが、実際には、われわれは、これらのことをしておきながら、後悔し更正しなかっただけでなく、それらの勝利を祝い、記念碑を建立したのだ。しかも、移ろいやすく壊れやすい社である地上の神殿にではなく、天の永遠の星々の中にだ。神々よ、弱さや思慮が足りない軽薄さゆえの過誤については、我慢をし、容易に許すことができる。けれども、正義を守る立場にいながら、犯罪的な過ちに肩入れして、さらに大きな過ちを犯し、天において犯罪と犯罪者に栄誉と褒美を与える者たちによってなされた過誤には、いかなる憐憫も哀れみも向けられないのだ。

■ 悪徳のホロスコープ（二）

〈ペルセウス〉はいかなる偉大な徳行によって二十六の星を獲得したのだろうか。怒り狂ったミネルヴァに奉仕して、翼のついた靴と姿を見えなくする水晶の盾を使って、睡眠中のゴルゴンたちを殺戮し、メドゥーサの頭をミネルヴァに差し出したからだ。しかし、彼がそこにいるだけではじゅうぶんでなかったのだ。それどころか、長く栄誉ある記憶を享受するようにと、彼の妻〈アンドロメダ〉が二十三の星とともに、彼の舅の〈ケフェウス〉が十三の星とともに現れる必要があったのだ。ケフェウスは末の娘〔アンドロメダ〕をクジラの口へと差し出したのだが、それは、ネプトゥーヌスの気まぐれによるものだった。ネプトゥーヌスは、アンドロメダの母カシオペアが自分はネレウス〔海の神〕の娘たちよりも美しいと思っていたという、それだけのことに腹を立てていたのだ[36]。そして、母親もまた、北極圏の境界線上に十三の別の星に飾られて王座に座しているのだ。

なぜ黄金の羊毛を持ったあの羊の父は、（まわりを取り巻く七つを除いても）十八の星とともに昼夜平分点で鳴いているのだろうか。もしかすると、コルキスの王の狂気と愚かさ、メティアの恥知らず、イアソンの欲望に満ちた大胆さ、そしてわれわれの不公正な摂理を賞賛するために、そこにいるのだろうか。

黄道十二宮の中で「雄牛」の後を追い、（まわりを取り巻く形をなさない七つの星を数えないとしても）十八の星を持つあの二人の少年〔ふたご座〕は何をしているのだろうか。二人の軟弱な少年の間の相互的な愛以外の、いかなる善と美を、あの神聖な座で示しているのだろうか。

いかなる理由で〈サソリ〉は、（はさみの中の八と、体を取り巻く九と、三つの形のない星を数えないとしても）二十一の星を報酬として得ているのだろうか。ライバルの猟師であるオリオンを〈サソリ〉に殺させた、ディアナの軽率な嫉妬から生じた殺人への報酬以外にいかなる理由もないのだ。

〔ケンタウロスの〕〈キロン〉が彼の獣とともに天の南方に六十六の星を持っている理由は、彼がペレウスとテティスの略奪婚から生まれたあの息子の教師だったからなのだということを、君たちはよく知っている。〈牛飼〉の胸とヘビのとぐろの前で栄誉を与えられている、八つの星を持ったアリアドネの冠がそこにある理由は、略奪者テセウスに捨てられたクレタ国王の娘〔アリアドネ〕に抱きついたバッカス親父の混乱した愛を永遠に記憶に残すためでしかない、ということも君たちは知っているはずだ。

胸にバジリスクを付けて、三十五の星から成る領域を持ち、〈カニ〉の後に続いている、あの〈獅子〉は何をしているのだろうか。〈獅子〉がそこにいるのは、もしかして、怒れるユノのもとで共に戦い共に仕えるあの者〔〈カニ〉〕と一緒にいるためだろうか。ユノは〈獅子〉がクレオナエの国を荒らしまわるよう仕向けたが、それはクレオンを困らすために勇猛なアルキデス〔ヘラクレス〕が到着するのを待つためだったのだ37。

わたしの熱心な息子である不敗の〈ヘラクレス〉は、獅子の皮と棍棒を持って二十八の星を守っているように見える。彼の誰にも勝る英雄的偉業はたしかにこれらの星に値するものだ。とはいえ、真実を言えば、彼があの場所を所持するのは、わたしにはふさわしいとは思えないのだ。というのも、この場所から、わたしとわたしの愛人で彼の母親であるメガラがわたしの妻ユノに対してなした不倫が、彼の出生によって正義の眼前にさらされることになるからだ。

南極圏の近くの広大な領域に四十五の輝く星を釘付けにしているアルゴス船がそこにあるのは、賢明なミネルヴァが犯した大きな過ちの記憶を永遠のものにするため以外のなにものでもない。ミネルヴァは、アルゴス船によって最初の海賊を作り出し、海もまた大地に劣らず熱心な略奪者を持つことになったのだ。

天の帯とみなされているものに戻ると、なぜあの〈雄牛〉は黄道十二宮の初めあたりで、〔北の角にあるひとつと、無形と呼ばれている他の十一を除いて〕三十二の明るい星を持っているのだろうか。情けないことに、〈雄牛〉は、アゲノルの娘、カドモスの妹〔エウロパ〕を奪ったあのユピテルの化身だからなのだ[38]。

星空において〈射手〉よりも北極の方向で十五の星の中庭を占領しているあの〈ワシ〉は、いかなるものだろうか。情けないことに、〈ワシ〉もまたユピテルであり、彼はそこでガニュメデスの誘拐と愛の情熱の勝利を勝ち誇っているのだ。

神々よ、なぜあの〈熊〉は、世界のもっとも美しく卓越した部分に――あたかも高い物見の塔や、明るい広場や、世界が提供することができるもっとも著名な光景として――置かれているのだろう。もしかすると、パエトンの馬車によって地上に生じた火事の後に神々の父を襲った火事を誰もが見るためなのだろうか。〔パエトンの馬車による〕火事の際に、わたしはその燃え残りを探し、怖じ気をなして洞窟の中に逃げ込んでいた河川を呼び寄せることで消火していたのだ。このことをわたしは、わたしの愛するアルカディアの地で行っていた。そのとき、別の火がわたしの胸を燃やしたのだ。この火は、ノナクリス〔アルカディアの山〕の乙女[39]の相貌の輝きから発して、わたしの目を通って、わたしの胸の中を走り、骨を熱し、骨髄の中まで浸透したので、わたしの火事を冷やす水も、わたしを火事から救う手立てもなかったのだ。この火の中には、わたしの心臓を貫いた矢があり、わたしの魂を束縛した結び目があり、わたしを自分から引き離し彼女の美の獲物にしたかぎ爪があったのだ。わたしは強姦という冒とく的な行為を行い、ディアナの道連れを犯し、わたしの忠実な伴侶を傷つけたのだ。それゆえに、わたしの醜い逸脱は〈熊〉の形でわたしに示されたのだが、だからといって、この唾棄すべき情景にわたしが恐れを抱いたわけではない。それどころか、この怪獣はわたしにはたいそう美しく見え、とても気に入ったので、その生きた肖像が天の建築物のもっとも高く壮大な場所へと高められることを望んだのだ。この過ち、この醜悪さ、この恐るべき汚点を見て、大海の水はそれを洗うことに対して軽蔑と嫌悪を示した[40]。テティスは、彼女の波が汚されるのを恐れて、それが彼女の住居に近づくことを拒絶した。ディクティナ〔ディアナ〕は、彼女の神聖な学校が卑俗なものにされるのを恐れて、それが彼女の砂漠に入ることを禁じた。そして、同じ理由から、〔海の神〕ネレウスの娘たちとニンフたちは、それが河川に近づくのを拒絶しているのだ。

■ユピテルによる罪の告白

惨めな罪人であるわたしは、わたしの罪を、わたしの重罪を、汚れなき絶対的な正義と君たちの前で告白する。わたしは、現在に至るまで、たいそう重たい罪を犯してきた。そして、この悪例を通じて、同様のことをする許可と権能を君たちに与えたのだ。このこととともに、わたしが君たちと一緒に運命の怒りに遭遇したのは自業自得だということも、告白しよう。運命は、われわれがもはや神々とみなされないように仕向けた。そして、われわれが地上の汚辱に天の座を譲り与えている間に、われわれが地上に持っていた神殿や絵画や彫刻が破壊されるようにしたのだ。このことは、卑賤で低俗な事柄を高みに置いた者たちが自ら高みから落とされるのは自業自得である、ということを示すためなのだ。

あー、神々よ、何をしようか。何を考えようか。何を躊躇しようか。われわれは過ちを犯し、過誤に長く留まり続けた。そして、苦痛が過誤とともに続いているのだ。それゆえに、われわれの災厄に対する対策を考えよう。運命は、われわれに落下しない能力を与えなかったが、上昇する能力をわれわれに認めたのだ。われわれは、落下しそうになっていたが、逆に足で再度立ちあがることもできるのだ。われわれは、過ちを通じて遭遇した苦しみ、そしてわれわれに将来襲いかかるかもしれないもっとひどい苦しみから、われわれの手中にある修復を通じて、さしたる困難なしに脱出することができるのだ。過ちの鎖によってわれわれは束縛されたが、正義の手によってそこから解放されようではないか。われわれの軽薄さがわれわれを貶めたその場所から、重々しさがわれわれを持ち上げる必要があるのだ。正義へと振り向こうではないか。われわれは、正義から遠ざかることによって、自分自身から遠ざかり、その結果、われわれはもはや神でもなく、われわれ自身でもなくなってしまった。それゆえ、もしもわれわれ自身へと戻りたいのならば、正義へと戻ろうではないか。

この修復を秩序正しく行うには、まず、われわれを引き戻す過誤の重荷をわれわれの肩から取り去り、われわれの視界を遮る軽率さの覆いをわれわれの目から取り除き、われわれを逡巡させる自己愛を心から追い払い、われわれを重圧する空虚な思想をわれわれから投げ捨てなければならない。道を塞ぎ歩みを妨げる誤謬のからくりと邪悪の建物を破壊することにしようではないか。なされた過ちの真の改悛が正義の法廷に現れるように、われわれの犯罪的所行の勝利を祝う記念碑をできるだけ破壊し消滅させようではないか。

さあ、神々よ、われわれの貪欲、欲望、窃盗、憤怒、侮蔑、恥を映し出す亡霊、彫像、形姿、似像、肖像、上演、物語を天から取り払おうではないか。われわれの過誤のこの暗黒の夜が去るように努めようではないか。正義の新しい日の美しい曙がわれわれを招いているのだから。出でんとしている太陽がわれわれの薄汚れた姿を発見しないようにしようではないか。自分たちをきれいにし美しくするだけではじゅうぶんではない。われわれの部屋とわれわれの家もまた清潔にされなければならない。われわれは、内面においても外面においても清められなければならないのだ。

■内なる情念の浄化

最初に、われわれの内部に知的なしかたで存在する天から準備しようではないか。その後で、眼前に物質的に姿を現しているこの感覚的な天に取りかかるとしよう。われわれの精神の天から、醜悪さの〈熊〉と誹謗の〈矢〉と軽薄さの〈子馬〉と不平の〈犬〉と甘言の〈子犬〉を取り去ろうではないか。われわれから、暴力の〈ヘラクレス〉と陰謀の〈竪琴〉と不敬の〈三角形〉と移り気の〈牛飼〉と残忍さの〈ケフェウス〉を追放しようではないか。嫉妬の〈竜〉と無思慮の〈白鳥〉と虚栄の〈カシオペア〉と怠惰の〈アンドロメダ〉と杞憂の〈ペルセウス〉を、われわれから遠ざけようではないか。中傷の〈蛇遣〉と高慢の〈ワシ〉と肉欲の〈イルカ〉と性急さの〈馬〉と猥褻の〈ヒドラ〉を追い払おうではないか。暴飲暴食の〈クジラ〉と自惚れの〈オリオン〉と無駄の〈川〉と無知の〈ゴルゴン〉と無意味な恐怖の〈ウサギ〉をわれわれから取り去ろうではないか。強欲の〈アルゴス船〉と不摂生の〈コップ〉と不平等の〈天秤〉と悪しき後退の〈カニ〉と欺瞞の〈雄ヤギ〉をわれわれの内面から追い出そうではないか。詐欺の〈サソリ〉と動物的な情念の〈ケンタウロス〉と迷信の〈祭壇〉と傲慢の〈冠〉と不適切な沈黙の〈魚〉がわれわれに近づくことのないようにしようではないか。これらとともに、狎れ合いの〈双子〉とくだらないことへの配慮の〈雄牛〉と無思慮の〈雄羊〉と専制の〈獅子〉と放蕩の〈水瓶〉と駄弁の〈処女〉と誹謗の〈射手〉も没落することになるのだ。

神々よ、もしもこのようにわれわれの住居を浄化し、われわれの天を新たにするならば、星々の布置と影響は新しくなり、星々がおよぼす印象も、そして運も新しくなるだろう。というのも、すべてはこの上位の世界に依存し、異なった原因は異なった結果をもたらすことになるからだ。もしもわれわれがわれわれの精神と思想をうまく経営するならば、われわれは至福で、真に幸運な者になることだろう。君たちの中で現在の状況が気に入らない者には、この提案が気に入ることだろう。もしも状況を変えたいならば、習慣を変えようではないか。もしも状態が快方に向かうことを望むならば、習慣はいまと似たようなものであったり、あるいはいまより悪くなったりしてはならないのだ。

内なる情念を浄化しよう。この内なる世界を形成すれば、この外の感覚的な世界を改革するのは困難ではないのだから。神々よ、君たちはもう最初の浄化に取りかかり、それを終えている。君たちの決断はなされるとなると迅速になされたのだ。なぜならば、それは時間の重みに従属していないのだから。

■天の浄化の提案

さあ、それでは第二の浄化に取りかかるとしよう。この浄化は、外の物質的で感覚的で場所を占めた世界に関するものだ。したがって、行ったり来たりしながら、順々に、秩序正しく進まなければならない。つまり、決断を下す前に、待機をし、事柄や理由を秤にかけてみる必要があるのだ。時間の中の物質的な事柄に関する配置が問題なのだから、その実行は一瞬にしてなすことはできないのだ。

さあ、君たちに三日間の期限を与えよう。この期限は、この改革をするべきか否かについて君たちが君たちの間で決断を下すためのものではない。というのも、運命の命によって、わたしがこの改革を提案するとただちに、君たちはみなで、それを適当で、必要で、最善であると判断したからだ。そして、わたしが君たちの情念を見、君たちもまたわたしの情念を見るのは、外のしるしや形や影においてではなく、本当にありのままの姿においてなのだ。わたしがわたしの提案によって君たちの耳に語りかけるや否や、君たちは賛同の輝きによってわたしの目を捉えたのだ。

それゆえに、残されていることは、①天から取り去るこれらのものに配慮して、それらの追放先としていかなる国や部屋を定めるかについて、②さらにまたこれらのものが去った後の座をどのようにして満たせば、天は不毛にならずに、以前よりも立派に耕作され住まわれることになるかについて、君たちの間で考え、検討することだ。三日が経った後、どの場所に何を置くかについてあらかじめ考えたうえで、わたしの前に来なさい。そうすれば、われわれは四日目にあらゆる議論を尽くしてこの植民地の形態を決定し、それを宣言することができるだろう。これがわたしの言葉だ。」

サウリーノさん、このようにして父なるユピテルは天上の元老院と民衆の耳を打ち、精神に火を付け、心を動かしたのです。ユピテルは、彼らの表情や仕草から、彼の提案がすべて彼らの心中で最終的に受け入れられたということに(語っている間に)はっきりと気づきました。それゆえに、神々の偉大なる家長が弁論の最後の言葉を述べ終わり自らの話に沈黙を課したとき、全員が声を合わせて、「ユピテルよ、あなたが提案し運命がほんとうに定めたことすべてを、われわれは喜んで実行しましょう」と言ったのです。そのとき大勢が歓声を上げ、決議に満足していることを示したり、それに喜んでしたがうことを示したりしました。ある場所で疑念や思案が表明されるかと思えば、別の場所では賞賛がなされ、あるいは当事者の誰かが首を振ったりしていました。様々な視点が交差したのです。そして、ようやく夕食の時間が来ると、神々はあちこちへと帰って行ったのです。

サウリーノ　少なからず重要なことですね、ソフィアさん。

第三部　〈熊〉の追放

■　新たな会議の開催と天の浄化の開始

ソフィア　四日目の正午になったとき、神々は再度総会に集まりました。そこには、先に述べた主要な神々だけでなく、言わば自然権によって天への入場を許可された他の神々も出席を許されました。こうして神々の元老院と民衆とが着席しました。そして、ユピテルは、もっとも荘重な会議にのみ用いる習わしの冠とマントを身に付けて、いつものようにサファイアと金で飾られた王座に登りました。こうしてすべてが整い、大衆の注意が喚起され、深遠な沈黙が命じられたので、招集された神々はみな彫像か絵画のように見えました。そこに、わたしの美しい神メルクリウスが、通知状と旗印を持ち、供の者たちをしたがえて現れました。そして、偉大な父の目の前に来て、会議の場にいる者たち全員に知られているが法令の形式と威儀を守るために言葉にしなければならないことを告示し、述べ伝え、解説したのです。その内容は、現行の集会で結論に至り、制定され、命じられたことすべてを受け入れ、実行に移すための、嘘偽りのない、自由な意志に基づいた、用意と準備が神々の側にはある、ということです。このことを言い終えた後に、メルクリウスはまわりにいる神々へと振り向き、彼らの名のもとに彼が雷鳴神の現前で述べたことすべてを明らかに批准されたものとするために、挙手をするように要求しました。そして、挙手がなされたのです。

それから、偉大なる父祖は口を開き、以下の口調で話しました。

「神々よ、かつて巨人たちは短時間の間にわれわれに反抗し、われわれとは相容れない明らかな敵であったが、彼らはわれわれに対してオリンポスから戦を仕掛け、われわれを天から追い落とすことしかできなかったし、しようともしなかったのだ。もしもこれら巨人たちに対するわれわれの勝利が栄誉あるものであったのなら、彼らに対して勝利を収めたわれわれ自身に対する勝利は、はるかに大きな威厳と栄誉に値することだろう。われわれの情念に対する勝利は、はるかに大きな威厳と栄誉に値することだろう。これらの情念は、われわれに対して長い間勝利を収め、われわれの獅子身中の虫であり、あらゆる方面からわれわれに暴威をふるい、われわれをわれわれ自身から追いやり遠ざけたのだから。

それゆえに、もしもその成果が一瞬にして消滅してしまった勝利をわれわれにもたらしたあの日が祝祭に値すると思われたのならば、その実り豊かな栄誉が未来永劫続くだろうこの日は、それ以上に祝われなければならないだろう。したがって、勝利の日を祝い続けたまえ。しかし、『巨人たちに対する勝利』と言っていたものを、『神々に対する勝利』と言いなさい。というのも、この日に、われわれはわれわれ自身に勝利したのだから。さらに、この日を天が浄化された日としても祝いなさい。そして、この日は、エジプト人たちにとってライ病持ちの民〔ヘブライ人〕が立ち去った日がそうであり、ヘブライ人たちにとってバビロン補囚から帰還した日がそうであった以上に、われわれにとって荘重な日でなければならない。今日、病気やペストやライ病は天から荒野へと追放されるのだ。今日、犯罪のあの鎖は壊され、永遠の罰へとわれわれを追い詰めた過誤の足かせは砕かれるのだ。

さて、君たちは全員この改革を進めることに意欲的であるし、それを実現する仕方について（これらの座が住民を持たないままであり続けず、そこから移動したものたちには適切な場所が定められるように）全員があらかじめ熟慮したはずだ。よって、わたしはわたしの見解を逐一述べることにしよう。そして、それをし終えた後で、もしもそれが賞賛に値すると思われるならば、そう言ってくれたまえ。もしもそれが不適切だと思われるならば、説明してくれたまえ。もしも改善の余地があると思われるならば、そう宣言してくれたまえ。もしもそれから取り除くものがあるならば、君たちの見解を言ってくれたまえ。もしもそれに付け加えるものがあるならば、教えてくれたまえ。なぜならば、各人には投票を決める十全な自由があり、沈黙する者はみな、賛成していると思われるからだ。」

そのときほとんどすべての神々が立ち上がり、このしるしを通じて提案を批准したのです。

■〈熊〉の追放と〈真理〉の導入

ユピテルは言った。「それでは冒頭から始めることにしよう。まず北方にあるものどもを見て、それらについて配慮しようではないか。そして、徐々に順を追って最後まで進むことにしよう。あの〈熊〉について君たちはどう思うかい。どういう判決を下すかい。」

最初に発言する資格を持った神々は、モムスに返答を依頼しました。モムスはこう言いました。

「ユピテルよ、大きな恥辱、あなたが認めることができる以上に大きな恥辱です。〈熊〉の場所は天の場所の中でもっとも賛美された場所であり、ピュタゴラスは（世界には腕や足や胸や頭があると考え）それを世界の上位の部分であると言い、その反対側に彼が言うところの低位の領域を置いたのです。詩人もこのことを以下の詩で言っています。

〈こちらの天極は、つねにわれらの頭上にあるが、あちらの極は
われらの足下で、暗欝なステュクス川と深淵の死者たちが眺めている〉41。

この場所を水夫たちは海上の不確かで心許ない道の目印にし、嵐を耐える者たちはみなこの場所に向かって手を挙げるのです。この場所を目指して巨人たちは野心を抱き、そこへと登るためにバアルの驕慢な子孫たちはバベルの塔を建てたのです。この場所に鋼の鏡の魔術師たちは、北極の精霊たちの中でもっとも偉大なものの一人であるフロロンの神託を求めるのです。この場所へと、カバラ主義者たちによれば、サマエルは第一の雷神と比肩するために王座を高めようとしたのです。あなたがこの醜い動物を置いたのは、このような場所なのです。そして、あなたはこの動物が、視線によってではなく、反り返った髭によってでもなく、手の何らかの似像によってでもなく、足によってでもなく、肉体の他のさして卑賤でない部分によってでもなく、よりによって尻尾によって（ユノはそれが熊科の本性に反して後ろに付いたままであることを望んだのですが）、まるでそれがこれほどの場所にふさわしいしるしであるかのように、すべての地上の、海上の、天上の観察者たちに偉大なる北極と世界のちょうつが

いを示すようにしたのです。それゆえに、この動物をこの場所に貼り付けたことが大きな悪行であったなら、それを取り除くことは同じぐらい大きな善行になるのです。それをどこに送り、何にその跡を継がせるかについてのご意見をわれわれにお聞かせください。」

ユピテルは言いました。「君たちがよいと思うところに行かせればよいだろう。英国の熊たちのもとか、あるいはそれが都市で楽に暮らすのを望むならば、ローマのオルシーニ家かチェザリーニ家のもとに行けばよいだろう[42]。」

するとユノが言いました。「わたしの望みは、それがベルンの修道院の中に閉じこめられることです。」

ユピテルは答えました。「そう怒らなくてもいいだろう。それは、自分が自由でありこの場所を空けるかぎり、好きなところへ行くがよいだろう。この場所はもっとも卓越した座であるので、わたしはそこに〈真理〉が住居を構えることを望む。なぜならば、そこには誹謗の爪は届かず、羨望の妬みは害を及ぼさず、誤謬の暗闇は深まることはないからだ。そこで〈真理〉は、堅固なものとして役立つことだろう。そして大波や嵐によって乱されることはないだろう。そこで〈真理〉は、この誤謬の嵐に満ちた海をさまよう者たちの安全な導き手となるだろう。そして自らが観念の明瞭で清らかな鏡となることだろう。」

父なるサトゥルヌスが言いました。「あの〈大熊〉はどうしましょうか。モムスよ、提案してください。」

モムスが言いました。「(年老いているのだから)あの年少の若い熊の付き添いの婦人になればいいでしょう。もっとも、女衒にならないように注意しましょう。もしもそういうことが起きた場合は、〈大熊〉は、罰として乞食に使われることになるでしょう。そして、乞食は、〈大熊〉を見せ物にして歩き、四日熱やその他の病気を治すために子どもやそれに類する者たちをその背に乗せることで、自分と〈大熊〉のために収入を得ることができるでしょう。」

■〈竜〉の追放と〈賢慮〉の導入

マルスが問いました。「ユピテルよ、あの性悪の〈竜〉はどうしましょう。」

父なる神は答えました。「モムスよ、話しなさい。」

モムスは言いました。「これは役立たずの野獣で、生きているよりも死んでいるほうがいい奴です。けれども、もしも皆さんが望むならば、それをアイルランドかオルカデス島に放牧しましょう。けれども気をつけてください。尻尾で星々を海に落とすという害を及ぼす疑いがありますから。」

アポロンが答えました。「モムスよ、心配しないでください。キルケかメデアといった魔法使いに命じて、竜が黄金のリンゴを守っていたときにそれを眠りにつかせることができたあの呪文を使って、再び眠らされた竜をゆっくりと地上に移させることにしましょう。わたしは竜が死ぬべきだとは思いません。むしろ、野蛮な美があるところにはどこにでも姿を見せるべきです。実際、黄金のリンゴは美であり、竜は残虐さであり、イアソンは愛人であり、竜を眠りにつかせる呪文は次の詩に書かれてある通りだからです。

約束と忍耐と涙と愛情、
そして時には金を払うことによって、
動かされない心はない。

熱することがないほど冷たい意志はない[43]。

父よ、何にこの場所を継がせましょうか。」

ユピテルは答えました。「〈賢慮〉にしよう。〈賢慮〉は〈真理〉のそばにいなければならない。なぜならば、〈真理〉は、〈賢慮〉なしには操作することも動かすことも働かせることもできないからだ。また、どちらももう一方がなくては、利益も名誉ももたらさないからだ。」

「見事なご配慮です」と神々は言いました。

■〈ケフェウス〉の追放と〈知恵〉の導入

マルスが言いました。「あの〈ケフェウス〉は、かつて王であったとき、運が彼に与えた王国を拡大するために悪意をもって武器を操作することができました。しかし今は、彼がいつもの流儀でこの場所で腕を広げて大股で歩きながら天の広い空間を占領するのはよいことではありません。」

ユピテルは言いました。「それならば、彼にレテの水を飲ませることにしよう。そうすれば、彼は地上と天上の財産を忘却し、足も腕もない動物〔クジラ〕として再生することになるだろう。」

神々は付け加えました。「そうでなければなりません。しかし彼の場所は〈知恵〉が相続するべきです。なぜならば、この哀れな女神もまた〈真理〉の成果と僥倖のおすそ分けに与らなければならないからです。彼女は〈真理〉の分かちがたい友であり、逆境や苦しみや中傷や労苦の中でつねに〈真理〉と交流していたからです。さらに、もしも〈知恵〉がともに管理しなければ、〈真理〉はいかにして歓迎され栄誉あるものであることができましょう。」

ユピテルは言いました。「神々よ、喜んでこのことを許そう。あらゆる秩序と理性がこのことを命じるのだ。実際、もしもわたしが〈真理〉をもう一人の女神なしにその場所に置くとしたら、間違いを犯したことになるだろう。というのも、〈真理〉はそこで、最愛の妹と友から遠く離れて幸せでいることはできないだろうから。」

■〈牛飼〉の追放と〈法〉の導入

ディアナが言いました。「星々に見事に彩られて車を導く〈牛飼〉について何と言うべきだとモムスは考えているのですか。」

モムスの答えは、〈牛飼〉はあの涜神的な腹から生まれたアルカスであり、いまもまたわれわれの偉大な父の恐るべき犯罪を証言する高貴な子どもなので、この場所から立ち去らなければならないというものでした[44]。そして、「彼の住居についてはあなたたちが配慮してください。」と彼は言いました。

アポロンが言いました。「彼はカリストの息子なのだから、母親の後を追えばよいでしょう。」

ディアナが言いました。「彼は熊の猟師だったのだから、母親の後を追えばよいでしょう。ただし後ろから槍の先で母親の背中を突かないようにしなければなりません。」

メルクリウスが言いました。「彼は別の道を行くことができないので、いつも母親を見つめながら進めばよいでしょう。母親はエリュマントスの森へと帰ることでしょう。」

ユピテルが言いました。「そうすればよいだろう。そして、この哀れな母親は強姦されたので、わたしはその償いとして、（もしもユノが文句を言わないならば）彼女をあの場所に元の美しい姿にして戻したいと思う。」

ユノが言いました。「わたしは満足です。ただしはじめに彼女を処女の状態に戻して、ディアナの配下にしてください。」

ユピテルが言いました。「このことについていまはもう話すのをやめよう。こいつの場所は何が継承するべきだろうか。」

議論を尽くした後に、ユピテルは言いました。「その場所は〈法〉が継承するべきだ。〈法〉が天にあることもまた必要だからだ。この〈法〉は天上の神的な知恵の娘であるし、もうひとつの〔地上の〕〈法〉はより劣った〔地上の〕知恵の娘なのだから。そして、この〔地上の〕〈法〉を通じて、この女神〔地上の知恵〕は、大地の荒野や人里離れた場所を歩く際にも、影響力を持ち、自らの明かりの輝きを放射するのだ。」

パラスが言いました。「見事な裁量です。なぜならば、〈知恵〉を母親に、理知的な知性を父親に持たない法は、真の良い法ではないからです。それゆえに、この娘は母親から離れていてはいけないのです。人間たちが彼らのもとでどのように物事が秩序づけられなければならないかを下から見て学ぶように、ユピテルがお望みならば、このように配慮すればいいでしょう。」

■〈北冠〉は天に残る

次に来るのが〈北冠〉の座です。それはサファイアでできており、多くの輝くダイヤで飾られ、八つの燃えるザクロ石からなる四と四の美しい姿をしています。これは下で作られ下から運ばれたのですから、それに値する誰か英雄的な君主に与えられればよいでしょう。ですから、それがわれわれによって誰に捧げられるのがふさわしいかについて、父上が配慮してください。」

ユピテルは言いました。「それは天に残り[45]、未来の不敗の戦士への報償として与えられるときを待つがよい。この戦士は、棍棒と火を使って、惨めで不幸なヨーロッパに渇望された平安をもたらすことだろう。そして、レルナの怪獣〔ヒドラ〕よりも極悪なこの怪獣の多くの頭部を打ち砕くことだろう。この怪獣は、多形の邪教によって致死的な毒をばらまき、この毒は静脈を通ってあらゆる部分に迅速に広がるからだ。」

■衒学者批判

モムスが言いました。「彼が衒学者たちのあの怠惰な党派に終止符を打てばそれでじゅうぶんでしょう[46]。これらの衒学者たちは、神と自然の法に則って善き行いをなすことなしに、神に気に入られた宗教者であると自ら思い、他の人たちにもそう思って欲しがっています。彼らは、善行は善いことで悪行は悪いことだと言っていますが、それにもかかわらず、神に気に入られるにふさわしくなるのは、自らが善をなすことや悪をなさないことによってではなく、彼らの教義問答に則って希望と信仰を持つことを通じてであると主張しているのです。神々よ、これ以上の破廉恥な行為が見つかるでしょうか。これを見ない者は、何も見ない者だけなのです。」

メルクリウスは言いました。「詐欺に無知な者だけが、すべての詐欺の母であるこのことに無知でしょう。もしもユピテル自身がわれわれすべての神々と一緒にこのような契約を人間に提示したとしたならば、われわれは、自分たちの虚栄しか気にかけずに人間の社会に大きな危害を与える者として、死よりも忌み嫌われることでしょう。」

　モムスが言いました。「もっと悪いことに、彼らは、このことは神々によって制定されたことであると言うことで、かつまた結果や成果を欠陥や悪徳と呼んで貶めることで、われわれを侮辱しているのです。誰も彼らのために働かず、彼らもまた誰のためにも働いていません（彼らの仕事と言ったら、仕事の悪口を言うことだけなのですから）。そうしている間に、彼らは、自分たちよりも他人のために働き、他人のために神殿や礼拝堂や宿舎や病院や学寮や大学を設置した人たちの仕事のお蔭で生きています。それゆえに彼らは、他人から相続した財産の明らかな泥棒であり簒奪者なのです。この人たちは、完全でもなく申し分なく善良であるとも言えませんが、だからといって（彼らのように）邪悪で世界に害をなすわけではありません。むしろこの人たちは、共和国にとって必要で、観想的な学問に通暁し、道徳を研究し、相互扶助への熱意と配慮を増大させることに努めています。そして、善を行う者には報酬を提示し、犯罪者を罰で脅すことによって、（すべての法がそのために制定されている）社会を維持しようと努めているのです。加えて、彼ら〔衒学者たち〕は、彼らの関心は彼らも他の人たちもけっして理解したことがない不可視の事柄についてであると言っておきながら、それらを獲得するためには不変な運命だけでじゅうぶんだと言うのです。そして、彼らは、神々の糧である、ある種の内的な情念と創造力を通じてこのことがわかると言うのです。」

　メルクリウスは言いました。「それゆえに、仕事が必要だと他の人たちが信じるからといって、彼らは悲憤慷慨するべきではありません。というのも、彼らの運命も、その反対を信じる人たちの運命も、あらかじめ定められており、彼らの信心や不信心が変わり宗派を変えることで、何かが変わるわけではないからです。そして、同じ理由から、彼らの言うことを信じずに彼らを破廉恥漢とみなす人たちに対しても、彼らは腹を立ててはいけないのです。なぜならば、この人たちが彼らを信じて彼らを善人とみなすようになったからといって、運命を変えることはないからです。加えて、〔彼らの教義によれば〕この信仰へと宗旨替えをするのは、彼らの選択の自由には含まれていないからです。それに対して、その反対を信じる他の人たちは、正当にも、彼らの良心に従ってこの一派に腹を立てることができるだけでなく、この一派を迫害し、殺害し、大地から抹殺することを、神々への偉大な犠牲にして世界への善行であるとみなすことができるのです。なぜならば、この一派は、毛虫や役立たずのイナゴや何ひとつ善い仕事をしたことがないハーピー〔女面鳥身の貪欲な怪物〕たちよりもたちが悪く、自分たちが食い荒らすことができない善を滅茶滅茶にし足蹴にし、活動に従事している人たちを妨害してきたのですから。」

アポロンが言いました。「生得の判断を持つ者はみな、実践を目標としているので、法を善とみなしています。そして、より善い実践のためにより善い機会を与える法が、他と比較してより善い法なのです。実際、すべての法の中で、一部はわれわれ〔神々〕によって与えられ、他の部分は主に人間の生の役に立てるために人間によって規定されています。そして、この生において自らの善行の成果を見ない人たちもいるので、これらの人たちの眼前に、彼らの仕事に応じて、来世の善と悪、報酬と罰とが置かれることになるのです。それゆえに、様々なしかたで信じ教える人たち全員の中でこの一派だけが天上と地上で迫害され、世界の疫病として抹殺されるに値します。この一派は、それらを消滅させることが功徳であるオオカミやクマやヘビに対する以上の同情に値しません。それどころか、この一派を取り除く者は比較にならないほどの功績に値するのです。この一派は、あの害獣よりもずっと大きな疫病と破壊をもたらしているのですから。ですから、この悪臭を放つ汚物を世界から取り除くよう運命によって定められている者に北冠がもっともふさわしいとする、モムスの見解は見事なものです。」

ユピテルは言いました。「いいだろう。メルクリウスとモムスとアポロンが理にかなったしかたで提案をし、君たちが同意したように、この冠が授与されるのが、わたしの意志であり決定なのだ。この疫病はすべての法と自然に敵対する暴力的なものなので、そう長くは続かないはずだ。ご覧の通り、この一派の宿命ないし運命は彼らに対して敵対的なものだ。というのも、より多くの破壊をもたらす目的のためにしか、この一派の数は増えないからだ。」

サトゥルヌスが言いました。「この一派を取り除く者にとって、冠はまさにふさわしい報償ですね。けれども、これらの背徳者たちにとって、人々との交わりから取り除かれることは、釣り合いの合わない過小な罰ではないでしょうか。それゆえに、彼らがこの肉体を離れ、何十年何百年の間、肉体から肉体へと様々な姿を取って何度も移動した後で、世界でもっとも怠惰な動物であるブタの中に住まうか、あるいは岩に貼りついた牡蠣になるのが、正しいことだと思います。」

メルクリウスは言いました。「正義はその反対を望むのです。閑暇の罰として労苦が与えられるのは、正しいことだと思います。それゆえに、彼らがロバに転生し、無知を保つが閑暇を失うほうが良いのです。そしてこの基体の中で、不断の労働ゆえに、わずかなまぐさと藁しか食べられず、御者から棒でたくさん叩かれるべきなのです。」

■〈審判〉の導入

この考えは、神々全員によって同意されました。そこでユピテルは、冠はこの一派に最後の一撃を与えた者に永遠に属すること、そして彼らは三千年にわたってロバからロバへと転生することを宣告しました。さらに、ユピテルは、あの特殊な冠の場所を理念的で無限に共有可能な冠が継承することを宣告しました。そのわけは、明かりがついたランプから、それが減少したり、少しも力を失うことなしに、無限のランプが灯されるように、この冠から無限の数の冠が生み出されるためにです。そして、ユピテルは、この冠に理念的な剣を付け加えることにしました。この剣も同様に、自然の働きの制約の中にあるいかなる特殊な剣よりも真なる存在を持っているのです。この剣と冠によってユピテルが意図していたのは、最後の審判です。それを通じて、世界において各人が功績と罪過に応じて報償されたり罰せられたりするのです。

すべての神々はこの方策におおいに賛同しました。〈審判〉が〈法〉の近くに座を占めるのはふさわしいことだからです。というのも、〈審判〉は〈法〉によって統治されなければならず、〈法〉は〈審判〉を通じて実行に移されなければならないからです。〈審判〉が実行し、〈法〉が指示しなければなりません。〈法〉にはすべての観想が、〈審判〉にはすべての実践が存しているのです。

■〈ヘラクレス〉の新たな任務

さて、この座について多くの余談めいた話がなされた後に、モムスはユピテルに〈ヘラクレス〉を示して、「さて、あなたのこの庶子に関して何をしましょうか。」と言いました。

ユピテルは答えました。「神々よ、わたしのヘラクレスが他の者たちと別の場所へ去らなければならない理由は聞いたばかりだ。けれども、彼の去り方が他のすべての者たちの去り方と同じであって欲しくない。彼が天上へと登った原因と流儀と理由はたいそう異なっているからだ。彼が天に値するようになったのは、唯一諸徳と英雄的所行の功績によるものだからだ。そして、たとえ庶子であるとはいえ、彼は自らがユピテルの正嫡の息子にふさわしいことを示したのだ。ご覧のように、彼が生まれながらの神ではなく外来者であるという原因だけが彼に天を拒絶することになったのだ。彼によってわたしが(先に言ったように)悪名を得たのは、わたしの過ちであり、彼の過ちではないのだ。きっと君たちの良心はうずいていることだろう。というのも、もしもこの一般的に決められた規則から誰かが除外されるべきだとしたら、それはヘラクレスに違いないからだ。だから、彼をここから取り除き、地上に送る際には、彼が天上に居続けた場合に劣らないだけの栄誉と名声を彼に授けようではないか。」

多くの（つまり大部分の）神々が立ち上がり、「できることならば、より大きな栄誉を授けましょう。」と言いました。

ユピテルは言葉を続けました。「それゆえ、この機会に、彼には働き者で強い人にふさわしい任務を与え、彼を地上の神とすることにしよう。このことによって、彼は、天上の半神と公認されていたとき以上の評価を万人から受けることになるだろう。」

神々は、「賛成します。」と答えました。

そして、神々の中の何人かは立ち上がりもせず、発言もしなかったので、ユピテルは彼らに向かい、意見を表明するように言いました。そこで、ある神々は「〈賛同します〉。」と言い、他の神々は「〈承認します〉。」と言いました。ユノは「〈反対しません〉。」と言いました。

そこでユピテルは次のように決定を宣言しました。「地上の様々な場所には現在もまだ怪物が見出される。これらの怪物は、先人たちの時代の怪物とは異なっており、おそらくもっとたちが悪い。それゆえ、父でありすべてを管理する者であるわたしユピテルは、〈ヘラクレス〉を、地上におけるわたしの代理人兼わたしの強力な腕の使節として派遣することにする。その際、彼の体格は以前と同じでも、以前より大きくもない。しかし、彼は、より多くの注意力と入念さと才能の力と精神の実行力に恵まれていなければならない。彼は、大地に生まれたときに数多くの凶暴な怪物に打ち勝つことで、はじめて自らの偉大さを示した。次に偉大さを示したのは、冥界から勝利者として地上に帰還し、予期せぬしかたで、友人たちを慰め、驕慢な僭主たちに復讐を果たしたときであった。こうして今また、新しい、とても必要な、熱望された管理者として、彼は三度目の生を母親から授かることになるのだ。そして、母なる大地の所有地を歩き回りながら、彼は、アルカディアの町々を再度ネメアの獅子が破壊しているかどうか、テッサリアでクレオナエの獅子が再度姿を現したかどうかを見るがよい。あのレルナの疫病であるヒドラが、切られてもまた生える頭を持って再び出現したかを観察するがよい。ヘブルスで彼の馬たちを異邦人の血で養ったあのディオメデスが再度現れたか発見するがよい。何度も元気を回復したあのアンテオスがもう一度肉体を回復したかどうか、リビアに目を向けるがよい。イベリアの王国に三つの体を持ったゲリュオンがいるかどうか注視するがよい。このときにスティンパリスの害鳥たちが空を飛んでいないか、上を向いて見るがよい。つまり、時には空を雲で満たして輝ける星々を見るのを妨げるあのハーピーたちが飛んでいないか、見るがよい。あの剛毛のイノシシがエリュマントスの荒野を徘徊していないか。多くの人民に驚愕を与えたあの雄牛に似た雄牛に会うことがないか。三つの体を持った吠えまくるケルベロスを、致死的なトリカブトを吐き出させるために、外に連れ出す必要があるか。人食いのブシリスが残酷な祭壇のまわりをうろついていないか。かつて青銅の足で風と速さを競ったあの鹿に似た鹿が黄金の角に頭を飾られて荒野に出現するかどうか。新しいアマゾンの女王が反乱軍を集めたか。不実で移り気のアケロオスが定まらない多様で移ろいやすい姿でどこかで横暴にふるまっていないか。ヘスペリデスたちが黄金のリンゴを竜に守らせていないか。テルモドンの民の独り身で大胆な女王〔ヒッポリュテー〕が再度現れないか。イタリアでランキニウスのような泥棒が太っていないか。あるいは煙と炎に守られて略奪を行うカクスのような盗賊が歩き回っていないか。これらのことに注意するがよい。もしもこれらの、あるいはそれに類する、あるいは新種の聞いたことがない怪物たちが彼に遭遇し、彼が大地の広い背を探索しているときに彼に襲いかかるならば、彼は奴らを退却させ、変身させ、追い払い、迫害し、縛り、征服し、略奪し、霧散させ、打ち砕き、粉々にし、打ち破り、圧迫し、沈め、燃やし、破壊し、殺し、抹殺すればよいのだ。これらの所行ゆえに、数多くの栄光ある労苦に感謝して、彼が英雄的な企てを実行する場所には、記念碑や彫像や柱や社や神殿が建てられるよう命じることにする。運命が反対しないならばの話だが。」

モムスが言いました。「ユピテルよ、ほんとうに、あなたはいま善なる神であるように思われます。というのも、父親として息子を愛しているにもかかわらず、あなたの息子アルキデス〔ヘラクレス〕の功績に対してあなたが与える報酬は分をわきまえたものだからです。彼はそれだけのものに値するだけでなく、おそらくそれ以上のものに値するでしょう。ユノでさえ、そう思っています。彼女はいま笑いながらわたしの発言を承認しているのですから。」

けれども、サウリーノさん、待ちくたびれていたメルクリウスがようやく到着しました。われわれのこの会話は別の機会に延期することにしましょう。どうかわれわれに二人だけで話す機会を与えてください。

サウリーノ　承知しました。明日お会いしましょう。

■　メルクリウスの来訪

ソフィア　昨日彼に祈りを送ったというのに、ずいぶん遅れてやっと姿を現したわ。わたしの祈りは昨晩には彼のもとに届いており、昨夜聞き取られ、今朝には彼によって実行されているはずだわ。わたしの声を聞いて彼がただちに姿を現さなかったからには、大事な用が彼を引き留めていたはずだわ。わたしは、自分に愛されているのと同じぐらい、彼に愛されているのだから。彼が輝ける雲から出てくるのが見えるわ。この雲は、南風に押されて地平の中央へと走り、太陽の光り輝く光線に譲歩しながら、わたしが住む高貴な惑星にあたかも冠をかぶせるように、輪の形に開いているわ。聖なる父よ、高貴なる身分の方よ、あなたに感謝します。わたしの大事な神が輪の中央から姿を現しているのが見えるのですから。彼は、翼を広げて大気を打ち、喜びの表情を浮かべて手に持った錫杖でわたしのほうに向かって天空を裂いて進んでくるわ。その進み方といったら、ユピテルの鳥〔ワシ〕よりも速く、ユノの鳥〔クジャク〕よりも優雅で、アラビアのフェニックスよりも珍しいものだわ。もうわたしの近くに来たわ。優美で、わたししか心にないような様子をしているわ。

メルクリウス　わたしのソフィアさん、わたしを呼んだので、あなたの意にしたがい、あなたの祈りをかなえようとやってきました。あなたの報せは、いつものように芳香ある煙としては来ませんでした。輝ける光線の翼を持った鋭い矢として来たのです。

ソフィア　けれども、わたしの神よ、いつものようにただちに来なかったのはなぜでしょうか。

メルクリウス　ソフィアさん、真実を言いましょう。あなたの報せが届いたとき、わたしは冥界からすでに戻っていました。わたしはそこに、二十四万六千五百二十二の魂をミノスとアイアコスとラダマントスの手に渡すために行っていました。これらの魂は、戦争や拷問や避けられない事情によって現在の肉体の命を終えたのです。わたしが戻った場所には、大衆の間ではミネルヴァやパラスと呼ばれている天上のソフィアがわたしといっしょにいました。そして彼女は、使いの風貌から、使いがあなたからのものだとただちに分かったのです。

ソフィア　分かるはずです。あなたに劣らず頻繁に彼女ともやりとりしているのですから。

メルクリウス　そしてわたしに言いました。「目を向けてご覧なさい、メルクリウスよ。われわれの地上の妹にして娘からのこの使者があなたのために来ましたよ。あなたに彼女のことを推薦します。彼女は、わたしの霊によって命を吹き込まれ、ずっと闇に近い場所でわたしの父の明かりから存在を得ているのですから。」わたしは彼女に答えました。「ユピテルの頭脳から生まれた者よ、われわれに共通のとても大事な妹にして娘をわたしに推薦する必要はありませんよ。」そこでわたしはあなたの使者に近づき、彼女を抱きしめ、キスをし、内容を要約し、上着のボタンを開けて、それをシャツと肌の間に置いたのですが、その肌の下では心臓が脈打ち続けていたのです。そのとき、ユピテルは少し離れた場所にいて、アイオロスとオケアノスと秘密の話をしていました。そして二人はもうすぐ地上での彼らの仕事に戻るために靴を履いていました。ユピテルはわたしがしたことを見ると、自分がしていた話を中断して、わたしが胸にしまった覚え書きが何なのか興味津々の様子でただちにわたしに問うたのです。そして、それがあなたのものだとわたしが答えると、彼は言いました。「あーわたしの可哀想なソフィア。彼女はどうしているのか。何をしているのか。この優雅に折りたたまれているとは言えない紙片からわたしが推量したことは、君の言葉と寸分も違わなかった。彼女から報せを受け取らなくなってずいぶん長い時間が経った。彼女は何を要求しているのだ。何が彼女に欠けているのだ。彼女はおまえに何を提案しているのだ。」わたしは言いました。「わたしが彼女のもとで一時間彼女の話を聞くことだけです。」「よろしい」と彼は言い、先の二人の神々との話の続きへと戻りました。それから、急いでわたしを呼び、こう言いました。「さあ、急いで、われわれの仕事をきちんとしようではないか。おまえがあの可哀想な娘が何を欲しているのか見に行き、わたしが宇宙の全重量以上にわたしを圧迫する、あのほんとうにうんざりする妻のもとに帰る前にだ。」そして、彼はただちに（最近天上で決定された流儀に則って）今日世界で予定されていることすべてをわたしが自分の手で記載するよう望んだのです。

ソフィア　よろしければ、仕事についていくつか聞かせてください。お話を聞いてそのことが気がかりになりましたから。

■　摂理についての滑稽な話

メルクリウス　話しましょう。ユピテルの命によれば、今日の正午に二個のメロンがフランツィーノのメロン園で完全に熟しますが、収穫されません。それらは三日後に収穫されますが、そのときには食べるに適さないものと判断されることになります。ユピテルの望むところによれば、同じ時間に、チカラ山の麓のジョアン・ブルーノの家のナツメの木から、三十のナツメが完全に収穫され、十七が揺すられて落ち、十五が虫に食われることになります。また、アルベンツィオの妻ヴェスタがこめかみの髪をカールする際、鉄を熱くしすぎたために、五十五の髪の毛を燃やすことになります。しかし、頭に火傷はせず、今回は燃える匂いを嗅いでも罵詈雑言を吐かず、我慢することになります。彼の牛の糞から二百五十二匹のフンコロガシが生まれ、その中の十四匹はアルベンツィオの足に踏み殺され、二十七匹は逆さまになって死に、二十二匹は洞窟の中で生き、八十匹は中庭を通って放浪し、四十二匹は戻ってきて戸の側の切り株の下で生き、十六匹はもっと快適な場所を触覚を動かしながら探しにいき、残りは運命に任せて走っていきます。ラウレンツァが髪に櫛をかけると髪の毛が十七本落ち、十三本がダメージを受けますが、十本は三日のうちに再び生えるものの、七本は戻らないことになります。アントニオ・サヴォリーノの雌犬は五匹の子犬を生みますが、三匹は生き残り、二匹は捨てられることになります。三匹のうち一匹目は母に似、二匹目は父母両方の中間であり、三匹目は部分的に父に似、部分的にポリドーロの犬に似ます。このときにスタルツァからカッコウの歌が聞こえますが、この歌の回数は十二回以上でも以下でもあってはなりません。それからカッコウはチカラ城の廃墟へと十一分かけて行き、そこからスカルヴァイタへと飛んでいきます。その後どうなるかは将来配慮することにしましょう。ダネーゼ親方がテーブルの上で切っているスカートは駄目になるでしょう。コスタンティーノのベッドの板から十二匹の南京虫が生まれ、長枕へと移動することになります。その中の七匹は大きく、四匹は小さく、一匹は中ぐらいの大きさになります。これらがどうなるかについては、今夜ロウソクの灯火のもとで議論されることになります。この時間から十五分後にフィウルロの老婆は、舌を口蓋の回りに四回回転させる際に、舌の動きによって右の下あごの三番目の臼歯を失うことになります。このことは痛みも出血も伴いませんが、その理由は、この臼歯がちょうど月の回転からなる年の十七年を経過して自らの不安定さの寿命に達したからです。アンブロッジョは百十二回目の突きの後に放出し、妻との仕事を終えますが、今回は彼女を妊娠させることがありません。妊娠は別の機会に、彼が肉汁とキビのパンとともに食べたゆでたネギからできた精子によって生じることになります。マルティネッロの息子の胸には成人の毛が生え、同時に声変りが生じることになります。パウリーノが地面に落ちた針を拾おうとする間に、力を入れたためにズボンの赤い紐が切れることになります。もしも彼がそのために悪態をつくならば、彼には次の罰が与えられることになるでしょう。すなわち、今晩彼のスープは塩っ辛すぎて煙の味がします。そしてワインでいっぱいの瓶が落ちて壊れることになるのです。このことに関して彼がまた悪態をついたときの対策は、後で考えることにしましょう。四日前に地底の奥深くから大地へ向かって異なった道を通って出発した七匹のモグラのうち、二匹は地表に同時に辿り着き、一匹は真昼の時間に辿り着き、もう一匹は十五分十九秒後に辿り着きますが、これらは互いに三歩と一ピエデ（足）と半ディート（指）離れてアントン・ファイヴァーノの庭に現れるのです。他のモグラたちがいつどこに現れるかについては、もっと後で考えましょう。

ソフィア　メルクリウスよ、父なるユピテルがなす摂理のこれらすべての行いをわたしに語ろうとすると、たいそうな仕事になりますね。これらすべての布告の逐一をわたしに聞かせようとするのは、大地の砂を数えるようなものです。あなたは同じ時間に小さな地区で起きた無限の事象のうちの四つを語るのにこれだけの時間を費やしましたが、この地区には大したことがない四軒か五軒の家しかないのです。もしもあなたがこの時間にチカダ山の麓のこの町で起きるように命じられたことをじゅうぶんに説明しなければならないとしたら、どうなることでしょうか。いま始めたようなしかたで逐一説明するとしたらきっと一年では足りないことでしょう。もしもさらにノラの町について、ナポリ王国について、イタリアについて、ヨーロッパについて、地球全体について、無限の中のあらゆる他の星について（ユピテルの摂理のもとにある世界は無限ですから）報告しようとしたならば、どうなることでしょう。ほんとうに、この星あるいはこの世界の領域のみにおいて一瞬の間だけ生じるよう命令されたことを報告するためだけでも、詩人たちがするように百の鉄の舌や口を求めるだけでは足りません。何億何兆という鉄の舌や口を一年間用いても、その千分の一さえ成し遂げることはできないでしょう。要するに、メルクリウスさん、あなたの報告が何を言いたいのかわたしには分からないのです。この報告ゆえに、哲学者と呼ばれているわたしの愛好家たちは、この偉大な父ユピテルはたいそう心配し多忙で煩わされていると考えているのです。そして、彼らは、いかなる死すべき人間もその状態をうらやむことができないほど哀れな境遇にユピテルはいると信じているのです。加えて、彼がこれらの結果を提起して定めている間に、他の結果を配慮したり配慮し終えたりする無限の機会が無限の回数生じているのです。そこで、もしもあなたが（わたしに話そうとしている間に）義務を果たすつもりならば、他の無限の結果についても無限の回数報告し終えているか、報告していなければならないのです。

■　摂理についての深淵な話

メルクリウス　ソフィアさん、あなたは知恵なのだから、ユピテルが忙殺されることも心を労することも混乱することもなしにすべてをなすことを知っているはずです。数え切れない種や無数の個体に配慮して、ユピテルは命令したり命令し終えたりしていますが、彼はこのことを継続的な順序を伴ってなすのではなく、突然にして一緒になすのです。そして、彼は、特殊の始動因がひとつひとつ作用し合うようなしかたで多くの活動とともに物事をなし、無限の活動によって無限の結果に達するのではありません。そうではなく、彼は、過去、現在、未来のすべてを、純一で唯一の活動によってなすのです。

ソフィア　メルクリウスさん、あなたたちがこれらのことを一挙に話し実行するのではなく、これらのことが純一で唯一の基体において存在するのではない、ということは知ることができます。ですから、始動因はこれらのことに比例しているか、あるいは少なくとも比例した活動をしなければならないのです。

メルクリウス　特殊で近接した自然の始動因においては、おっしゃるとおりであり、そうでしかありえません。というのも、この場合には、特殊な始動因の力に応じて特殊な基体に関して特殊な活動が生じるからです。しかし、普遍的（宇宙的）な始動因においては、そうではありません。というのも、普遍的な始動因は（このように言うことができるならば）無限の全結果に対応しており、無限の全結果は、すべての場所、時間、様態、基体に応じて普遍的な始動因に依拠しているのであり、特定の場所、基体、時間、様態に規定されて依拠しているわけではないからです。

ソフィア　メルクリウスさん、有限なものが無限なものから区別されるように、普遍的な認識が特殊な認識から区別されることはわかります。

メルクリウス　一性が無限の数から区別されると言ったほうがよいでしょう。さらに、ソフィアさん、一性は無限の数の中に存在し、無限の数は一性の中に存在すること、さらに一性は包含されたひとつの無限であり、無限は展開された一性であることも、知らなければなりません。それゆえに、一性が存在しないところには、数は有限なものも無限なものも存在しません。そして、有限であれ無限であれ数が存在するところはどこであれ、そこには必然的に一性が存在するのです。それゆえに、一性は数の実体です。ですから、特殊な諸知性がするように一性を偶有的に知るのではなく、普遍的な英知がするように一性を本質的に知る者は、一と数、有限なものと無限なもの、理解の目的と終局、そしてすべてを超過するものを知るのです。そして、普遍の次元だけでなく、特殊の次元においても、すべてをなすことができるのです。普遍的なもののなかに包含されていない特殊なものなど存在しないように、その中に一性を持たない数は存在しないのです。実際、一性は数の中に、数それ自体が数の中にある以上に真なるしかたで存在しているのですから。それゆえに、ユピテルは、いかなる困難も煩わしさもなしに、すべての場所と時間においてすべてのことに配慮するのです。それはちょうど、存在と一性がすべての数、すべての場所、すべての時間、そして時間や場所や数の最小単位の中にも必然的に見出されるようなものです。あるいは、存在の唯一の原理が、かつて存在し、いま存在し、将来存在するであろう無限の個体の中にあるようなものです。しかし、わたしはこのことを議論するために来たのではなく、またそのためにあなたに呼ばれたのでもありません。

ソフィア　これらの事柄がわたしの哲学者たちによって決定されるべきことであり、わたしにはじゅうぶんに理解できないということは確かです。わたしは、せいぜいこれらを比較や比喩を通じてかろうじて理解することしかできないのですから。しかし、天上のソフィアとあなたはこれらをじゅうぶんに理解することができるのです。しかし、あなたの話を聞いて、わたしの特殊な関心と計画について説明する前に、この種の質問をするよう動かされたのです。思慮分別のある神であるあなたが、このように些細で低次元の事柄について叙述するに至ったのは的外れなことだと、たしかにわたしには思われたからです。

メルクリウス　ソフィアさん、このことをしたのは虚栄心からではなく、おおいに先を見通してのことなのです。実際、わたしはあなたとこの遣り取りをすることが必要だと判断したのです。というのも、わたしが知るかぎり、あなたはたいそう心を乱されていて、その結果、神々の統治に対してあまり敬虔とは言えない見解へとたやすく導かれようとしていたからです。事柄があなたが見るようにたいそう混乱して見えるとはいえ、神々の統治は最終的には正しく神聖なものなのです。だからわたしは、他のことを論じる前に、あなたをこのような観想へと挑発することにしたのです。それは、あなたがかつて持ったかもしれず、おそらく多くの機会に表明した疑念から、あなたを自由にするためです。なんといっても、あなたは地上の論述的な存在であり、ユピテルの摂理の重要性や彼と同類のわれわれの熱意の重要性を明瞭に理解することはできないのですから。

ソフィア　けれども、メルクリウスさん、他の機会にではなくいま現在、あなたがこの熱情に駆られているのはなぜでしょうか。

メルクリウス　（いままで先延ばしにしてきましたが）あなたに言いましょう。あなたの祈り、あなたの報せ、あなたの使いは、天に到達し、われわれのもとに迅速に着いたにもかかわらず、真夏の最中に凍りつき、腹が据わらず、ぶるぶる震えて、摂理へと招かれ委ねられたというよりも、むしろ運に任されたかのようにしていました。それはまるで、われわれが最重要とみなされていることに注意を払っているために、われわれに聞いてもらえないのではないかと、この使節が疑っているかのようでした。しかし、ソフィアさん、もしもあなたがたいへん小さなものはたいへん大きなものほど配慮されていないと思うならば、それは間違いです。というのも、たいへん大きな主要なものはたいへん小さく卑しいものなしには存在しないからです。それゆえに、すべてはいかに小さくとも、無限に大きな摂理のもとにあるのです。いかなる卑しい細部といえども、全体の秩序の中ではたいへん重要です。なぜならば、大きなものは小さなものから、小さなものはたいへん小さなものから、たいへん小さなものは個々の最小者から成り立っているからです。わたしは偉大な実体についてこのように考えますが、偉大な効能や偉大な結果に関しても同様です。

ソフィア　そうですね。なぜならば、小さく、たいそう卑しく、醜く見え、そのように判断されているものから成り立っていないような、大きく壮大で美しい建物は存在しないのですから。

メルクリウス　神的認識の行為は、すべてのものの存在の実体です。それゆえに、すべてのものは、それが有限なあるいは無限な存在を持っているにかかわらず、すべて認識され定められ配慮されているのです。神的認識は、われわれの認識のようなものではありません。われわれの認識は事物の後に続きますが、神的認識は事物の前にあり、すべての事物の中にあります。もしもそれがそこにないならば、近接した原因も二次的原因も存在しないのです。

ソフィア　それゆえに、メルクリウスさん、わたしがわたしに起きる大小の事柄――それが主要で直接的であれ、間接的で副次的であれ――に驚愕しないことを望むのですね。というのも、ユピテルはすべての中に存在し、すべてを満たし、すべてに耳を傾けるのですから。

メルクリウス　そのとおりです。ですから、今後は、あなたの使者にもっと暖かい服を与え、このようなおざなりで寒々しい服のままユピテルの現前に送らないでください。別のことを話す前にこのことを巧妙にあなたに知らせるよう、ユピテルとあなたのパラスはわたしに命じたのです。

ソフィア　みなさんに感謝します。

メルクリウス　それでは、わたしを来させた原因について説明してください。

ソフィア　ユピテルの習慣がすっかり変わったことは、わたし自身わかりますし、あなたの他の話からも学んでいます。ですから、わたしは彼に忌憚なく問いかけ要請することができるようになったのです。かつて他の機会には、ユピテルの部屋の扉に現れたわたしの使者をヴェヌスやクピドやガニュメデスのような者が追い払うのを恐れて、とてもそのような勇気はなかったのです。しかし、いまや、すべてが改革され、別の門番や案内人や従者が任命され、ユピテルは正義に好意を持っています。ですから、わたしはあなたを介して、わたしの要望を彼に紹介して欲しいのです。要望というのは、地上の様々な種類の人間たちによってわたしに対してなされた大きな過ちについてです。彼の良心が命じるところにしたがって彼がわたしに好意を示し慰めてくれるよう、彼にお願いしたいのです。

メルクリウス　あなたの要望は長い重要な内容のものです。加えて、最近、民事と刑事に関わるすべての報告は、すべての動機、手段、状況を省かずに、部屋にて記載されるよう定められています。ですから、あなたも要望を文書にしたためてわたしに提出しなければなりません。そうしたら、わたしはそれをユピテルと天上の元老院に渡しましょう。

ソフィア　なぜこの新しい命令がなされたのですか。

メルクリウス　このようにすれば神々の誰もが正義をなさざるを得なくなるからです。というのも、行為の記憶を永遠のものにする記載のお蔭で、神々は、――統治者たちを支配し、すべての神々を率いる、絶対的な正義から糾弾されるのを待ちながら――永遠の不名誉と尽きることがない非難を受けるのを恐れるようになるからです。

ソフィア　それでは、そのようにすることにしましょう。けれども、考えるためにも書くためにも時間が必要です。ですから、明日か明後日にわたしのもとに来てください。

メルクリウス　そうします。仕事に専念してください。

第二対話　天の浄化の中心思想

第一部　真理・賢慮・知恵・法・審判

■真　理

サウリーノ　ソフィアさん、お願いですから、先に進む前に、ユピテルが星々の中に形成した神々の秩序と配置について説明してください。そして最初に、なぜユピテルはもっとも卓越した（なぜならそのように一般的に思われているのですから）座に〈真理〉の女神を置くことを望んだのかを聞かせてください。

ソフィア　たやすいことです。サウリーノさん、真理はすべてのものの上に位置しているのです。なぜならば、真理は万物に君臨する一性であり、あらゆるものに卓越する善性だからです。というのも、存在者と善なるものと真なるものは一であり、真なるものと存在者と善なるものは同一だからです。真理はいかなるものにも劣らない存在です。なぜならば、もしもあなたが真理よりも先に何かを想像しようとした場合、あなたはこの何かが真理とは別物であると考えなければなりません。そして、もしもそれを真理とは別物であると想像するならば、あなたはそれを、自らの内に真理を持たないもの、真理を欠くもの、真でないもの、したがって偽りのもの、無に属するもの、無、存在者でないもの、と考えざるを得ないのです。加えて、何かが真理より先にあるためには、「それが真理に先行し、真理の上にあることが、真である」はずです。しかし、このように「真である」ということは真理によってしか存在しないのです。同様に、真理と共にありながら、その存在が真理を欠くものは存在し得ません。なぜならば、もしもそれが真理によって真でなければ、それは存在せず、偽りであり、無だからです。同じ流儀で、真理の後にも何ものも存在しません。なぜならば、もしも真理の後に何かがあるならば、それは真理を欠き、もしもそれが真理を欠くならば、自らの内に真理を持たないがゆえに、真でないのです。したがって、それは偽りのものであり、よって無なのです。それゆえに、真理はすべてのものの前にあり、すべてのものと共にあり、すべてのものの後にあります。それは、万物の上に、万物とともに、万物の後にあります。それは、始原と中間と終末の理を持っているのです。真理は原因と原理の様態によって諸事物の前にあります。諸事物は真理に依存しているのですから。真理は諸事物の中にあり、諸事物の実体そのものです。真理を通じて諸事物は実在しているのですから。真理はすべてのものの後にあります。すべてのものは真理を通じて偽りなしに理解されるのですから。真理は、理念的であり、自然的であり、概念的です。それは形而上学的であり、自然学的であり、論理学的なのです。したがって、真理はすべてのものの上にあります。そして、すべてのものの上にあるものは——異なった理性によって把握され、異なったしかたで名付けられるとはいえ——実体においては真理そのものでなければならないのです。ですから、ユピテルが天のもっとも卓越した部分に真理が姿を見せることを望んだのは、もっともなことなのです。しかし、あなたが感覚的に見、あなたの知性の高みで理解することができるこの真理は、もちろん最高で第一のものではありません。それは、より高次の真理のある種の喩え、ある種の像、ある種の輝きなのですが、このより高次の真理は、このユピテル（彼についてわれわれはしばしば話をし、隠喩を用いているのですが）にも優っているのです。

サウリーノ　ソフィアさん、もっともなことです。真理は、すべてのものの中でもっとも誠実で、もっとも神的なものなのですから。それどころか、真理こそが諸事物の神性にして誠実性、善性にして美なのです。真理は、暴力によって取り除かれることもなく、年を重ねることによって破壊されることもなく、隠蔽されることによって減少することもなく、伝達されることによって消滅することもありません。なぜならば、感覚はそれを混乱させず、時間はそれに皺を与えず、場所はそれを隠さず、夜はそれを中断せず、闇はそれを覆わないからです。それどころか、攻撃されればされるほど、それは復活し成長するのです。真理は擁護し守る者がいなくても自らを擁護します。それゆえ、真理は、少数の知者たちと一緒にいることを愛し、大衆を憎悪します。そして、真理をそれ自体のために求めない者たちへは姿を現さず、謙遜した態度を示さない者たちやそれを探求すると詐称する者たちには自らを明らかにしないのです。そして、すべての人たちが目を向けるが少数の人たちしか見ることができない高みに住んでいるのです。しかし、ソフィアさん、なぜ賢慮が真理に続くのでしょうか。もしかすると、真理を観照し、賛美しようと欲する者は、賢慮をもって自らを修めなければならないからでしょうか。

■ 賢　慮

ソフィア　それが原因ではありません。真理に接続し、真理にもっとも近い女神は摂理と賢慮の二つの名を持っています。それは——高次の諸原理に影響を与え、それらの中に見出されるかぎりにおいて——「摂理」と呼ばれています。また、それは――われわれの中で実現されるかぎりにおいて――「賢慮」と呼ばれています。それはちょうど「陽《ひ》（太陽）」という名が、熱を与え光を拡散するものに付けられるだけでなく、鏡やその他の基体の中に見出されるあの拡散された明かりや輝きにも付けられるようなものです。それゆえに、高次の諸事物において摂理と呼ばれているものは、真理の仲間であり、真理なしには存在しません。それは、自由であると同時に必然性です。ですから、真理と摂理と自由と必然性と一性と本質と存在は、すべて絶対的な一者なのです。このことについては、別の機会にあなたにより詳しく説明しましょう。しかし、目下の観想を助けるために、この摂理がわれわれにおける賢慮に影響を与えると思ってください。賢慮は、ある種の時間的な論述の中に置かれ、その中で成り立っています。それは、普遍的なものと特殊なものに関わる主要な理性であり、弁証法を次女として持ち、通俗的には形而上学と呼ばれる獲得された知（それは、人間の認識に属するすべてのものの普遍概念を考察します）を案内人としています。そして、弁証法と形而上学は、その考察のすべてを賢慮の使用に結びつけるのです。賢慮は、有害な、油断のならない二人の敵を持っています。その右脇には、ずる賢さ、策略、悪意が見出されます。左脇には、愚かさ、怠惰、無思慮が見出されます。賢慮は熟慮の能力に関わりますが、それはちょうど勇気が怒りの衝動に、節制が欲望の対象への同意に、正義が外的であれ内的であれすべての活動に関わるようなものです。

サウリーノ　それでは、摂理から発した賢慮がわれわれに影響を与えるというわけですね。そして、原型的な世界における摂理は、自然の世界における賢慮に対応するのですね。賢慮は死すべき人間たちに盾を差し出します。この盾によって、逆境に対して理性をもって防御することができます。この盾によって、大きな損失が脅威となるとき、より準備が整い完全な注意を払うよう教えられています。この盾によって、分の悪い行為者は事柄や時間や機会に対応し、自らを変えることなしに心と意志とを対応させます。この盾によって、良識を持った人たちにはなにひとつ思いがけなく突然に生じることはありません。このような人たちは、疑念に心を悩ませることなく、すべてを待ち受けます。嫌疑の念に苛まれることなく、すべてに対して用心します。そして、過去を想起し、現在に秩序を与え、未来を予見するのです。それでは、なぜ〈知恵《ソフィア》〉が賢慮と真理の後に続き、両者に近接しているのか、話してください。

■知　恵

ソフィア　真理や賢慮と同様に、〈知恵〉にも二種類あります。ひとつは、（こういう言い方をしてよいならば）あの上位の、天を超えた、超地上的な〈知恵〉です。それは、摂理そのものであり、同時に光と目なのです。つまり、光そのものである目であり、目そのものである光なのです。もうひとつは、それに続く、地上的で下位の〈知恵〉です。それは、真理そのものではないが、真実のものであり、真理を分有しています。太陽ではなく、月や地球や他の自分以外のものによって光る星なのです。それゆえに、それは、本質によってではなく、分有によって〈知恵〉なのです。それは、光を受け取り外部の異質の明かりによって照らされる目です。それは、それ自体によってではなく、他者によって目であり、それ自体によってではなく、他者によって存在しています。というのも、それは一者でも、存在者でも、真なるものでもないからです。むしろそれは、一者や存在者や真なるものに所属し、一者や存在者や真なるものに関わり、一者や存在者や真なるものによって成り立ち、一者や存在者や真なるものの中にあり、一者や存在者や真なるものから発するのです。第一の〈知恵〉は、見ることも形にすることも理解することもできず、すべての上にあり、中にあり、下にあります。第二の〈知恵〉は、天において形を与えられ、精神において例示され、言葉を通じて伝達され、芸術を通じてわかりやすくされ、議論を通じて磨き上げられ、文字を通じて描かれます。この〈知恵〉によって、知らないことを知っていると言う者は、大胆なソフィストなのです。また、知っていることを否定する者は、能動知性に対して恩知らずで、真理に対して有害であり、わたし〔第二の〈知恵〉〕に対して侮辱を働くことになるのです。そして、わたし自身のために、あるいは最高の徳のために、あるいはあらゆるユピテルとあらゆる天を超えた神性への愛のためにわたしを求めるのではなく、(一) 金や名誉やその他の利得のためにわたしを売ろうとして、(二) あるいは知るためというよりもむしろ知られるために、(三) あるいは他人の幸福を誹謗したり攻撃したりするためにわたしを求めるやっかいな批判者や厳格な傍観者も、同罪なのです。これらの輩の中の第一の種類は吝嗇で、第二の種類は自惚れ屋で、第三の種類は卑しい心を持った悪人なのです。それに対して、自分の修養のためにわたしを求める者は賢慮ある人です。他人に教えるためにわたしを観察する者は人間性豊かな人です。わたしを絶対的に求める者は好奇心に富んだ人です。最高の第一の真理への愛ゆえにわたしを探求する者は知者であり、それゆえに幸福なのです。

サウリーノ ソフィアさん、あなたを同じように所有している人たちがみな同じような状態にあるのではなく、それどころか時にはあなたをよりよく所有している人のほうが人間ができていない場合もありますね。なぜでしょうか。

ソフィア サウリーノさん、太陽もまた、それが光を与えるものすべてに熱を与えるのではなく、時にはあるものをたいそう強く照らし出すにもかかわらず、それを少ししか熱しないことがありますね。なぜでしょうか。

サウリーノ　おっしゃることは分かります、ソフィアさん。そして、この真理と、あなたの存在のあの最高の影響力がもたらした諸々の結果とを、あなたが様々なしかたで観想し理解し説明なさるのも、わたしには理解できます。この最高の影響力へと様々な段階や異なった階梯を通じて登りつめるために、すべてのものどもが希求し、試み、研究し、尽力するのです。そして、同一の目的と目標が異なった研究に示され、それらをあの唯一で純一な真理へと導くにもかかわらず、その際には知的な諸徳の様々な対象が異なった尺度のもとで成立することになるのです。あの唯一の純一な真理には誰一人としてすこしも触れることができず、それゆえにこの下界ではそれを完全に理解することができる者はいないのです。というのも、それ〔唯一の純一な真理〕を理解し、真にそれに匹敵することができる者は、その中に本質的に存在する者のみであり、このような者はそれ〔唯一の純一な真理〕以外の何ものでもないからです。ですから、真理は外からは、影や、類比や、鏡や、顔のような表層においてしか見ることができません。この世界において、摂理の決定と賢慮の結果を通じて、ソフィアさん、あなたを除いて真理へと近づくことができる者はいません。あなたは、異なった学派を真理へと導きます。これらの学派には様々な流儀があります。すなわち、真理を熱望する際に、驚嘆を手段とするもの、寓話を語ることを手段とするもの、探求を手段とするもの、憶測を手段とするもの、判断と決定を手段とするもの、自然魔術に頼るもの、迷信的な占いによるもの、否定の方法によるもの、肯定の方法によるもの、複合の道によるもの、分解の道によるもの、定義の道によるもの、証明の道によるもの、獲得された諸原理によるもの、神的な諸原理によるもの、といった具合に様々な学派があるのです。その際に、真理は、いかなる場所にも存在せず、といっていかなる場所に不在でもなく、これら諸学派に声をかけます。そして、彼らの思想の眼前にすべての事物と自然の結果を文字によって提示し、彼らの内なる精神の耳の中に可視的な諸事物と不可視な諸事物から捉えられた形質を鳴り響かせるのです。

■ 法

ソフィア 〈知恵〉に続いて、その娘である法が登場します。〈知恵〉を通じて法は機能し、法を通じて〈知恵〉は活用されるのです。法によって君主は支配し、王国と共和国は維持されます。法は、国民や民族の体質と慣習に適応しつつ、恐怖によって大胆さを押さえ、悪人の間にあっても善が危害を加えられないようにします。法は、悪人たちにおいてつねに良心の呵責が存在する原因です。この良心の呵責は、正義への畏怖と刑罰の予見を伴います。そして、この刑罰の予見は、驕慢な大胆さを追い払い、報復と牢獄と殴打と追放と恥辱と隷属と貧困と死という八人の従者を使って、謙虚な従順をもたらすのです。ユピテルが法を天に置き、栄誉を与えたのは、以下のことを考えてのうえです。すなわち、法は、権力者たちが彼らの高位や権力によって安心できないようにし、すべてをより偉大な摂理とより上位の法（それによって、神の法や自然法と同様に、市民法も統制されているのですが）に結びつけることで、蜘蛛の巣から逃げ出した者には網や罠や鎖や足かせが準備されているということを理解させなければならないのです。というのも、より大きな権力を持つ者ほどより強く押さえつけられ打ち負かされるべきであると、永遠の法の命令によって決定しているのですから。そして、このことは、いまの〔肉体という〕上着の下、いまの〔世界という〕部屋の中で起きないときには、もっと悪い上着と部屋のもとで起きることになるのです。

加えて、ゼウスは以下の命を下しました。すなわち、法は元来人々の交流と市民的対話のために制定されたのだから、これらに関して厳格に運用されなければならない、という命です。このように法を運用すれば、権力者は権力を持たない者たちによって支持され、弱者は強者によって迫害されず、暴君は廃位へと追いこまれ、公正な支配者や王が任命され、共和国が厚遇され、暴力は理性を足蹴にせず、無知が教えを軽蔑することなく、貧者は富者に救済され、共同体にとって有益で必要な徳と学問は維持・促進され、これらの徳と学問に長ずる者たちは報酬を受け、強欲な所有者は蔑まれるのです。不可視の権力に対する畏怖と崇拝は、維持されなければなりません。身近な生きた統治者への尊敬と敬意と畏怖も、維持されなければなりません。徳や才能における優れた功績なしには誰一人として権力を得ることがあってはなりません。この功績は、彼自身によるものであるか（それはまれであり、ほとんど不可能ですが）、あるいは（こちらのほうが適切で、普通で、必然的なのですが）他の人たちと交流し彼らに相談することで得られるものなのです。ユピテルは、法に束縛する力を与えました。この力は、主として、法が反感や軽蔑に曝されないためのものです。もしも法が不正なことを命じたり提起したりすることによって不正の道を歩んだり、あるいは不正であるとともに不可能でもあることを提起したり命令したりすることで困難の道を歩んだりするときには、これら二つの道を歩むことで、法は反感と軽蔑に曝されることになります。ですから、正義と可能性という二つの手があらゆる法を束縛しているのです。そして、これら二つの手のうちの一方は他方によって抑制されています。というのも、可能であるが正しくないものは数多くありますが、正しいが可能ではないものは何ひとつ存在しないからです。

サウリーノ　ソフィアさん、人間の社会の実践に向けられていないいかなる法も受け入れられるべきでない、という言葉はもっともです。法に関するユピテルの配慮は見事なものです。というのも、われわれを最善の目的へと導く有益性と便宜をもたらさない制度や法は、（それが天から来るものであれ、地から発するものであれ）賛同にも承認にも値しないからです。最善の目的の中でわれわれが理解できる最大のものは、精神を導き才能を改革することによって、それらから人間の会話にとって有益で必要な成果を生み出すということです。人間を統治し抑制する法は、疑いなく、神的なものであり、もっとも突出した技術であり学術です。というのも、人間は、すべての動物の中でも、互いにもっとも異なった体質と、もっとも多様な習俗と、もっともかけ離れた性向と、もっとも相違した意志と、もっとも定まらない傾向を持っているからです。しかし、ソフィアさん、何たることでしょう。われわれは、想像を絶する奇妙な事態に陥ってしまいました。いまや、善き働きを持つ行為や実践を取るに足らない卑しいものであり誤謬であるとする宗教が、最大の評価を受けているのです。そしてこの宗教を奉じる幾人かは、「神々はこれらの行為や実践を気にかけず、これらがいかに偉大であろうともこれらを通じて人間が義とされることはない」[47]と言っているのです。

■ 審判

ソフィア サウリーノさん、ほんとうに夢を見ているみたいですね。おっしゃることは空想であり、混乱した想像の幻影であり、真実ではないと思います。とはいえ、このことを惨めな人たちに提示し信じさせる輩が存在するのも確かです。けれども、安心してください。こんなことは受け入れがたいということに、世間はたやすく気づくことでしょう。同様に、法と宗教なしには自らは存続できないということも、世間はたやすく理解することでしょう。さて、法が見事に整えられ位置づけられているのはある程度わかったと思います。今度は、いかなる条件の下に法の近くに審判が付け加えられたのかを聞かなければなりません。ユピテルは、剣と冠を審判の手中に置きました。冠は、悪から遠ざかり善き行いをなす者たちに褒美を与えるためのものです。剣は、罪を犯す準備があり役立たずで不毛な植物である者たちを、罰するためのものです。ユピテルは、真の法を守り入念に維持すること、そして不正な偽りの法を破壊することを、審判に命じました。不正な偽りの法は、人間の静謐で幸福な状態に敵対した邪悪な精神の指令のもとに書かれているからです。さらにユピテルは、法と一緒になって、人間の胸の内から栄誉への渇望を消滅させずに、それをできるだけ燃え上がらせるように、審判に命じました。というのも、この栄誉への渇望は、共和国の増大と維持と強化をもたらす英雄的所行へと人間を刺激し熱する唯一の効果的な拍車だからです。

サウリーノ　われわれのもとにいる偽りの宗教家たちは、これらすべての栄誉を虚栄と呼び、われわれは（何と言ったらよいのでしょう）カバラ的悲劇のみを誇りとするべきだと言っています。

ソフィア　さらにユピテルは、審判に対して、言葉や身振りが平安な状態を破壊しないかぎり、各人が何を夢想し考えているかには注意しないように命じました。そして、活動に存するすべてのことを正してそれを維持することに最大限の注意を払い、美しい葉によってではなく良い果実によって木を判断するよう命じました。良い果実を生み出さない者たちは、抜き去られて、それを提供する他のものたちに場所を譲らなければならないのです。誰一人として人間が感心を持たないことに神々が何らかのしかたで関心を持つと、審判は信じてはなりません。なぜならば、人間たちが気にかけることができることだけを神々は気にかけるからです。そして、人間の行為や言語や思想の中で神々を動揺させたり怒らせたりするのは、唯一、共和国を維持するために必要な敬意を喪失させるものだけなのです。というのも、人間の行為や思想についていちいち快や不快、悲しみや喜びを感じているようでは、神々は本当の神々ではないからです。実際、かりにそのようなことがあったならば、神々のほうが人間よりも依存的であることになりますから。あるいは、少なくとも、人間が神々から受け取るのと同様の有用性と利益を、神々も人間から受け取ることになるのですから。それゆえに、神々はすべての情念から解放されているので、彼らの抱く怒りと快楽は、能動的なものだけであり、受動的なものは何もないのです。だから、彼らが罰で脅し報酬を約束するのは、彼らの中に生じる善悪ゆえにではなく、民衆の市民的対話において生じる善悪ゆえになのです。この市民的対話のためには、人間の法と法規はじゅうぶんではないので、神々は神的な法で援助するのです。したがって、本当の神々が畏敬や畏怖や愛や礼拝や尊敬を求めるのは、人間自身の利益以外の別の目的のためである、と考えることは、不適切で、愚かで、不敬で、非難に値することなのです。実際、神々は自らがもっとも栄光に満ちた存在であり、彼らに対して外部から栄光を付け加えることはできないので、彼らが法を制定したのは、栄光を受け取るためではなく、栄光を人間たちに分け与えるためだったのです。それゆえに、諸々の法と審判が、唯一の法と審判の善さと真理から遠ざかれば遠ざかるほど、それらは、他の人間に対する人間の道徳的行為を優先的に制御し賞賛することから遠ざかることになるのです。

サウリーノ ソフィアさん、ユピテルのこの命は以下のことを効果的に示していますね。すなわち、法の庭にある木は神々によって果実——とりわけ人間の食と栄養と維持に役立つ果実——を実らすよう定められており、神々はこれらの果実以外のいかなる果実の匂いにも喜ぶことはないのです。

ソフィア　いいですか、ユピテルは以上のことから、審判が以下の推量をなすことを望んでいます。すなわち、愛されたり畏れられたりするのを神々が望む最大の理由は、人間の社会を後押しし、それに危害を加える悪徳を最大限回避するためなのです。それゆえに、内面的な罪が裁かれるのは、唯一、それが外へと結果をもたらす（あるいは、もたらすかもしれない）かぎりにおいてなのです。そして、内面的な正義は、外での実践なしには、けっして正義ではないのです。それはちょうど、植物が、それが現に持つ、あるいは持つと期待される、果実なしには、植物として虚しいものであるのと同様です。

さらにユピテルの望むところによれば、過ちの中でも共和国に危害をもたらすものは他と比較して最大のものであり、特定の関係者に危害をもたらすものは比較的小さなものであり、二人の個人の間の協定に関するものは最小であり、偶有的な衝動から個人の複合的な状態において生じたもので悪しき範例や悪しき結果をもたらさないものは何の過ちでもないのです。そして、これらと同じ過ちによって、卓越した神々の怒りも、最大であったり、比較的少なかったり、最小であったり、無であったりします。そして、これらと正反対の仕事を見て、神々は、自らに対する人々の奉仕を、最大のもの、あるいは比較的少ないもの、あるいは最小のもの、あるいは無きものとみなすのです。

ユピテルは、審判に対して以下の注意も与えました。すなわち、審判は将来改悛を是認してよいが、それを無垢と同等に扱ってはならないこと、また信じることと評価することを是認してよいが、それらを行うことと働くことと同等に扱ってはならないことを命じたのです。矯正することと自制することに対する告白することと語ることの関係についても同様です。審判が想いを修正するのは、それがあくまでも外に表されたしるしや可能な結果の中に反映されるかぎりにおいてなのです。

さらに、ユピテルは以下のような諸々のことを命じました。すなわち、肉体を虚しく支配する者を、精神を制御する者の近くに座らせてはならないこと。孤独な穀潰しを有益な社交人と比較しないこと。習俗と宗教を、礼服や着衣によってではなく、徳や躾をどれだけ良く身に付けているかによって区別すること。煮えたぎる肉欲を抑制したがおそらく無能で冷淡な人に微笑みかけるのではなく、迫り来る怒りを和らげた物怖じせず忍耐強い人に微笑みかけること。自分の肉欲を無理矢理抑えたがそれが何の役にも立たない人を是認するのではなく、これ以上悪いことを言ったり行ったりしないよう決意した人を是認すること。そこからしばしば共和国への善が生じる、栄誉への傲慢な欲求を、金銭への薄汚い欲望よりも大きな過ちだとは言わないこと。健康であっても病気の時と同様に役立たずの、卑しい無益な足の不自由な人を治した人を褒め称えず、共和国を解放し混乱した精神を改良した別の人を褒め称えること。いかなるしかたたか知らないが燃える竈の火を水なしに消すことができたことではなく、逆上した人民の反乱を無血に収めたことを、英雄的偉業として評価すること。これらのことをユピテルは命じました。

また、ユピテルは、審判が怠惰な輩たちのために彫像を建立することを許しません。やつらは、共和国の敵であり、人々の良き習俗や生活を害する言葉や夢想を述べるからです。むしろ、神々への神殿を造営し、法と宗教への遵奉を促す人々にこそ、彫像を建立するべきなのです。ここで言うところの法と宗教とは、人々に雅量を与え、祖国に奉仕し人類に貢献することから生じる栄誉を熱意をもって追求するように促すもののことです。このような法や宗教から、良き習俗や文芸や武道を学ぶための大学が創設されたのです。

■古代ローマ人の賛美

また、衒学者や寓話の語り手に賞賛を送る人々に、愛や名誉や永遠の生や不死という褒美を約束しないように気を付けるよう、ユピテルは命じました。むしろ、それらが約束されるべき人とは、地域社会への奉仕や、雅量や正義や同情から生まれる行為の遵奉を通じて、自分や他人の知性を完成させることを通じて、神々の気に入る人々なのです。神々は、この理由から、ローマ人を他のいかなる民にもまして賞賛したのです。なぜならば、彼らは、彼らの偉業を通じて、他の国民以上に神々に近づくことができたのですから。実際、彼らは、征服された者たちを許し、傲慢な者たちに戦を挑み、危害を与えた者の罪を免除し、恩人を忘れず、窮乏する者たちを援助し、困窮する者たちを保護し、虐げられた者たちを立ち直らせ、乱暴な者たちを押さえつけ、功多き者たちを推奨し、犯罪者たちをおとしめて鞭と斧とで彼らを死の恐怖に陥れ、彫像と巨像で功労者たちを栄誉ある地位に置いたのです。それゆえに、この国民は、今まで地上に存在した国民の中で、無作法と野蛮からもっとも遠ざかり、もっとも洗練され、高邁な企てにもっともふさわしいのです。ローマ人の良き習俗と偉業は、名誉と幸福は、彼らの法と宗教と軌を一にしているのです。

■文法学者たちへの批判

サウリーノ　われわれの時代にヨーロッパではびこっている文法学者たち[48]の大胆さに対して、ユピテルが審判に何かはっきりとしたことを命じていればよいのですが。

ソフィア　サウリーノさん、審判に対してユピテルが課した以下の命令は、じつに見事なものです。すなわち、審判は以下のことを見なければなりません。〔一〕文法学者たちが法の制定者たちや法に対する軽蔑、あるいは少なくとも軽視を本当にもたらすのかどうか、審判は見なければなりません。というのも、文法学者たちの主張では、法の制定者は、「神々は、人間たちが実行できないことを命令することができる」ということを人間たちに認識させることによって、不可能なことを提案し、戯れ言のために命令しているのですから。〔二〕文法学者たちが、「自分たちは変質した法と宗教を改革したい」と言っているうちに、そこにあるすべての良きものを破壊し、そこにある、あるいは想像されるすべての倒錯した空虚なことを星々へと高めることにならないか、審判は見なければなりません。〔三〕会話を取りやめ、協調を消滅させ、統一を解消し、父親に対して息子を、主人に対して奴隷を、身分が上の人に対して身分が下の人を反抗させ、民族や国民や共同体や兄弟の間に断絶をもたらすこと、そして家族や都市や共和国や王国をばらばらにすること、これら以外の成果を文法学者たちがもたらすかどうか、審判は見なければなりません。要するに、彼らが平和を願って挨拶するとき、彼らが足を踏み入れるあらゆる場所に離反のナイフと離散の火をもちこみ、父親から息子を、隣人から隣人を、祖国から住民を奪い取り、あらゆる自然と法に反するさらなる恐るべき離反を生じさせないかどうか[49]、審判は見るべきなのです。〔四〕審判は、以下のことも見なければなりません。すなわち、文法学者たちは、死者を蘇らせ病人を直す者の従者であると言っていますが、大地が養う他のすべての人間よりも悪質であり、健康な人間を不具にし、生者を殺すのです。彼らはこのことを、火や鉄によってではなく有害な舌によって行います[50]。〔五〕また、彼らが哀れな民衆に提示する正義と融和がいかなるものかも見るべきです。彼らは、全世界が彼らの悪辣で僭越な無知に同意をもって融和し、彼らの不届きな良心を承認することを、野心をもって望んでいますが、彼ら自身はいかなる法や正義や教説とも同意をもって融和しようとはしないのです。他のいかなる世界や時代においても、彼らの間に見出されるほどの不和や不協和音は見出されないのです。それゆえに、この種の衒学者が一万人いる中で、自らの教義問答を書き、たとえいまだに刊行に至らずとも、すくなくとも刊行を目指さないような人間は一人もいないのです。この教義問答の内容は、自らの教説以外のいかなるものにも賛同せず、他のすべての教説の中に弾劾と非難と嫌疑の対象を見出します。加えて、彼らの大半は自分とも不調和な関係にあり、前日に書いたものを今日削除する始末なのです。〔六〕正義と同情の行為や会話や公共善の増大に関わることで、文法学者たちがいかなる成功を収め、他の人たちに対していかなる習俗を呼び覚ますのかを、審判は見なければなりません。彼らの教義と教えによって、アカデミーや大学や神殿や病院や学寮や学校や、その他の学問と技芸の場所が建てられたのかどうか、あるいはこれらのものが見出されるときには、それらは彼らが到来し諸国民の間に姿を現す前にすでに存在していた機関によって作られたのと同じものであるのか、審判は見なければなりません。さらに、彼らの配慮のお蔭でこれらのものが増大したのか、あるいは彼らの怠慢ゆえに減少し、荒廃へともたらされ、雲散霧消したのかどうか、見なければなりません。〔七〕さらに、彼らが他人の善を占領しているのか、自らの善を分け与えているのか、審判は見なければなりません。〔八〕最後に、文法学者たちの側に立つ者たちが（文法学者たちと対立する先駆者たちがしたように）公共善を増大し確立するのか、あるいは文法学者たちと一緒に公共善を霧散させ、解体し、呑み込むのか、審判は見なければなりません。そして、彼らが仕事を否定することによって、新しい仕事を興し古い仕事を維持しようとするあらゆる熱意を消し去るのかどうか、審判は見なければなりません。

もしも、事態がこのようなものであり、文法学者たちがこのような者であることに納得し、注意を受けても自らが矯正不可能であることを示し、頑迷さの中に踏み留まるならば、そのときにはユピテルは審判に以下のことを命じることでしょう。そして、命令を果たさなければ、審判は罰として栄誉を剥奪され、天上にて所持する卓越した地位を失うことになる、と付け加えることでしょう。その命令とはすなわち、審判は彼らを霧散させ、破滅させ、抹殺しなければならないということ。そして、いかなる力と腕と熱意を用いてでも、たいそう有害な種子が記憶とともに忘れ去られるようにしなければならないということです。そして、このことに付け加えて、ユピテルは審判に、世界のすべての民族に対して、滅亡という罰のもと、以下のことを知らせるように言いました。すなわち、世界のこの汚点に対するユピテルの布告が完全に実行されるまで、諸民族は審判に味方して武装しなければならないのです。

サウリーノ　ソフィアさん、きっとユピテルは、この惨めな輩たちに対してただちに抹殺という厳格な処置を取ることはないと思います。すくなくとも、ユピテルは、彼らに最終的な破滅を与える前に、彼らを矯正しようと試み、彼らに自らの呪われた境遇と過ちに気づかせることで、彼らを後悔させようとすることでしょう。

ソフィア　そうですね。ユピテルは、以下の手順で事を進めるよう審判に命じました。すなわち、仕事を説き賞賛し教えた人たちによって獲得され、仕事に精を出した人たちによってしっかりと整えられて残され、これらの仕事や善行や遺言によって神々に気に入られると信じていた人たちによって確立された財産を、文法学者たちから取り去り、その結果、彼らは、彼らがたいそう憎んでいる種子から生じる木の果実を口汚く罵ることになるよう、ユピテルは命じました。そして、彼ら自身、および彼らの意見を信じ、それに賛同し、それを擁護する者だけが過去と現在においてもたらした収入と支援という成果のみによって、彼らが生計を立てるように命じました。そして、他の人たちが彼らとは正反対の手段を使い、正反対の目的のために、みなの便宜をはかって、自由で寛大な心で生み出し、植え付けたものを、彼らが略奪し暴力的なしかたで自分のものにすることはこれ以上許されないように命じました。そして、このようにして彼らがあの冒瀆された部屋から外に出て、あの呪われたパンを食べることなく、あの純粋で汚されていない家に居を移し、彼らの改革された法を通じて彼らに定められたあの食べ物を食べるよう命じました。この食べ物は、最近例の敬虔な人物たちによって作られたのですが、これらの人物たちは労働にいそしむことをたいそう軽視して、図々しく卑しく愚かな空想だけに頼って、自らを天の王にして神々の息子であるとみなしているのです。そして彼らは、有益で現に存在する寛大な結果よりも、馬やロバにふさわしい空虚な確信のほうをより多く信じ、信頼しているのです。

サウリーノ　天の王国を与えるのに大盤振る舞いをしているこれらの輩が手のひらほどの土地を獲得するのにどれほどの能力があるかは、ソフィアさん、すぐに分かることでしょう。そして、これら最高天の他の皇帝たちが自らの財産からどれほど気前よく彼らのメルクリウスたちを養うのかも、あなたは知ることになるでしょう。これらの輩は、慈善行為をほとんど信じていないために、天の使者たちを、畑で労働し、別の技芸に従事するといった境遇に落とすことでしょう。これらの輩は、他に頭を悩ませることなく、他の男〔キリスト〕の得体の知れない正義が自分たちに固有の正義になったと保証することでしょう。そして、唯一この正義の純粋さによって、彼らは、「自分たちは例外的な存在であり、自分たちが犯した略奪や暴力や殺人ゆえに怖れを抱くこともなく、また寄付や気前のいい行為や憐憫や正義に対して確信や信頼や希望をいっさい抱くこともない」と主張するに至るのです。

ソフィア　サウリーノさん、もしも彼らが自らが犯した過ちにこれほど自信を持ち、正義の行いに対してこれほど不信感を抱いているならば、どのようにすればこのような状態にある彼らの良心は、善行への真の愛と悪行への改悛と怖れを抱くことになるのでしょうか。

サウリーノ　ソフィアさん、その結果は明々白々です。他のどのような職業や信仰からであれ、人がこの信仰へと移ったときには、気前が良い人はけちになり、おとなしい人は横柄になり、謙虚な人は傲慢になり、自らの財産を与える人は他人の財産を盗み奪い取る人になります。善良な人は偽善者になり、誠実な人は悪意ある人になり、気取らない人は悪を企む人になり、自分を知る人は驕り高ぶる人になります。善や学識の能力がある人は、あらゆる種類の無知と悪辣に適した人になります。要するに、悪くなる可能性を持つ人は、それ以上悪くなれないほど悪くなるのです。

第二部　ヘラクレスの座を巡る論争

■〈富〉の登場

ソフィア　それでは、昨日メルクリウスの到着によって中断された話を続けることにしましょう。

サウリーノ　例の獣たちがいた場所に善き神々を配置する理由はすでに述べられました。そろそろ、他の獣がいた場所をどのような神々が継承するよう命じられたのかを見ることにしましょう。どうか、その理由と原因をわたしに快く教えてください。父なるユピテルがヘラクレスにどのようにして使命を与えたのかについては、昨日話しましたね。ですから、その続きとして、ヘラクレスの場所をユピテルが何に継がせたのかを第一に見ることにしましょう。

ソフィア　サウリーノさん、かつてクラントルは空想と夢と影と霊的予言において多くのことを見ましたが、それとは別の多くのことが〈富〉と〈欲望〉と〈健康〉と〈力〉の討論を巡って現に生じたのです。ユピテルがヘラクレスをその場所から遠ざけるや否や、〈富〉が歩み出て、「父よ、この場所はわたしにふさわしいものです」と言いました。

ユピテルが「いかなる理由で」と問うと、〈富〉はこう答えました。「ほんとうに、わたしを天に配置するのを、今に至るまであなたが引き延ばしてきたのが、不思議でたまりません。そして、わたしのことを思い出す前に、あなたは、本来わたしに場所を譲るべき他の神々を配置しました。それどころか、わたしへの偏見とあなたがわたしに与えた損害に対してわたしが異議を唱えに現れなければならないと、あなたは考えたのです。」

すると、ユピテルは言いました。「〈富〉よ、それでは弁明してごらん。すでに配慮し終えた部屋のひとつをおまえにやらなかったからといって、おまえに害をおよぼしたとは、わたしは思っていない。また、いま配慮の最中にある部屋をおまえに与えないとしても、おまえに危害を与えることにはならないだろう。もしかすると、おまえが考えているよりももっと悪いことに気づくことになるかもしれないよ。」

〈富〉は答えました。「すでに生じたことよりも悪いどのようなことがわたしに起こり得る、そして起こるべきなのでしょうか。いかなる理由で〈真理〉と〈賢慮〉と〈知恵〉と〈法〉と〈審判〉をわたしに優先させたのか、説明てください。〈真理〉が評価され、〈賢慮〉がなされ、〈知恵〉が賞賛され、〈法〉が支配し、〈審判〉がなされるのは、わたしによってです。わたしなしには、〈真理〉は賤しく、〈賢慮〉は惨めで、〈知恵〉は無視され、〈法〉は沈黙し、〈審判〉は足が不自由です。なぜならば、わたしが第一のものに場所を、第二のものに筋力を、第三のものに光を、第四のものに権威を、第五のものに力を与えるからです。そして、これらすべてに快活さと美と飾りを与え、それらを厄介ごとや悲惨から解放するのです。」

モムスが答えました。「〈富〉よ、おまえが言うことは虚実半々だ。というのも、おまえが嘘つきや無知な人間たちの仲間になるとき、運と結託して錯乱の味方になるとき、快楽の火をつけて心を隷属させるとき、暴力を用いるとき、正義に反抗するとき、おまえのせいで〈審判〉は足を引きずり、〈法〉は沈黙し、〈知恵〉は足蹴にされ、〈賢慮〉は牢獄に入れられ、〈真理〉は押さえつけられるのだ。さらに、おまえを所有する者にも、おまえは快活さに劣らぬ煩わしさを、美に劣らぬ奇形を、飾りに劣らぬ醜さをもたらすのだ。おまえは煩わしさと悲惨にけりをつけるのではなく、それらを別の種類のものへと変容させるのだ。それゆえ、おまえは人々の見解では善とされるが、実際にはむしろ悪辣だ。見かけは親しいが、現実には卑しい。空想にとっては有益だが、結果においては有害極まりない。実際、おまえが誰かある邪悪な人間に自らを委ねるとき（通常、おまえはいつも破廉恥漢の家におり、善人の近くには稀にしかいないのだ）、おまえは、おまえの教えによって、下界において、〈真理〉を町から荒地へと追放させ、〈賢慮〉の足を折り、〈知恵〉を当惑させ、〈法〉の口を塞ぎ、〈審判〉をしり込みさせ、すべてをたいそう卑しい存在にしたのだ。」

〈富〉は答えました。「モムスよ、このことにおいて、あなたはわたしの力と卓越性を知ることができます。わたしは、拳を開いたり閉じたりすることによって、あるいは自らをこちらに、あるいはあちらに、伝達することによって、これら五つの神々が効力や能力や実行力を持つようにしたり、あるいは軽蔑され追放され拒絶されるようにしたりするのです。要するに、わたしはこれらの神々を天へも地獄へも追い立てることができるのです。」

そのときユピテルが答えました。「われわれは天のこれらの場所に善良な神々しか望まないのだ。邪悪な者たちや、善良な程度と同じくらい邪悪な者たちや、善悪に無関係な者たちは、この場所から除外される。わたしの考えでは、おまえは最後の者たちに属する。おまえは善良な者たちといるときには善良だが、破廉恥漢たちといるときには最悪なのだ。」

〈富〉は言いました。「ユピテルよ、あなたはご存じのはずです。わたしはわたし自身としては善良であり、わたし自身としては善悪に無関係であったり中立的ではなく、あなたが言うように、こうであったりああであったりしません。そうなるのは、他人がわたしを善く用いるか悪く用いるかによるかぎりにおいてなのです。」

そこでモムスが答えました。「〈富〉よ、それではおまえは操作しやすく、利用しやすく、扱いやすい神なのだ。おまえはほんとうに他の者たちを支配し、意のままにする神ではなく、他の者たちに意のままにされ、支配される神なのだ。それゆえ、他の者たちがおまえをよく扱うときには、おまえは善良であるが、おまえが悪へと導かれるときには、おまえは悪しきものなのだ。要するに、〈正義〉や〈知恵〉や〈賢慮〉や〈宗教〉や〈法〉や〈寛容〉やその他の神々の手の中ではおまえは善良だが、これらと正反対の神々——たとえば、暴力や貪欲や無知やその他の神々——がおまえを扱うときには、おまえは悪辣なのだ。それゆえ、おまえはおまえ自身としては善くも悪しくもないのだから、(ユピテルが承認するならば)おまえは恥辱も名誉も持たないのがよいと思う。その結果、おまえは、天上の神々とともに天の高みにも、冥界の神々とともに地の底にも、自らの部屋を持つに値しない。むしろおまえは、場所から場所へと、地域から地域へと、永遠に放浪するがよい。」

モムスの言葉を聞いてすべての神々が笑いました。そしてユピテルは次のように決定しました。「そういうわけなので、〈富〉よ、おまえが〈正義〉のものであるときには、〈正義〉の部屋に住むことになる。〈真理〉のものであるときには、この卓越した主人がいる所にいることになる。〈英知〉と〈知恵〉のものであるときには、これらの王座に座ることになる。肉欲のものであるときには、肉欲があるところに見出されることになる。金銀のものであるときには、財布や金庫の中に隠れることになる。ワインや油や穀物のものであるときには、酒蔵や穀倉の中に入ることになる。羊やヤギや牛のものであるときには、これらとともに草を食べ、家畜の群れの中で横たわることになる。」

このようにしてユピテルは、〈富〉が狂人たちと一緒のときにするべきことや、賢者の家にいるときにどのように振る舞うべきかを命じました。また、過去と同様に未来においても（おそらく他にしようがないために）〈富〉がそれまでの行為を踏襲し、あるしかたではたやすく見出され、別のしかたではなかなか見出されないようにするべきであると、ユピテルは命じたのです。しかし、彼はこの理由と方法を多数の者がわかるようには語りませんでした。

そこで、モムスが発言し、別の違った方途を示して、「良識と健全な頭脳を持ったことをまず後悔することなしには、誰もおまえを見出すことができないようにしよう」と言いました。モムスが言いたかったことはおそらく、〈〈富〉を見出すためには〉賢慮の熟考と判断を失い、時勢が不確かで信頼できないということを考えず、航海の約束が疑わしく不確かであることを顧みず、天を信ぜず、正義と不正、名誉と恥辱、好天と悪天を考慮せずに、すべてを運に委ねるということです。

モムスは続けて言いました。「過度の判断力を持っておまえを求める者たちに、親しまないよう注意しなさい。将来予想されるあらゆる種類の罠を広げておまえを追いかける者たちが、おまえを見ないようにしなさい。もっと思慮のない、狂気の、だらしない、愚かな者たちがいる所に普段いるようにしなさい。要するに、地上にいるときには、より賢明な者たちに対して火に対するように用心しなさい。そして、このようにして、半分獣のような人たちといつも慣れ親しみ、運が持つのと同じ規則をいつも持ちなさい。」

サウリーノ　ソフィアさん、より賢い者がより豊かではないというのは通常のことです。その理由は、彼らがわずかなもので満足し、そのわずかなものが人生にとってじゅうぶんであると考えるからかもしれません。あるいは、彼らがよりふさわしい企てに注意を払っている間、富や運といったこれらの神々のうちのどれか一人に出会うために、あまりあちこち歩き回ったりしないからかもしれません。けれども、話を続けてください。

■〈貧乏〉の登場

ソフィア　自分の敵である〈富〉が退けられるのを見るや否や、〈貧乏〉は、とても貧しいとは言えない優美な仕草で進み出ました。そして、〈富〉をこの場所にふさわしくないものとするのと同じ理由によって、自分がもっともふさわしいとみなされなければならないと言いました。というのも、〈貧乏〉は〈富〉と正反対なのですから。モムスは彼女に答えました。「〈貧乏〉よ、〈貧乏〉よ、もしもおまえが議論や三段論法や正しい推論においても貧しくなければ、おまえは完全に貧乏ではないだろう。哀れな神よ、おまえが〈富〉の正反対だからといって、〈富〉から取り去られ奪われたものがおまえに与えられ、おまえが〈富〉でないものすべてになるわけではない。おまえにわからせるためには、例を用いなければならないので、たとえて言うと、〈富〉がユピテルやモムスでないからといって、おまえがユピテルやモムスである必要はない。要するに、〈富〉に否定されたことがおまえに肯定される必要はないのだ。おまえと違って弁証法に長けた者たちは、『正反対』が『肯定と欠如』や『矛盾』や『様々』や『相違』や『別』や『分断』や『差異』や『他』とは同じものではないことを知っている。彼らはまた、以下のことも知っている。すなわち、〔〈富〉と〈貧乏〉が〕正反対であるという理由から、おまえたちはひとつの場所に一緒にいることはできないが、だからといって、〈富〉が存在しなかったり存在できなかったりする場所に、おまえが存在したり存在できなければならないわけではないのだ。」

モムスが〈貧乏〉に論理学を教えようとしているのを見て、すべての神々が笑いました。そして、「モムスは〈貧乏〉の教師である」あるいは「モムスが〈貧乏〉に弁証法を教える」という格言が天に残ったのです。彼らは、転倒した事実を嘲笑しようとするとき、この格言を語るのです。

〈貧乏〉は言いました。「モムスよ、わたしをどうしたらよいとあなたは思っているのですか。すぐに決めてください。わたしは、モムスと議論できるほど言葉や概念に富んではいないし、彼からたくさん学べるほど才能豊かではないのですから。」

するとモムスは、決定を下す自由を今回彼に与えるかユピテルに尋ねました。ユピテルは答えました。「モムスよ、おまえはわたしまでからかうのかい。おまえにはたいそう多くのことが許されており、おまえだけが他のすべての神々よりも自由気まま（彼は「自由に許可されている」と言いたかったようです）なのだから。安心して、この神への判決を下しなさい。もしもそれがよいものならば、われわれは賛同するとしよう。」

そこでモムスが言いました。「〈富〉が徘徊しているのが見られる広場に、この神もまた歩き回っているのが見られるのが、身分相応のふさわしいことだと思われます。そして、この神は〔〈富〉が行くのと〕同じ農村をあちこち走り、行き来するべきなのです。なぜならば、（推論の規範が望むように）両者が正反対であるという理由から、〈富〉が立ち去る所にしか〈貧乏〉は入ってはならず、〈富〉が逃げ出す所にしか〈貧乏〉は後に続いてはなりません。

そして、〈貧乏〉が立ち去り逃げ出す所にしか、〈富〉は入り後に続いてはなりません。つねに一方が他方の後ろにおり、けっして顔を合わすことなく、一方が他方を押しのけなければなりません。一方が正面にいるときには、他方は後ろにいなければなりません。それはあたかも（われわれが時々する）「靴直しの輪遊び」をして遊んでいるかのようです。

サウリーノ　ユピテルは他の神々とともにこのことについて何と言いましたか。

ソフィア　全員が判決を承諾し批准しました。

サウリーノ　〈貧乏〉は何と言いましたか。

ソフィア　「神々よ、わたしの状態が〈富〉の状態とまったく同様であるのは、（わたしの見解が成立し、わたしがまったく判断力を欠いているのでないならば）わたしにはふさわしいこととは思えません」と言いました。

それに対して、モムスが答えました。「人が同じ劇場に通い、同じ悲劇と喜劇を上演するという前提から、人が同じ状態にいるという帰結に達することはできないのだ。〈なぜならば、正反対のものは同一のものに関わるのだから。〉」

〈貧乏〉は言いました。「モムスよ、どうやらあなたはわたしを馬鹿にしているようですね。真実を語り率直に話すことを公言しているあなたもまた、わたしを軽蔑しているのですね。このことはあなたの義務ではないとわたしには思われます。というのも、〈貧乏〉は時々、いやもっと頻繁に、〈富〉よりももっとふさわしいものとして弁護されているのですから。」

モムスは答えました。「おまえが完全に貧しいとしたら、いったいどうして欲しいんだい。〈貧乏〉は、判断力や理性や長所や三段論法に貧しいならば、弁護に値しないのだ。おまえ自身、これらの能力に貧しいために、わたしは話の中でアリストテレスの『分析論前書』と『分析論後書』の分析的な規則を用いざるを得なくなったのだ。」

サウリーノ　ソフィアよ、それはどういうことですか。神々は時々アリストテレスを手に取るというのですか。彼らは哲学者を研究するというのですか。

ソフィア　ついでに言うと、ピッパやナンナやアントニアやブルキエッロやアンクロイアやその他のもしかするとオウィディウスやヴェルギリウスによって書かれ、今その名を覚えていない本やそれに類似した本も読むのです。

サウリーノ　しかし、そこでは重要でまじめな事柄が論じられているのでしょうか。

ソフィア　これらの事柄がまじめでないというのですか。重要でないというのですか。サウリーノさん、もしもあなたが哲学者なら、つまりもっと注意深いならば、きっと次のことを信じるはずです。すなわち、神々が調べないような教えも本も存在せず、まったく機知を欠いていないかぎり神々が手に取らないような本は存在せず、まったく愚かでないかぎり神々が賛同し共通の図書館の棚に鎖でつながないような本は存在しないということです。実際、神々は、すべての事柄の多様な表象やすべての才能の多様な成果に喜びを見出すのですが、それは彼らが、存在するすべての事柄、そしてそれらについてなされるすべての表象に喜びを感じるのみならず、すべてのものが存在するよう彼らが配慮し、すべての表象がなされるように命令し許可するからです。そして、神々の判断はわれわれに共通の判断とは別物であることも考量してください。われわれにとって、そしてわれわれによれば、罪であることがすべて、神々にとって、神々によれば、罪であるわけではありません。たしかにこの種の本は、神学と同様に、無知であるうえに破廉恥でもある人間たちに共通の財産であってはなりません。彼らはそこから悪い教訓を受け取ることになるからです。

サウリーノ　けれどもこれらの本は、悪名高い、不誠実な、放埒な人間たちによって、おそらくは悪い目的のために書かれたのではないのですか。

ソフィア　そのとおりです。けれども、これらの本にも教訓はあり、認識の果実はあります。そこでは以下のことが認識されます。すなわち、「誰が書いているのか」「どのように書いているのか」「なぜ、どうして書いているのか」「何について語っているのか」「どのように語っているのか」「どのようにして彼は騙されているのか」「どのようにして他の人たちは彼に騙されているのか」「有徳のあるいは悪徳の情念に対して彼はどのように遠ざかったり近づいたりするのか」「笑いや不快感や快感や嘔吐はどのように生じるのか」が認識されるのです。すべての中に、知恵と摂理は存在します。あらゆるものがあらゆるものの中に存在します。そして、あるものはその反対のものがある所にもっとも多く存在し、その反対のものからもっとも多く得られるのです。

サウリーノ　アリストテレスの名前とピッパの名声がもとで脱線しましたが、本題に戻るとしましょう。モムスによってこのように嘲笑された後で、〈貧乏〉はどのようにしてユピテルのもとから立ち去ったのでしょうか。

ソフィア　モムスと〈貧乏〉の間に生じたすべての滑稽な発言に言及するつもりはありません。モムスは〈貧乏〉をあざ笑うことができましたが、〈貧乏〉もそれに劣らずモムスをあざ笑ったのです。ユピテルは、地上において〈富〉が持たないいくつかの特権を〈貧乏〉が持つことになると宣言しました。

サウリーノ　どういう特権か教えてください。

■〈富〉と〈貧乏〉の関係

ソフィア　父なる神は言いました。「わたしの望みは、以下の通りだ。第一に、〈貧乏〉よ、おまえは目を光らせて、かつて去った場所にたやすく戻り、最大の力で〈富〉を追い払うことができるようになるがよい。また、反対に、おまえも〈富〉に追い払われるがよい。そして〈富〉は永遠に盲目であればよい。加えて、〈貧乏〉よ、おまえは翼を持ち、俊敏で、ワシかハゲタカの羽を備えているが、おまえの足は、大地の静脈を深く刻む重たい鋤を引く年老いた牛の足のようであればよい。反対に、〈富〉はガチョウか白鳥のように動作が鈍い重たい翼を持つがよい。しかし、その足は、俊足の猟犬や鹿の足を持つがよい。そうすれば、〈富〉が特定の場所から足を使って逃げるとき、おまえは翼をバタバタさせながらそこに姿を現し、おまえが翼を使って遠ざかった場所を、〈富〉が足を使って引き継ぐことになる。その際、〈富〉が逃げたり追いかけたりするのと同じ速さで、おまえは追いかけたり逃げたりすることになるのだ。」

サウリーノ　なぜユピテルは両方に優れた翼か優れた足を与えないのですか。そうしたからといって、彼らの追跡や逃走の速度が（ゆっくりであろうが速かろうが）合わなくなることはないのですから。

ソフィア　その理由は、〈富〉はいつも荷を背負って歩くので、その重荷によって翼が幾分妨げられており、〈貧乏〉はいつも靴なしで歩くので、デコボコの道によってたやすく足に怪我をするからです。それゆえに、〈貧乏〉は速い足を持っても無駄ですし、〈富〉は速い翼を持っても無駄なのです。

サウリーノ　この決定にわたしは満足です。それでは続けてください。

ソフィア　さらに、ユピテルの望みによれば、〈運〉が支配する地上の宮殿や部屋では、〈貧乏〉はおおいに〈富〉を追いかけ、かつまた〈富〉から逃げるべきです。ユピテルは言いました。「しかしながら、〈富〉が時間の狂乱と盲目の〈運〉から遠ざかった、高次のものどもにまとわりつくときには、〈富〉を逃走させ、〈富〉から場所を奪おうとして襲いかかるような大胆さと力をおまえ〔〈貧乏〉〕には持って欲しくない。というのも、多大な困難と威厳ある行いを通じて到達する必要がある所から、〈富〉がたやすく去るのをわたしは望まないからだ。このようにして、〈富〉が高次のものどもにおいて堅固な地位を持つように、おまえは低次なものどもにおいて同じように堅固な地位を持てばよい。それどころか、ある種のしかたでおまえたちの間に軽微ではなく最重要な調和が生じることを、わたしは望んでいるのだ。そうすれば、自分が天から追放されたときには冥界に追いやられ、そしてその反対に、冥界から取り除かれたときには天に座を占めると、おまえは思わないだろう。そして、わたしが語った〈富〉の状態が、おまえの状態よりも比較にならないほど良いものであることもないだろう。それゆえに、一方が他方をそのより大きな支配圏から追い払うのではなく、むしろ一方が他方によって維持され刺激され、その結果おまえたちの間に緊密な友情と親愛が生じることを、わたしは望むのだ。」

サウリーノ　この言葉の意味をすぐに教えてください。

ソフィア　ユピテルは、いま語ったことに付け加えて、こう言いました。「〈貧乏〉よ、おまえは下位の者どもに属しているときには、高位の者どもに属する〈富〉と緊密に結ばれることができる。しかし、おまえの反対の下位の者どもの〈富〉は、高位の者どもの〈富〉と結ばれることはけっしてない。というのも、知者や知者になろうと欲する者は、下位の者どもの〈富〉とともに高貴な者どもへと至ろうとは考えないからだ。なぜならば、裕福は哲学を妨げ、〈貧乏〉は哲学に確実で進みやすい道を提供するからだ。実際、多数の従者がまわりにひしめき、借り手や貸し手が大勢で我が物顔をし、商人が算盤をはじき、田舎者が理屈を言い、行儀の悪い大食漢が大勢で食事をし、多くの泥棒が悪巧みをし、貪欲な独裁者が目を光らせ、不誠実な従者が金銭を掠める所では、観想は不可能なのだ。したがって、貧乏であるか貧乏に近くなければ、誰一人として精神の平安が何であるか味わうことはできないのだ。さらにわたしが望むのは、貧しさの中でも満足しているがゆえに豊かである、そういう人こそが偉大であるということ、そして豊かさの中でも不満であるがゆえに貧しい人、そういう人こそが卑しい人間である、ということだ。おまえは安寧で静謐であり、彼女〔〈富〉〕は混乱し、心配し、疑い深く、せわしないだろう。おまえが彼女を軽蔑するとき、おまえは、彼女が自らの名声と価値を誇るとき以上の偉大さと壮大さを示すだろう。わたしは、おまえが満足するためには、見解だけでじゅうぶんであることを望む。しかし、彼女を満足させるためには諸物のすべての所有すらじゅうぶんでないことも望む。彼女が財産を増やすことで偉大になることができる以上に、おまえが欲望を取り除くことで偉大になることを望む。おまえの友人たちがおまえに公然として現れ、彼女の敵たちが彼女に気づかれないことを望む。おまえが自然の法によって富み、彼女がすべての洗練された学問を熱心に身に付けたにもかかわらず、とても貧しいことを望む。というのも、少ししか所有していない者ではなく、多くを欲求する者が真に貧しいのだから。（もしも欲望の袋をしっかりと締めるならば）必要なものでさえおまえにとって多く見え、わずかなものだけでじゅうぶんだろう。そして、彼女が手を広げてあらゆるものを取るとしても、彼女にとってなにひとつじゅうぶんではないだろう。おまえは、おまえの欲望を閉じることによって、ユピテルと幸福を競うことになるだろう。彼女は、強欲の周辺を拡大することによって、悲惨の深みの中へとますます沈んでいくことだろう。」

ユピテルが〈貧乏〉を送り出すと、〈貧乏〉はたいそう満足していとまごいをし、自分の道を行きました。しかし、〈富〉は、新しい提案で審議を促そうとして、もう一度近寄りたいという表情をしました。しかし、〈富〉にはもはやこれ以上話すことは許されませんでした。

モムスは言いました。「さあ、行きなさい。どれだけ多くの人たちがおまえを呼び、おまえに向かって叫び、おまえに懇願し、おまえに犠牲を捧げ、おまえに泣きつき、（いまやわれわれ全員の耳を聞こえなくするほどの）たいそう大きな嘆願の叫びでおまえに呼びかけているのが聞こえないのか。それなのに、おまえはここにぐずぐずして、彼らから遠ざかっているのか。どうでもよいから、早く行きなさい。」

ユピテルは言いました。「おまえが口出しをする必要はない。〈富〉は、望むときに立ち去ればよい。」

モムスは言いました。「〈富〉が彼女をより多く呼んだり呼び戻したりする者のところにあまり赴かずに、より多く彼女に値する者にもっと付きそうようにできるにもかかわらず、そのように配慮しない者は、ほんとうにわたしには同情に値し、かつまたある種の不正を犯しているように思われます。」

ユピテルは言いました。「わたしは、運命が望むことを望んでいるにすぎないのだよ……」

サウリーノ 「別のやり方をしてください」とモムスは言うべきでした。

ソフィア 〔ユピテルの言葉の続き〕「……わたしの望みは、あの地上の諸物については〈富〉は耳が聞こえず、呼ばれたからといってけっして答えたり赴いたりしないということだ。そして、〈富〉は、むしろ偶然や運によって導かれて、大勢の中で彼女に出くわす者に自らを分け与えるために盲目で手探りの状態で歩めばよいのだ。」

サトゥルヌスが言いました。「そうすると、〈富〉は凡庸な善人よりも、真砂の数ほど多いまったくの怠け者や悪党たちに自らを分け与えることになるでしょう。そして、少数の卓越した人たちの一人によりも、むしろかなりの数で存在する凡庸な人間たちに自らを分け与えることでしょう。そして、もっとも価値がある唯一の個人には、おそらく、いやむしろ確実に、自らを分け与えることはないでしょう。」

サウリーノ　これに対してユピテルは何と言ったのですか。

ソフィア　「そうでなければならないのだ。運命が〈貧乏〉に与えた条件とは、ごく稀な少数者によって呼びかけられ、欲求されるが、もっとも数が多い大多数の人間に自らを分け与えるということだ。それと反対に、〈富〉に与えられた条件とは、ほとんどすべての人間によって呼びかけられ、欲求され、祈願され、崇拝され、待ち焦がれられているにもかかわらず、彼女を得ようと努力し待ち受けさえしないごく少数の人間にしか付き添わないということだ。〈富〉はまったく耳が聞こえず、どれほどの轟音にも動くことがなく、鉄鉤や機械に引っ張られて彼女を追い求める者に近寄ってはならない。〈貧乏〉はたいそう注意深く、すばやく、準備が整っており、あらゆる最小の口笛や合図に対して、どんなに遠くの場所から呼ばれようとも、ただちに姿を現さなければならない。それどころか、〈貧乏〉は、通常は、彼女を呼ばないどころか、たいそう入念に彼女から隠れようとしている者の家の中や背中の上にいるのだ。」

■〈貪　欲〉

〈富〉と〈貧乏〉がその場所から退くとき、モムスは言いました。「あれ、これら正反対の二人に共通しているあの影は何でしょう。それは〈富〉にも〈貧乏〉にもともにあります。同じ物体から異なった影が生じるのはよく見ることですが、異なった物体から同じ影が生じるのは、今を除いていまだかつて見たことがありません。」

アポロンが彼に答えました。「明かりがないところでは、すべてがひとつの影です。また異なった影があるとしても、それらに光がないときには、それらは混じり合いひとつになります。それはちょうど、多くの明かりがあり、暗い物体のなんらかの密度がそれらと反対に、あるいはそれらの間に、置かれることがないときには、すべての明かりが合流してひとつの輝きを作るようなものなのです。」

モムスは言いました。「わたしにはそのように思われません。というのも、〈富〉がおり、〈貧乏〉がまったく除外されているところに、そして〈貧乏〉が仮定によって〈富〉から区別されているところに、どちらにも共通のあるひとつの影のようなものが見えるからです。それは、ひとつの輝く基体において融合する二つの明かりとはわけが違います。」

メルクリウスが言いました。「モムスよ、よく見てご覧なさい。それが影でないことがわかるでしょう。」

モムスは答えました。「影だとは言いませんでした。同じ影が二つの物体に結びついているように、それが二人の神に結びついている、と言ったのです。ああ、やっとわかりました。それは〈貪欲〉のようですね。〈貪欲〉は影のようなもので、〈富〉の暗闇であるとともに、〈貧乏〉の暗闇でもあるのです。」

メルクリウスが言いました。「その通りです。彼女は〈貧乏〉の娘にして道連れですが、自分の母親に対して敵対関係にあり、できるだけ頻繁に彼女から逃げ出します。彼女は〈富〉に恋をして、魅了されていますが、〈富〉と一緒になったときでも、彼女を苛む母親の厳格さを感じています。そして、彼女は、〈富〉に近いときにも、〈富〉から遠く離れ、〈富〉から遠いときにも、〈富〉の近くにいます。なぜならば、たとえ真実においては〈富〉から遠ざかっていようとも、思惑において、彼女は〈富〉の内に絡み取られており、〈富〉に結合しているのですから。そして、ご覧の通り、〈富〉の道連れとして側にいることによって、彼女は〈富〉を〈富〉ではなくし、〈貧乏〉から距離を置くことによって、彼女は〈貧乏〉を〈貧乏〉ではなくするのです。この闇、この暗がり、この影は〈貧乏〉を悪いものにし、〈富〉を善いものにしないのです。彼女があるところつねに、二つのうちのひとつ、あるいは両方ともが悪いものになり、どちらも悪くならない場合はごく稀にしかないのです。この稀な場合とは、〈富〉と〈貧乏〉があらゆる側面から理性と知性の光によって囲まれているときなのです。」

ここでモムスは、なぜ〈貪欲〉は〈富〉を富でなくするのかを教えてくれるように、メルクリウスに尋ねました。メルクリウスの答えは、貪欲な富者は極貧の人であるということです。その理由は、貪欲が富とともにあるときには、つねに〈貧乏〉もそこにいるからです。〈貧乏〉がそこにいるのは、単に情念によってだけではありません。〈貧乏〉は、働きによってもそこに見出されるのです。結果として、この影は、自分がいかに嫌おうとも、自分から離れられないのと同様に母親からも離れられないのです。

彼らがこのことを話している間に、モムスは、視力が良いので(もっとも最初からすべてを見るとはかぎりませんが)、より注意深く眺めた後に、言いました。「メルクリウスよ、わたしはこれが影のようだと言いましたが、いまは多くの獣がその中に一緒にいるのに気づきました。実際、そこには犬やブタや雄羊やサルやクマやワシやカラスやタカやライオンやロバやその他空前絶後の数の獣の特質が見えるのです。そして、これほどの数の獣がいながら、肉体はひとつだけなのです。本当に、これは野獣のすべての姿を現しているようにわたしには見えます。」

メルクリウスは答えました。「それは多形の野獣である、と言ったほうがよいでしょう。それはひとつのように見え、実際ひとつです。しかし、唯一の形態を持っているわけではありません。というのも、多くの形を持つことは、悪徳に固有のことだからです。ですから悪徳は、徳と違って固有の形を持たず、自らの顔を持たないのです。徳の場合、〈貪欲〉の敵である寛大は、純一でひとつです。正義は、ひとつであり純一です。それはちょうど、健康がひとつであるのに、病気は無数にあるようなものなのです。」

メルクリウスがこのことを話している間に、モムスは話を中断して言いました。「かわいそうに、彼女は三つの頭を持っているように見えます。メルクリウスよ、この獣の胸の上にひとつ、またひとつ、そしてさらにもうひとつの頭を見たとき、わたしは自分の目が混乱したのかと思いました。しかし、すべてに対して目を向けて、それに似たものは他にないことを見た後で、わたしの見たことに間違いがないという結論に達したのです。」

メルクリウスは答えました。「じつによく見ていますね。これら三つの頭のうち、ひとつは吝嗇で、もうひとつは醜い収入で、もうひとつは頑迷さです。」

モムスは、これらが話をするのか尋ねました。メルクリウスは「はい」と答えました。彼によれば、第一のものは「もっと寛大な好人物と思われるよりも、もっと富んでいたほうがいい」と言い、第二のものは「紳士であるために餓死してはならない」と言い、第三のものは「それはわたしの名誉にならなくとも、わたしの役に立つのだ」と言うのだそうです。

モムスは言いました。「けれども、腕は二本しかありませんね。」メルクリウスは答えました。「手は二本でじゅうぶんです。右手は、ものを受け取るためにとても大きく開かれています。左手は、つかんだり差し出したりするためにとてもきつく閉ざされています。それはまるで、時間や場所や尺度を考慮せずに蒸留器で蒸留しようとするかのようです。」

モムスは言いました。「〈富〉と〈貧乏〉よ、おまえのこの美しい女従者がどれほど優美なものかもっと見ることができるように、もう少しわたしの側に来なさい。」

それがなされると、モムスは言いました。「彼女はひとつの顔であり、複数の顔です。ひとつの頭であり、複数の頭です。彼女は、女であり、女であり、女なのです。顔は普通よりも大きいけれども、頭はたいそう小さいです。彼女は、年老いていて、卑しく、薄汚く、うつむき加減の表情をして、色が黒く、しわだらけです。髪の毛は黒くまっすぐで、目は注意深く、口は開いて大きく息をしており、鼻と爪は曲がっています。（驚いたことに）ちっぽけな動物であるにもかかわらず、彼女はとても容量の大きな何でも呑み込む腹を持っています。彼女は、愚かで、金銭目当てで、奴隷根性の持ち主で、まっすぐ前を見ようとすると仰向けになってしまいます。彼女は、足をひき、穴を掘り、何かを見つけようとして大地の奥深くに身を沈めます。そして、光に背を向けて、昼夜の区別がつかない洞穴や洞窟へと向かいます。彼女は恩知らずで、彼女の邪悪な希望にとっては、何をもらおうとそれはけっして多くも、かなりの量でも、じゅうぶんでもないのです。彼女は取れば取るほど陰鬱になるのです。それはちょうど炎が大きくなればなるほど貪欲になるようなものです。ユピテルよ、すぐにこの領域から〈貧乏〉と〈富〉を一緒に送り出し、追い払ってください。そして、この卑しい忌むべき獣と袂を分かたないかぎりは、両者が神々の部屋の側に近づくのを許さないでください。」

ユピテルは答えました。「君たちが彼女らを受け入れる準備があるときには、彼女らは君たちの上や近くに来るだろう。いまは、われわれが成した決断によって彼女らは去らなければならない。そして、われわれは直ちにこの領域の所有者である神を決める仕事に戻ることにしよう。」

■〈運〉の登場

さて、神々の父が振り向いたとき、〈運〉が恥知らずにも、いつもの傲慢な態度で勝手に前に出て言いました。「評議員の神々よ、そしてあなた、偉大なる裁判官ユピテルよ、〈貧乏〉と〈富〉が話をし、長い間聞いてもらうことができるというのに、わたしがまるで小心者のように臆病にも沈黙し、姿を現さず、言い分を聞いてもらえないとしたら、それはよからぬことです。わたしはたいそう価値があり、たいそう強力な者なのです。わたしは、意のままに、〈富〉を前進させ、導き、押しやります。そして、好きな場所から〈富〉を追い払い、好きな場所へと〈富〉を連れて来ます。そして、〈貧乏〉を〈富〉の後継者にすることができるのです。そして、誰もが知っているように、外的な財産の幸福は〈富〉に起因するのではなく、その原因であるわたしに起因するのです。それはちょうど、音楽の美と調和のすばらしさは竪琴や楽器によるのではなく、それを弾く技芸と職人によるのと同じことなのです。わたしは、あのたいそう熱望され、たいそう探求され、たいそう大事にされた、神的で卓越した女神なのです。もっとも大半の場合、わたしの代わりにユピテルが感謝されているのですが。わたしが手を開けば富が生じ、わたしが手を閉じれば世界が嘆き、都市や王国や帝国が崩壊するのです。いったい誰が〈富〉や〈貧乏〉に祈りを捧げるでしょうか。感謝をするでしょうか。彼女らを熱望する者は誰でも、わたしを呼び、わたしに祈願し、わたしに犠牲を捧げるのです。彼女らに満足する者は誰でも、わたしに感謝し、〈運〉に謝辞を述べ、〈運〉のために香料を炊き、〈運〉のために神殿を煙らすのです。そしてわたしはひとつの原因ですが、この原因は、不確かであればあるほどより多く崇拝され畏れられるべきものであり、人見知りをすればするほど、よりいっそう望まれ希求され得るものなのです。というのも、通常、あまり明白でない、より隠された、大半は秘密の事柄の中に、より多くの威厳と威風が備わっているからです。わたしは、わたしの輝きによって徳を暗くし、真理を汚し、天に座を占めるためにこの場に整列しているこれらの神々や女神たちの大半を支配し軽蔑しているのです。そして、これほどの地位と数を誇る元老院を前にして、わたしだけがすべての神々に恐怖を与えているのです。というのも、（わたしは目を使うことができませんが）彼らの大部分がわたしの恐るべき姿を見て抱く恐怖のために歯をガタガタさせているのが聞こえるのです（もっとも、それにもかかわらず、わたしの尊厳ある地位に関して配慮がなされる前に、彼らは大胆に、そしてずうずうしくも、前に進み出て名前を呼ばれたがっているのです）。わたしは、しばしば、それどころか頻繁に、〈理性〉や〈真理〉や〈知恵〉や〈正義〉やその他の神々を支配しています。彼女ら〔〈理性〉ら〕は、もしも全世界に明白なことを偽ろうとしないかぎり、数え切れないほどわたしが彼女らを彼女らの教壇や椅子や裁判所から追い出し、わたしの意のままに、彼女らを迫害し、束縛し、閉じ込め、投獄したということを認めることになるでしょう。そしてまた、わたしのお蔭で、彼女らは、別の機会に、逃げのび、自由になり、地位と権力を再度取り戻すことができたのですが、その場合にもわたしの恩恵を失うことをいつも畏れていたのです。」

モムスは言いました。「盲目の婦人よ、一般的には、他のすべての神々は、自らが成した、いま成している、あるいは成すことができる善行ゆえに、これらの座が彼らに再配分されることを期待しています。そして、このような目的のために、元老院にはこれらの神々に褒賞を与える準備があるのです。それに対して、あなたは、自分のために訴え出るときに、あなたの犯罪のリストと経過報告を持ち出すのです。これらの犯罪は、あなたを天から追放するだけでなく、地上からも追放するに値するものだというのに。」

〈運〉の答えは、彼女は他の善良な神々に劣らず善良であり、彼女がこのような者であるということは悪しきことではない、ということでした。その理由は、運命が差配するものはすべて良いことだからです。そして、もしも彼女の本性が生まれつき有毒なマムシのようなものであるならば、それは彼女のせいではなく、自然、あるいは彼女をそのようにした別の存在のせいなのです。さらにまた、いかなるものも絶対的に悪ではありません。なぜならば、マムシはマムシに対して死をもたらしたり有毒であったりはしません。このことは、竜やライオンや熊にもあてはまります。しかし、あらゆるものは、何か別のものに対しては悪なのです。〈運〉は言いました。「たとえばあなたたち有徳な神々は、悪徳な者たちから見れば悪であり、昼や光に属する者たちは、夜や闇に属する者たちから見れば悪なのです。そしてあなたたちは、あなたたちの間では善であり、彼らは彼らの間では善なのです。このことはまた、世界中の敵対する宗派においても生じます。そこでは正反対の宗派が自らを神々の息子にして義人であると呼び、互いに相手の主要で高名な人物を劣悪な悪人と呼んでいます。それゆえに、わたし〈運〉もまた、一部の者たちから見れば悪辣であるとしても、他の者たちから見れば神々しいほど善きものなのです。そして、世界の大部分は、『人間の運は天に依存している』という判決を出しています。それゆえに、天空の大小の星はみなわたしの支配下にあると言われているのです。」

ここでメルクリウスが答え、彼女の名前はあまりにもあいまいに捉えられていると言いました。というのも、時には〈運〉が意味するものは諸事物の不確かな出来事にすぎず、この不確かさは、人間の目から見れば最大のものであるとしても、摂理の目から見れば無だからです。

〈運〉は、このことに耳を貸さずに、話し続けました。そして、すでに言ったことに付け加えて、エンペドクレスやエピクロスのような世界のもっとも抜きん出た卓越した哲学者たちは、ユピテル自らによりも、それどころか神々全員の評議会全体によりも、彼女により多くを帰属させたと言いました。そして、〈運〉は言いました。「このようにして、他のすべての者たちはわたしを女神とみなしています。天上の女神とみなしているのです。文字を学び始めた子どもでさえ暗唱できるこの詩句をあなたたちが知らないはずはないでしょう。

〈運よ、われわれはあなたを女神にし、天に置きます。〉51

神々よ、わたしがある人たちから狂っており、愚かで、無思慮であると言われていることに、どれほどの真理があるでしょうか。これらの人たちこそ、わたしの存在から推論することができないほど、狂っており、愚かで、無思慮なのです。他の人たちよりも博識であるという定評がある人たちは、真理に束縛されて、実際に先の人たちとは反対の証明と結論を提示しています。彼らもまたわたしのことを不条理で論説能力を持たないと言いますが、このことによってわたしを野卑で愚かであるとみなしはしません。この種の否定によって、彼らはわたしを非難しようとしているのではなく、わたしにより大きなものを与えようとしているのですから。わたしもまた、時には、より大きなものを与えるために、小さなものを否定することがあるのです。したがって、わたしは彼らによって、理性のもとで、理性とともに、存在し、働くものとして理解されてはいません。むしろ、あらゆる理性、あらゆる論説、あらゆる才知を超えて存在し、働くものとして理解されているのです。とりわけ理性的で、知性的で、神的な者たちの上にわたしが王国を得て支配を行使しているということを、彼らは実際に気付いており、打ち明けているのです。石や獣や子どもや狂人や、目的因を理解せず目的のために働くことができない他のものどものように、理性も知性も持ち合わせないものどもの上に、わたしが影響を行使しているとは、いかなる知者も言わないのです。」

ミネルヴァは言いました。「〈運〉よ、なぜあなたは弁舌能力と理性を持たないと言われているのか、教えてあげましょう。ある感覚を欠く者はある学問、とりわけその感覚に即した学問を欠いているのです。自分のことを考えてごらんなさい。あなたは、学問の最大の原因である目の明かりを奪われているのです。」

それに対して〈運〉は、ミネルヴァ自身が欺かれているのか、あるいは〈運〉が盲目なのをよいことに〈運〉を欺こうとしているのかのいずれかである、と答えました。そして、言いました。「わたしは、目を持たないからといって、耳や知性を持たないわけではありません。」

サウリーノ このことは真実だと思いますか、ソフィアさん。

ソフィア まあ聞いてください。そうすれば、彼女が分類に長けていて、アリストテレスの『形而上学』を含む諸々の哲学を知っていることがわかるでしょう。〈運〉は言いました。「知にとって視覚がもっとも望ましいと言う人がいることを、わたしは知っています。しかし、視覚がもっとも認識に貢献すると言うほど愚かな人に会ったことはありません。そして、視覚がもっとも望ましいと誰かが言ったとき、この人が言おうとしていたのは、以下のことです。すなわち、視覚がもっとも必要であるのは、色や形や物体的な均衡や美や美貌や、その他のどちらかというと創造力を混乱させ知性を遠ざけるのが常である可視的なものどもの認識に関してのみであり、すべてのあるいはより優れた種類の認識にとって視覚が絶対に必要であるわけではない、ということです。というのも、彼がたいへんよく知っていたように、多くの人たちは知者になるために自らの目をうがちました。加えて、事故によって、あるいは生まれつき、盲目であった人たちの中から多くの驚嘆すべき人たちが現れました。実際、わたしは、その気になれば、あなたに多くのデモクリトス、多くのティレシアス、多くのホメロス、そして多くのアドリアの盲人[52]を示すことができるのです。加えて、あなたはミネルヴァなので区別することができると思いますが、スタギラのある哲学者〔アリストテレス〕が、視覚は知ることのためにもっとも望ましいと言ったとき、彼は視覚を聴覚や触覚や知性といった認識の他の手段と比較したのではなく、視覚のこの目的、つまり知ること、と視覚が自らに提示できる他の目的とを比較したのです。ですから、もしもあなたがエリュシオンの原まで出かけて彼と議論するのを厭わないならば（ただし彼がそこから別の生へと出発し、レテの水を飲んでいないならばの話ですが）、彼の註釈はきっと、『われわれが視覚をもっとも欲求するのは知ることのためである』というものであり、『われわれは、知ることのために、他の感覚の中で視覚をもっとも欲求する』というものではないでしょう。

サウリーノ　ソフィアさん、英知的存在の上に立つミネルヴァよりも〈運〉がより見事に論述し、より見事にテキストを理解できるのは不思議なことですね。

ソフィア　不思議に思わないでください。というのも、もしもあなたが諸学問や雄弁や法の学位を取った神々を深く考察し、彼らとじゅうぶんに交わり、会話をするならば、彼らが他の神々よりも判断力に富んでいるわけでも、賢明なわけでも、雄弁なわけでもないことを見出すことになるからです。

■〈運〉の正義

さて、〈運〉は、元老院で行った自らの訴えの陳述を続けるために、すべての神々に向けて以下のように話しました。「神々よ、盲目はわたしから、何ひとつとして価値があるものやわたしの存在を完成させるものを取り去りません。実際、もしもわたしが盲目でないならば、わたしは〈運〉ではありません。そして、この盲目のせいであなたたちがわたしの功績の栄光を過小評価することはできません。いや、それどころか、わたしは、わたしの功績の偉大さと卓越性の議論の起点をこの盲目に置くことができるのです。というのも、わたしは、わたしが依怙贔屓によって注意をそらされることが少なく、配分において不正であり得ないということを、盲目であることを議論の起点として、説得することができるのです。」

メルクリウスとミネルヴァが言いました。「このことを証明したならば、たいそうなことを成し遂げたことになるでしょうね。」

〈運〉は言葉を続けました。「わたしの正義は、そのようなものでなければならないのです。目の働きは、真正義にとってふさわしく、ぴったりなものではなく、それどころか忌み嫌うべきものなのです。目は、差異を区別し、認識するために作られています。(判断する者がいかに頻繁に視覚によって騙されるかについての証明は、いまはするつもりはありません。)わたしは、区別したり、差異を設けたりする必要がない正義です。そして、すべてのものは原理的に、現実的に、そして最終的に、ひとつの存在者であり同一のものであるので(なぜならば、存在者と一者と真なるものは、同一なのですから)、わたしはすべてのものをある種の平等のもとに置き、すべてを同じように評価し、あらゆるものをひとつのものとみなし、他のものよりも多くひとつのものに注目したり呼びかけたりしません。わたしは、ひとつのものに他のものよりも多く与えたり、遠くのものよりも近くのものに好意的であったりしません。わたしには、司教冠やトガや冠や技芸や才能が見えません。長所や短所を見出しません。なぜならば、これらの存在は異なった者たちに自然によって配分されたのではなく、疑いなく、状況や機会や偶然によって特定の者のもとに集まったり、そこから逃げたりするのです。それゆえに、わたしは、与えるときには、誰に与えるかを見ません。奪うときには、誰から奪うかを見ません。したがって、わたしはこのようにして、すべてのものを平等に、いかなる差異も設けずに扱います。このことによって、わたしはすべてのことを平等かつ公正に理解し、行うことになります。そして、すべてのものに公正かつ平等に配分するのです。わたしはすべての者たちを壺に入れ、その大きな腹の中でかき混ぜ、ごちゃごちゃにします。そして、籤が引かれ、よい籤を引いた者は幸運で、悪い籤を引いた者はついていないのです。このようにして〈運〉の壺の中では、大きなものは小さなものと変わりません。それどころか、そこではすべては同様に大きく、同様に小さいのです。というのも、彼らの中の相違は、彼らが壺に入る前と壺から出た後に生じるので、わたし以外の他の原因によるものだからです。壺の中にある間は、すべては同じ手から、同じ容器の中で、同じしかたでかきまわされるのです。それゆえに、籤を引いた後で、うまくいかなかった者が、壺を持っていた者に、あるいは壺に、あるいは壺の振り方に、あるいは壺の中に手を入れた者に対して、不平を言うのは理にかなっていません。むしろ、彼は、忍耐力のかぎりを尽くして、〈運命〉が配分したものおよび〈運命〉による過去と現在の配分のしかたを受け入れなければなりません。というのも、彼は、他の人たちと同じように名前を書かれ、彼の札は他のすべての人たちのものと同等であり、同じように数えられ、壺の中に入れられ、振られたのですから。それゆえに、わたしは、全世界を同様に扱い、すべてをひとつの塊とみなします。その中のいかなる部分も他の部分よりも価値において勝ったり劣ったりしません。そうでなければ、壺は恥で満たされることになるでしょう。わたしは、すべての者たちを変容と運動の同じ壺に投げ入れ、すべての者たちを公平に扱い、公平に見つめ、依怙贔屓はしません。そして、あなたたちの考えとは反対に、わたしはもっとも正しい者となるのです。

さて、手が壺の中に入り、運の悪い人や運の良い人のために籤を手にするとき、そこには価値のない人たちが大勢集まりますが、価値のある人たちはまれにしか来ません。このことは、あなたたちの不平等、不公平、そして不正から生じます。あなた方は、すべての人たちを同等の者として作らずに、比較や区別や不等や序列を念頭に置いて、それらをもとに差異を理解し、作るのですから。あらゆる不平等、あらゆる不正はあなたたちに由来します。というのも、〈善〉の女神は、すべての人たちに同等に与えられません。〈知恵〉は、すべての人たちに同じ程度に分け与えられません。〈節制〉は、少数の人たちの中にしか見出されず、〈真理〉はごくまれにしか姿を現しません。このように、あなたたち善良な神々は、数が足りず、依怙贔屓をするのです。そして、両極がたいそう隔たった差異や測りきれない不平等や混乱しきった不均衡を個別のものの中に作り出すのです。わたしが不公平なのではありません。わたしは、区別をせずにすべての人たちを見ます。わたしにとって、すべての人たちは、ひとつの色、ひとつの長所、ひとつの運しか持たないのです。あなたたちのせいで、わたしの手が籤を引くときに、しばしば――それが善であれ悪であれ、幸運であれ不運であれ――善人よりも悪人を、知者よりも愚者を、正直者よりも嘘吐きを選ぶことになるのです。なぜ、このようなことが起きるのでしょうか。〈賢慮〉がやってきて壺の中に二三の名しか投げ入れません。〈知恵〉がやってきて五つ六つしか投げ入れません。〈真理〉がやってきて、ひとつ、あるいはもしも可能ならそれ以下しか投げ入れません。そのうえで、一億の名前が壺の中に投げ込まれているときに、籤を引く手が、八十万や九十万ある種類のものではなく、八つか九つしかない種類ののから選ぶことを、あなたたちは望んでいるのです。あなたたちは、反対のことをするべきなのです。〈徳〉よ、有徳な人が悪徳な人よりも多いようにしなさい。〈知恵〉よ、知者の数が愚者の数よりも多いようにしなさい。〈真理〉よ、大多数の人たちに開放され、明白になりなさい。そうすれば確実に、あなたたちの側の人たちは、その反対の人たちよりも多く選ばれ報酬を受けることでしょう。あなたたちは、すべての人たちが正しく、正直で、賢明で、善良であるようにしなさい。そうすれば確実に、わたしが嘘つきや不正なものや狂人に位や顕職を与えることはなくなるでしょう。したがって、すべての人たちを同等に扱い動かすわたしが不正なのではありません。すべての人たちを同等に作らなかったあなたたちが不正なのです。それゆえに、怠け者や悪党が君主や金持ちになったとしても、それはわたしの罪ではなく、あなたたちの不平等のせいなのです。あなたたちは、自分たちの光と栄誉を惜しんで、この人間から悪意や怠惰を取り除かなかったし、いまも取り除いていません。また、事後的に、このような者が支配するのを防ぐために、彼の悪辣な怠惰を浄化することもなかったのです。君主になることが問題なのではなく、悪党が君主になることが問題なのです。それゆえに、君主の地位と悪辣さの二つがありますが、悪いのはわたしが与える君主の地位ではなく、あなたたちがそのままにしている悪辣さなのです。わたしは壺を動かし、籤を引き出す者であり、特定の人を依怙贔屓したりしません。ですから、ある人を君主や金持ちにしようとあらかじめ決めていたわけではないのです。（もっとも、人々の中から一人が確定的なしかたでわたしの手によって選ばれる必要はあるのですが。）しかし、あなたたちは、目で眺めながら区別を設け、分配の際にある人により多く、ある人により少なく、ある人にあまりにも多くを与え、ある人には何も与えないのです。このようにして、あなたたちはこの男を確定的なしかたで悪党や怠け者にしているのです。それゆえに、不公平は君主にしたり金持ちにしたりすることにあるのではなく、悪徳や怠惰の担い手を特定することにあるのですから、不公平なのはわたしではなくあなたたちなのです。それゆえに、〈運命〉は、わたしをもっとも公正な者にし、わたしを不公平な者にすることはできなかったのです。というのも、〈運命〉がわたしを目のない存在にしたのは、このことによってわたしがすべての人を同等に評価することができるようにするためだったのです。」

ここでモムスが言葉を挟みました。「われわれは、あなたが目のせいで不公平であると言っているのではなく、手のせいでそうなのだと言っているのです。」

モムスに対して〈運〉は答えました。「モムスよ、手のせいでもありません。というのも、悪いのはわたしよりも、籤を引かれる人たちだからです。わたしは籤をいきあたりばったりに取りますが、籤を引かれる人たちはそれと同じようにしてわたしのもとに来ないからです。わたしが言いたいことはつまり、わたしは区別を設けずに籤を引きますが、彼らは区別なしにやって来るわけではないということです。わたしが彼らの籤を引いたとき彼らが悪しき状態にあるからといって、わたしが悪の原因ではありません。そうではなく、そのような状態で姿を現す人々と彼らを別の状態に作らなかった者たちが、罪の原因なのです。白や黒として姿を現す者に対して、目が見えないために無差別に手を伸ばすからといって、わたしが邪悪なのではありません。むしろ、彼らをそのようにした者、そのようなままにしておく者、そしてそのような状態でわたしのもとに送りつける者が邪悪なのです。」

モムスが口を挟みました。「しかし、かりにすべての人たちが無差別で同等で類似していたとしても、だからといってあなたが不公平であることには変わりはないのです。なぜならば、すべての人たちが同様に君主の地位に値するのに、あなたは彼らをみな君主にせずに彼らの中からたった一人だけを選ぶのですから。」

〈運〉は微笑みながら答えました。「モムスよ、われわれが話しているのは、不正である者についてであり、仮定のもとで不正になり得る者についてではありません。たしかに、あなたの提案や回答を聞いていると、あなたもじゅうぶんに説得されたようにわたしには思われます。というのも、実際にそうであるものから離れて、あなたは仮定のもとであり得るものへと話を変えているからです。そして、わたしが不正であるとは言えないので、わたしは仮定のもとでは不正であり得ると言っているのです。それゆえに、あなたが認めざるを得なかったことによれば、残されたことは、わたしは公正であるが、仮定のもとでは不正であり得、あなたたちは不正であるが、仮定のもとでは公正であり得るということなのです。わたしは今言ったことにさらに付け加えましょう。わたしはいまも正義にもとっていませんし、仮にあなたたちがわたしにすべての人たちを同等な者として差し出したとしても正義にもとるわけではありません。というのも、不可能なことに関しては、正義も不正も関わらないからです。君主の地位がすべての人たちに与えられることは、可能ではありません。すべての人たちが籤に当たることは、可能ではありません。しかし、すべての人たちは籤を平等に引くことができます。この可能性には、その中の一人だけが当たるという必然性が続きますが、このことは不正でも悪でもありません。というのも、一人以上が籤に当たることは不可能だからです。しかし誤りはそれに続くこと、すなわちその人が卑しく、悪党で、有徳でないことに存しています。この悪の原因は、君主であることや能力をもつことを与える〈運〉にではなく、この人を有徳にしない、あるいはしなかった、〈徳〉にあるのです。」

■ ユピテルの裁断

父なるユピテルは言いました。「〈運〉はじつに見事に弁明したものだ。そして、あらゆる点において、彼女は天に座を持つのにふさわしいと思われる。とはいえ、彼女が彼女に固有のひとつの座を持つことは、適当でないと思う。というのも、彼女が持つ座の数は、星の数に劣らないからだ。実際、〈運〉は地球に劣らずすべての星々において存在している。星々は、地球に劣らず諸世界なのだから。さらに、人間たちの一般的な考えでは、〈運〉はすべての星々に依存しているのだ。もしも人間たちがもっと知性を持っていたら、このことに加えてさらに何かを言うことだろう。したがって、（モムスには好きなことを言わせておくとして）女神よ、おまえの理屈はわたしにはたいそう有効なものに思われる。それゆえに、もしもおまえの理屈に対してそれ以上に強力な申し立てが示されないならば、わたしはおまえには特定の場所を与えて、おまえをそこに拘束したり追放したりしないことにしよう。おまえが示した天全体におけるおまえの権力をおまえに与える、というよりもむしろ容認することにしよう。というのも、おまえは自分自身でたいへんな権威をもっており、他の神々のみならずユピテルにも閉ざされた場所に入ることができるからだ。わたしは、われわれみながおまえに多くを負っていることについて、これ以上話すつもりはない。おまえはすべての扉を開き、すべての道を歩み、すべての部屋を使い、すべての他人のものをおまえのものにするがよい。他人の椅子はおまえのものになるがよい。それゆえにすべてのものは、変容の定めのもとにあるかぎり、みなおまえの手によってかき混ぜられるあの壺を通過するのだ。

第三部　剛毅と勤勉

■〈運〉の退出

ユピテルはこのようにしてヘラクレスの座を〈運〉に拒み、この座と宇宙の中にあるその他すべての座を彼女の意のままに委ねたのです。この判決（それがいかなるものであれ）に対して、すべての神々は同意しました。そして、盲目の女神は、彼女に害をなさない決定がなされたのを見て、元老院に別れを告げて言いました。「それでは、わたしは、全宇宙に対して公然と、そしてまた秘密裏に、出かけることにします。わたしは、豪邸とあばら屋を巡りましょう。わたしは、死に劣らずに、最下層にあるものどもを高みへと上げ、最上位にあるものどもを押しつぶすことができます。そして、最後には、有為転変の力によって、わたしはすべてを同等にするのです。そして、不確かな継続と不条理な（すなわち特殊な理由を超越した）理由、そして不確実な尺度によって、わたしは輪を回し、壺を振ります。そうすれば、わたしの意図は、いかなる個人からもとがめられることがないでしょう。〈富〉よ、わたしの右側に来なさい。〈貧乏〉よ、わたしの左側に来なさい。おまえたちの仲間を連れて来なさい。

〈富〉よ、おまえは大衆に喜ばれる従者たちを、〈貧乏〉よ、おまえは大衆に嫌われる従者たちを連れて来なさい。最初にしたがう従者たちは、まず倦怠と喜び、幸福と不幸、悲しみと快活、歓喜と憂鬱、疲労と休息、閑暇と仕事、不潔と飾りです。続いて、厳格と楽しみ、贅沢と節度、快楽と禁欲、酩酊と渇き、満腹と空腹、食欲と飽食、欲望と退屈および食傷、充満と空虚です。その次に、与えることと取ること、充溢と倹約、付与することと取り去ること、所得と浪費、入ることと出ること、収入と消費、貪欲と気前の良さです。そして、それらとともに、数と尺度、過度と欠乏、平等と不平等、借金と貸し金が来なさい。次には、安心と疑念、熱意とへつらい、名誉と不名誉、敬意と嘲笑、従順と軽蔑、感謝と恥辱、援助と無援、絶望と慰め、嫉妬と感謝、競争と同情、確信と不信、支配と隷属、自由と捕囚、仲間と孤独が来なさい。

〈機会〉よ、前に出なさい。わたしの歩みの先を行き、わたしのために幾千もの道を開き、不確かで知られておらず隠れた者として行きなさい。というのも、わたしはわたしの到着があらかじめ知られすぎることを望まないからです。すべての予言者、預言者、神懸かり、占い師、そして未来を予測する者を殴打しなさい。われわれの行程を邪魔しようとして横切るすべてのものの脇腹を殴りなさい。わたしの足元から可能なかぎり障害物を取り去りなさい。盲目の神にとって邪魔になり得る、企てのすべての茂みを抜き去り、平らにしなさい。そのようにして、おまえの導きによって、わたしは、いつ登り、いつ休み、いつ右折し、いつ左折し、いつ動き、いつ止まり、いつ歩み、いつ歩みを止めるかを、たやすく理解できるのです。わたしは、機会の様々な手段を用いて様々な無限のものどもに手を差し伸べながら、一瞬にして、行くとともに来、止まるとともに動き、起きるとともに座るのです。それゆえに、一緒に駆けめぐりましょう。すべてから、すべてを通して、すべての中に、すべてへと。神々とともにいるかと思えば、英雄たちとともにおり、人間たちとともにいるかと思えば、獣たちとともにいることにしましょう。」

■〈剛　毅〉

さて、この諍いが終了し、〈運〉を追い出した後で、ユピテルは神々に向かって言いました。「わたしの考えでは、ヘラクレスの場所は〈剛毅〉が相続するべきだ。実際、真理と法と審判がある場所から剛毅は遠く離れているべきではない。なぜならば、賢慮を用いて、法によって、真理に則って審判を行う意志は、不動にして力強くなければならないからだ。実際、真理と法が知性と賢慮を形成し、審判と正義が意志を統制するように、不動心と剛毅が結果へと導くのだ。だから、ある知者も言っている。『もしもおまえが徳と力によって不正の策略を打ち壊すほど強くなければ、裁判官になってはならない』と。」

すべての神々が答えました。「ユピテルよ、ヘラクレスがいまに至るまで星々の中で眺められるべき剛毅の範例であったということは、あなたのじつに見事な差配でした。〈剛毅〉よ、あなたは理性の灯火を前に掲げて、彼の跡を継ぎなさい。というのも、理性の灯火なしには、あなたは剛毅ではなく、愚かさであり、狂乱であり、無謀であり、剛毅とみなされることもなければ、剛毅であることもないからです。なぜならば、心の狂いや過ちや錯乱ゆえに、あなたは悪や死を恐れなくなるからです。この光のお蔭で、あなたは恐れるべきときに無謀になることはないでしょう。実際、賢慮や知恵を身に付けていればいるほど怖がらなければならないことを、愚か者や狂人は恐れないものです。この光のお蔭で、名誉や、公的な有益性や、自己の威厳と完成や、神的な法や、自然の法が問題になっているときには、あなたは死を振りかざす脅迫によって動かされることはないでしょう。そして、他の者たちが麻痺してぐずぐずしているときに、あなたはすばやく敏捷であるでしょう。他の者たちがなかなか我慢できないことを、あなたはたやすく我慢するでしょう。他の者たちがとても多いとみなすことを、あなたは取るに足りないこととみなすでしょう。あなたの悪しき同伴者たちを制御しなさい。あなたの右側に来る同伴者は、〈向こう見ず〉〈大胆〉〈僭越〉〈不遜〉〈狂乱〉〈馴れ馴れしさ〉という従者をしたがえています。あなたの左側に来る同伴者は、〈精神薄弱〉〈意気消沈〉〈恐怖〉〈臆病〉〈小心〉〈絶望〉という従者をしたがえています。〈熱意〉〈熱情〉〈寛容〉〈大度〉〈忍耐〉〈勇ましさ〉〈機敏さ〉〈熱意〉という有徳の娘たちを連れて行きなさい。〈注意〉あるいは〈我慢〉あるいは〈逃走〉あるいは〈受苦〉によって統御される事柄のリストが書き記された本を携帯しなさい。その中には、剛毅な者が恐れるべきではないものも書かれています。それはつまり、〈空腹〉や〈欠乏〉や〈渇き〉や〈痛み〉や〈貧乏〉や〈孤独〉や〈迫害〉や〈死〉といった、われわれを悪くしないものです。また、〈無知蒙昧〉〈不正〉〈不誠実〉〈虚偽〉〈貪欲〉といった、われわれを劣悪にするためにできるだけ入念に回避されなければならないものも書かれています。このようにして、自らを制御し、右や左に偏らず、あなたの娘たちから遠ざからず、あなたの目録を読みかつ遵守しつつ、あなたの明かりを消さなければ、あなたは、〈徳たち〉の守護であり、〈正義〉の唯一の護衛であり、〈真理〉のたったひとつの塔になるでしょう。あなたは、悪徳に打ち負かされることがなく、労苦に負かされることなく、危険に揺るがされることなく、欲求に対して厳格で、〈富〉を軽蔑し、〈運〉を支配し、すべてに勝利するでしょう。あなたは、向こう見ずな熱意や無思慮な無謀さを持つことがないでしょう。快楽を求めず、苦痛から逃げないでしょう。偽りの賞賛に満足せず、中傷に肝をつぶすこともないでしょう。順境によって思い上がることも、逆境によって卑屈になることもないでしょう。重苦しい倦怠に押しつぶされることも、軽薄さの風に舞い上がることもないでしょう。富によってうぬぼれることも、貧乏によって混乱することもないでしょう。余分なものを軽蔑し、必要なものをものともしないでしょう。低位のものから離れて、高貴な企てにつねに注意するでしょう。」

■〈竪琴〉の追放とムネモシュネーと九人のムーサたちの導入

メルクリウスは言いました。「それでは、わたしの〈竪琴〉にどういう命令を下すのですか。」

モムスは彼に次のように答えました。「あなたが船に乗ったり宿に泊ったりするときの暇つぶしのために持っていなさい。そして、もしもあなたがそれを贈り物とするにふさわしい人に与え、しかもあまり遠くまで探しに行くことを望まないならば、ナポリのオルモ広場やヴェネツィアのサン・マルコ広場に行き、夕闇の訪れるのを待ちなさい。というのも、これら二つの場所では、舞台に上がる多くの人たちが現れるので、〈長所という権利によって〉竪琴にもっとも値する人に出会える可能性があるからです。」

メルクリウスは尋ねました。「なぜ、他の種類ではなく、この種の最良の人を探さなければならないのでしょう。」

モムスは答えました。「今の時代には、ちょうどレベックが盲目の乞食たちの楽器になったように、竪琴は主として詐欺師たちの楽器となり、聴衆の耳目を集めたり、丸薬や水薬の宣伝に使われているからです。」

メルクリウスは言いました。「それでは、わたしの好きなようにしていいのですね。」

ユピテルは言いました。「そうだとも。ただし、天に残しておいてはいけない。そして、わたしの望みは、〈もしも会議の他のメンバーが同意するならば）彼〔メルクリウス〕のこの九本の弦を持つ竪琴の場所を、偉大な母ムネモシュネーが彼女の九名の娘であるムーサたちとともに継承することだ。」

ここですべての神々は同意のしるしとして頭を下げました。そして、推奨された女神は娘たちとともに感謝しました。

長女である〈数論〉は、考えられるすべての数以上に、そして知性が足し算によって計算できる何億何兆という数以上に、彼らに感謝すると言いました。〈幾何学〉は、描かれ得るすべての形や連続的な大きさを想像力で分解して見出されるすべてのアトムの数以上に、感謝していると言いました。〈音楽〉は、想像力が組み合わせることができるすべての調和と和音の数以上に、感謝していると言いました。〈論理学〉は、文法学者たちが犯すすべての矛盾や修辞学者たちが犯すすべての偽りの説得や弁証学者たちが犯すすべての誤った説明の数以上に、感謝していると言いました。〈詩〉は、歌い手が物語を語る際に用いた、あるいはこれから用いるであろうすべての韻脚の数以上に、感謝していると言いました。〈天文学〉は、エーテルの領域である無窮の空間が内包する星の数以上に（もしも「以上」と言うことが可能ならば）、感謝していると言いました。〈自然学〉は、自然のふところの原理と要素の数と同じほどの感謝を捧げました。〈形而上学〉は、諸事物の中に存在する現実と諸事物を表象する概念の両方の観点から考察された、自然の結果に関わる目的と作用の理念と形質の数以上に、感謝していると言いました。〈倫理学〉は、宇宙におけるこの世界や他の諸世界において存在する習俗や慣習や法や正義や犯罪の数と同じほど、感謝していると言いました。母なるムネモシュネーは言いました。「神々よ、記憶と忘却、認識と無知の対象となりうる個物の数と同じだけの感謝をあなたたちに捧げます。」

その間に、ユピテルは、ベッドの枕の下に彼が保管していた箱を差し出すように、長女ミネルヴァに命じました。そして、その中から九つの小箱を取り出しました。これらの小箱の中には、人間の心を認識と情念の両面において浄化するための九つの目薬が入っていました。そして、まず、それらの中の三つを最初の三人に娘たちに与えて、言いました。「この最良の軟膏を与えよう。これを使って、感覚的な事物の数や大きさや調和のとれた均衡に関する感覚能力を浄化し明瞭にするがいい。」それらの中のひとつを四番目の娘に与えて、言いました。「これは、発見と判断の能力を統制するために役に立つだろう。」五番目の娘に言いました。「さあ、取りなさい。これは、ある種の憂鬱質の欲動を刺激することで、喜ばしい狂気と予言を生み出すことができるのだ。」ユピテルは、六番目の娘に彼女の目薬を与え、原型的な上位の事物の観想へと人間の目を開く方法を示しました。七番目の娘は、自然の観想に関する理知的能力を改良するための目薬を受け取りました。八番目の娘が受け取った目薬も、それに劣らず優れたものであり、知性を超自然的な諸事物の認識へと促すことができました。これらの諸事物は、自然に対して影響力を持ちますが、ある種のしかたにおいて自然から懸絶しているのです。ユピテルは、もっとも偉大で、もっとも貴重で、もっとも卓越した、最後の目薬を末娘の手に与えました。彼女は、他のすべての娘たちの後に生まれましたが、その分彼女たちよりも高く評価されているのです。ユピテルは、彼女に言いました。「さあ、〈倫理学〉よ、おまえは、この目薬を使って、思慮深く、賢明に、注意深く、寛大な人類愛を抱いて、諸宗教を制定し、祭祀を確立し、法を作り、判定を下すことができるだろう。そして、見事に制定され、確立され、作られ、実行されたすべてのものを保持し、擁護することができるだろう。そしてその際に、神々への崇拝と人間たちの共生のためにできるかぎりの情熱を傾けて働くことだろう。」

■〈白鳥〉の追放と〈改悛〉の導入

ユノが尋ねました。「白鳥はどうしましょうか。」モムスが答えました。「彼の悪魔の名にかけて、彼が他の白鳥たちと泳ぐように、ペルグーサの湖かカユストロスの川に送りましょう[53]。そこで彼はたくさんの仲間を見つけることでしょう。」

ユピテルは言いました。「それはわたしの望むところではない。わたしの命令は、くちばしにわたしの印が刻まれて、彼がテムズ川に移されるということだ。というのも、この場所は他の場所以上に彼にとって安全だからだ。実際、極刑への恐怖ゆえに、彼はたやすく盗まれることはないだろう。」

神々は、「偉大なる父よ、賢明なご配慮です。」と言いました。そして、彼らはユピテルが彼の継承者を決めるのを待っていました。

そこで、その座の長は、彼の決定を述べました。「そこに〈改悛〉が置かれるのが好都合だと思う。徳の中における〈改悛〉の位置は、鳥の中における白鳥の位置に似ているからだ。というのも、〈改悛〉は、赤面と卑下の重みによって、高く飛翔しようと熱望もしなければ、できもせず、下に留まっているからだ。それゆえに、〈改悛〉は、憎むべき大地から離れながら、天に昇ろうと熱望せずに、河川を愛し、呵責の涙である水に潜り、その中で自らを洗い、浄め、清潔にしようと努めるのだ。このことが起きるのは、〈改悛〉が過ちの泥だらけの岸で汚れた我が身を厭い、このような自己嫌悪に動かされて、過ちを改めてできるかぎり純白の無垢に似ようと決意した後のことなのだ。天から堕落し、薄暗い冥界に落ち込んだ魂は、この徳によって再び上昇する。これらの魂は、すでに感覚的欲望のコキュトスを通り、肉欲と生殖の欲望のペリフレゲトンによって燃やされていた。(前者は霊を悲しみで重くし、後者は魂を侮蔑的にするのだ。）そして、魂は、高貴な遺産を思い出して自己へと回帰しつつ、自らの現在の状況に不快を感じる。そして、先に喜びを感じたことがいまは嘆きの種になり、それが自分の気に入らなければよかったのにと思うようになる。このようにして、魂は、肉的な質料と粗野な実体を弱めつつ、少しずつ現在の状態から離れていくのだ。そして、全身に羽をつけて、太陽によって燃やされ、熱せられ、至高なものどもへの熱烈な愛を抱き、空気のようになり、太陽へと上昇し、自らの原理へともう一度戻るのだ。」

サトゥルヌスは言いました。「〈改悛〉が諸徳の中に置かれるのはふさわしいことです。なぜならば、たとえ〈改悛〉が父なる〈過誤〉と母なる〈不公平〉の娘であるとしても、それにもかかわらず、彼女は不吉な尖った棘から伸びてきた深紅のバラのようなものだからです。彼女は、黒く堅い火打ち石から発し、上昇し、自らの同類である太陽へと向かう、明るくきれいな火花のようなものなのです。」

神々の評議会が声をそろえて言いました。「見事な配慮、見事な決定です。〈改悛〉は諸徳の間に座を占め、天上の神々の一員になるがいい。」

■〈カシオペア〉の追放と〈純一〉の導入

この全員の声に対して、他の神が〈カシオペア〉についての提案に移る前に、狂乱したマルスが声を荒らげて言いました。「神々よ、この婦人〔カシオペア〕を俺の戦闘的なスペインに与えようとしない者は誰もいないはずだ。彼女はたいそう驕り、高慢で、威風堂々としているので、天蓋付きの王座なしには天へと上ろうとしなかったほどだ。もしもこのことが雷面をとどろかす親父の気に入り、おまえたちが俺を不快にさせないならばの話だが〔そんなことをしたら、俺の手中に入ったときおまえたちにたっぷりお返しをしてやるぞ。)、俺の望みは、彼女がこの祖国の習俗を獲得し、その地に生まれ、そこで育ったように思われるように、おまえたちが彼女をそこに滞在させるということだ。」

モムスは答えました。「誰も傲慢とその生きた肖像画であるこの女を勇敢な軍隊長殿から奪いはしないでしょう。」

それに対して、マルスは言いました。「才気のない腐った舌しか持っていない哀れなおまえはもちろんのこと、もしもおまえたちが驕りと呼ぶものの下に、マルスの盾によって守られるに値する美や栄光や威風や雅量や力が見出されることを否定する神がいたら、それが誰であれ(すべての神々に勝ったユピテルを除いて)この剣で思い知らせてやるぞ。そいつの嘲笑は、人間どもや神々を征服するのに慣れたこの恐ろしい剣先で復讐されるにふさわしいのだ。」

モムスが言いました。「呪いと一緒に彼女を所有するがいいでしょう。このような凶暴で破壊的な野獣を獲得するために自分の首を犠牲にしたがるような奇妙で狂った神は、われわれの中には他にいないのですから。」

穏和な、神々の始祖は言いました。「マルスよ、立腹するな。モムスよ、怒りを抑えなさい。戦の神であるおまえにこいつを気前よく譲るのはたやすいことだ。なにしろこいつは、たいして重要ではないのだから。もっとも、おまえが、炎を持つ剣という唯一の権威のもとに、数多くの略奪や姦淫や窃盗や強奪や暗殺を行うのを、われわれも時にはしぶしぶ我慢しなければならないのだが。だから、立ち去りなさい。わたしは、他の神々と一緒に、彼女をおまえの肉欲に完全に委ねよう。ただし星々の真ん中に、多くの有徳な女神たちの近くに、もはや彼女が留まることがないようにしなさい。彼女は、〈虚栄〉を引き連れて彼女の玉座とともに下に行くがいい。そして、〈純一〉に場所を譲るがいい。〈純一〉の右側には、自らが所有する以上のものを見せびらかし言いふらす〈虚栄〉がおり、〈純一〉は彼女から離れようとしている。左側には、所有しているものを隠し、所有していない振りをし、実際よりも少なく持っているようにみせる〈卑下〉がおり、〈純一〉は彼女からも離れようとしている。〈真理〉の従者である〈純一〉は、彼女の女王から遠く離れて放浪するべきではない。もっとも、時には〈必然性〉の女神が彼女を〈卑下〉へと傾かせることがある。それは、〈純一〉や〈真理〉が足蹴にされたりしないため、あるいはその他の不都合を回避するためだ。このことは、彼女によって節度と秩序をもってなされるので、過ちや悪徳なしになされることになるだろう。」

さて、〈純一〉は彼女の座に就こうと歩み出し、確実で確信に満ちた足取りで現れました。それと反対に、〈虚栄〉と〈卑下〉は、こわごわと歩みよりましたが、このことは、猜疑に満ちた歩みとびくびくした顔つきが示していたのです。〈純一〉の顔つきは、すべての神々の気に入りました。というのも、〈純一〉は、その一様性ゆえに、ある種の仕方で神の顔を表現し、神の顔に類似していたからです。彼女の顔は、愛らしいです。実際、それはけっして変化することがないために、一度気に入られると、常に気に入られることになるのです。彼女が愛されなくなるときには、それは彼女の欠陥のせいではなく、他の者の欠陥のせいなのです。それに対して、〈虚栄〉は、実際に所有している以上のものを所有していると思わせることで、気に入られます。それゆえに、正体を暴かれたときには、不快の対象となるだけでなく、時には軽蔑の対象にもなるのです。同様に、〈卑下〉も、最初にそう思わせようとしたものとは違うものであることがばれたときには、最初に喜ばせた者にたやすく憎まれることになります。したがって、両者のどちらも、天におり、常に両者の間に見出されるもの〔〈純一〉〕と一緒にいるにはふさわしくないとみなされたのです。しかし、〈卑下〉のほうはそれほど嫌われたわけではありません。時には神々ですら〈卑下〉を利用することがあるのですから。なぜならば、時には、嫉妬や非難や侮辱を逃れるために、〈賢慮〉はこの服を着せることによって〈真理〉を隠すことがあるからです。

サウリーノ　ソフィアよ、おっしゃるとおりです。フェラーラの詩人が、これ〈卑下〉は人間にとってたいそう好都合であり、時には神々にも都合がよいものであると示したとき、このことは的外れではなかったのです。

人欺くは大方は非難され、
性邪なしるしとされるが、
それにより疑いもなく
利益を得、災いや、科《とが》や、
死を免れたためしも多し。
晴朗というより、むしろ小暗く翳って、
妬みに満ちたこの憂き世では、われらは
つねに友とのみ語るものとは限らぬものゆえ[54]。

しかし、ソフィアさん、〈純一〉が神の顔に似ているという、あなたの考えの理由を教えてくれませんか。

ソフィア　その理由は、〈純一〉は、虚栄を通じて自らの存在に何かを付け加えたり、卑下を通じて自らの存在から何かを取り去ったりすることができないからです。このことが生じるわけは、〈純一〉は自らに関する知解や把握を持たないからです。もっとも純一なものは、もっとも純一なものとは別のものであろうと欲しないかぎり、自らを理解しません。なぜならば、自らを感じたり眺めたりする者は、ある種のしかたで、自らを複数に、あるいは(よりわかりやすい言い方をするならば)二つの別なものにするからです。実際、知解の行為においては多くのことがひとつになり、知解する者は対象と可能態、認識者と認識対象になるからです。ですから、このもっとも純一な知解は、あたかも知解する者の反省的行為と知解の対象とを持つかのようなしかたでは、自らを理解するとは言いません。そうではなく、それは絶対的でもっとも純一な明かりであるがゆえに、それは否定的なしかたで自らを理解する(それが自らに対して隠されていないかぎりにおいて)とのみ言えるのです。それゆえに、〈純一〉は、自らの存在を把握せず、自らの存在について註釈をしないかぎりにおいて、神に類似しているとみなされるのです。傲慢な〈虚栄〉はそれから完全に遠ざかっています。しかし、熱意な〈卑下〉はそれほど遠ざかっていません。というのも、彼女は、ユピテルの許可のもとに、時には天に姿を現すことが許されているからです。もっとも、女神としてではなく、時には〈賢慮〉の召使や〈真理〉の盾としてですが。

■〈ペルセウス〉の新たな任務

サウリーノ　それでは、ペルセウスと彼の部屋がどうなったのかを考察しましょう。

ソフィア　モムスが言いました。「ユピテルよ、あなたがダナエに産ませたあなたのこの私生児をどうしましょうか。」

ユピテルは答えました。「(もしも元老院全体の同意が得られるならば)彼は立ち去るがいい。というのも、どうやら新しいメドゥーサが地上におり、大昔のメドゥーサに劣らず、それを見つめる者を火打石に変えることができるからだ。ペルセウスはこいつのところに行くがいい。ただし、新しいポリュデクテスによって派遣された者としてではなく、ユピテルと天上の元老院全体によって送られた者としてだ。そして、彼は、新奇であるぶんより恐ろしい怪獣を、同じ術を使って打ち負かせるか、試してみるがいいだろう。」

ここでミネルヴァが答えて言いました。「わたしとしては、以前のものに劣らぬほど使い勝手のいい水晶の盾を彼に与えるつもりです。彼は、それを使って、ゴルゴンたちを守護する敵対的なポルキスの娘たちの目を、見えなくすることができるでしょう。そして、彼がこのメドゥーサの頭を胴体から切り離すまで、わたしはその場で彼を助けるつもりです。」

ユピテルは言いました。「娘よ、とてもいい心がけだ。わたしはおまえにこのように配慮することを命じる。どうかこのことに力を惜しまないで欲しい。けれども、切られた静脈から滴り落ちる血から新しい蛇が地上に生まれて、哀れな民を害することがないようにしなさい。地上には、哀れな者たちの災いとして、すでにじゅうぶんに多くの蛇が見出されるのだから。それゆえに、メドゥーサの豊かな体から出てきたペガサスに乗って、(滴り落ちる血潮に気をつけながら)彼は、アフリカではなく、わたしが愛するヨーロッパを駆け巡るがいい。アフリカでは、囚われの身のアンドロメダによって彼自身囚われ、鉄の鎖に繋がれた後に、ダイヤの鎖に繋がれることになりかねないのだから。ヨーロッパで、彼は、ユピテルの子孫たちの敵であるあの傲慢な怪物アトラスたちがどこにいるのかを探すがいい。〈貪欲〉と〈野心〉の錠に守られている金のリンゴが彼らに盗まれるのを、ユピテルの子孫たちは恐れているのだ。偽りの宗教の暴力によって束縛され、海獣たちに曝されている、他のもっと寛大で美しいアンドロメダたちがいる場所に、彼は向かうがいい。乱暴なピネウスが有害な従者たちの大群に圧迫されて、他人の勤勉と労苦の果実を略奪しに来ないか、彼は用心するがいい。もしも恩知らずで頑迷で不信のポリデクテスたちの幾人かがそこで支配しているときには、彼は彼らの眼前に生きた鏡を差し出すがいい。そうすれば、彼らは、その中に自らの醜悪な肖像を眺めて、その恐るべき姿に石と化し、あらゆる邪悪な感覚と運動と生命を失うことになるだろう。」

神々は言いました。「すべてにわたってじつに見事な命令です。というのも、〈正義〉の腕と〈審判〉の棍棒を持って肉体的な力の支配者になったヘラクレスと一緒に、ペルセウスが姿を現すのは適切なことだからです。ペルセウスは、教義の輝く鏡を通じて教会分離と異端の唾棄すべき肖像を指し示すことで、悪事をなす頑迷な知性の有害な良心に釘を打ち込み、舌や手や感覚の働きを奪うのですから。」

サウリーノ　ソフィアさん、彼が去った場所を継承するよう命じられた者について説明してください。

■　〈勤勉〉〈〈熱意〉〈労苦〉〉の登場

ソフィア　〈勤勉〉あるいは〈熱意〉と呼ばれている、彼によく似た服装と振る舞いの徳です。この徳は、〈労苦〉と兄弟の契りを交わしています。そして、この徳のお蔭で、ペルセウスはペルセウスであり、ヘラクレスはヘラクレスであり、強靭で仕事熱心な者は仕事熱心で強靭なのです。この徳のお蔭で、アバスの子孫〔ペルセウス〕は、ポルキスの娘たちから目の光を奪い、メドゥーサから頭を奪い、切断された胴体から翼の生えたペガサスを奪い、クリネメとヤペトスの息子から聖なるリンゴを奪い、クジラからケフェウスとカシオペアとの娘〔アンドロメダ〕を奪いました。そして、敵対者から妻を守り、祖国アルゴスを再び見、プロイトスから王国を取り上げ、それを兄弟のアクリシオスに返し、セリポス島の恩知らずで無礼な王に復讐しました55。この徳のお蔭で、あらゆる警戒は打ち負かされ、あらゆる逆境は破られ、あらゆる道と通路は歩きやすくなり、あらゆる財宝は獲得され、あらゆる力は馴致され、あらゆる隷属は取り去られ、あらゆる欲望はかなえられ、あらゆる財産は守られ、あらゆる港は到着できるようになり、あらゆる敵対者は押しつぶされ、すべての友人たちは優遇され、すべての害に対して復讐がなされ、最後にあらゆる企てが実現されるのです。それゆえに、ユピテルは、仕事熱心で勤勉な〈熱意〉が前に出るよう命じ、すべての神々がこの命令に賛同しました。

すると彼女は現れました。彼女は足に神的衝動の翼のついたサンダルを履いており、そのサンダルで通俗的な最高善を踏みにじり、欲望の甘言に満ちた愛撫（それは陰謀に長けたセイレーンたちのように、彼女が求め待ち望む仕事の道程から彼女を引き戻そうとしているのですが）を軽蔑します。彼女が左手につかんだ盾は、彼女の熱情を反射しており、怠惰で無力な目を愚かな驚きで満たします。右手に取った有害な想いのヘビのような頭髪の下には、あの恐ろしい頭が隠れています。この頭部の不幸な顔は、軽蔑や怒りや驚愕や恐怖や嫌悪や驚きや憂鬱や陰気な後悔といった数多くの情念にゆがめられており、それに目をとめる者をみな石と化し、麻痺させるのです。彼女が乗る、熱心な忍耐の翼を持った馬のお蔭で、彼女は、努力した度合いに応じて目標に到達し、険しい山のあらゆる障碍や、深い谷の妨害や、急流の勢いや、分厚い垣根と巨大な高い壁の防御を乗り越えるのです。

■ユピテルの指令

こうして、彼女は神聖不可侵な元老院の前に来て、最高の指導者から次の言葉を聞きました。「〈勤勉〉よ、おまえが天のこの場所を獲得するのがわたしの意志だ。というのも、おまえは、寛大な心の持ち主たちを労苦によって養うからだ。精神の力で、あらゆる岩だらけのごつごつした山を登り、乗り越え、通過しなさい。自分自身に対して抵抗し克つだけではなく、おまえの困難の感覚と苦労の感情がなくなるまで、おまえの情熱を熱くしなさい。このようにすれば、労苦は、それ自体において労苦であることを止めるからだ。ちょうど、いかなる重いものでも、それ自体においては重くないように。しかし、もしもおまえが自分が労苦であることに気づかなくなるまで自分に克つことがなければ、おまえは労苦という名にふさわしいものではないだろう。実際、おまえが自分自身を意識するときにはいつでも、おまえは自分自身を乗り越えることはできず、他の者によって押さえつけられていないときには、すくなくともおまえ自身によって圧迫されることになるのだ。最高の完全性とは、労苦や苦痛があるときに労苦や苦痛を感じないことだ。おまえは、快楽を感じないあの快楽の感覚によって自らを乗り越えなければならない。それはすなわち、本性において善であるがゆえに、大衆によって病気や貧困や中傷の元として軽蔑されるべきでない、快楽のことだ。

しかし、〈労苦〉よ、卓越した仕事に関して、おまえは自らにとって快楽であり、労苦でないようにしなさい。この快楽と一つになりなさい。そして、有徳な仕事と行為に関しないかぎり、自らにとって快楽ではなく、堪えがたい労苦を見出すようにしなさい。それゆえに、おまえが徳ならば、低劣で軽薄で空虚な事柄に携わるのをやめなさい。真理の崇高な極の真下に立ちたければ、このアペニン山脈を通り過ぎ、これらのアルプスの山々を登り、この岩礁の多い大海を渡り、これらの険しいリフェイの山々を乗り越え、このコーカサスの凍った荒地を横切り、未踏の高地に侵入し、あの幸福な輪の中に入りなさい。そこでは、つねに光があり、暗闇や寒さは訪れず、いつも温暖で、夜明けや昼が永遠に存在するのだ。

それゆえに、〈熱意〉あるいは〈労苦〉の女神は、歩みなさい。そしてわたしは（とユピテルが言った）、〈困難〉がおまえの前を走り、おまえから逃げるのを望む。〈不運〉を退け、〈運〉の髪をつかみなさい。望ましいと思ったときには、〈運〉の車輪の回転を早めなさい。そして、そうするのが良いと思ったときには、この車輪に釘を打ち、その回転を止めなさい。おまえとともに〈健康〉と〈強靭〉と〈無傷〉が来るがいい。〈勤勉〉がおまえの盾を持ち、〈修練〉がおまえの旗手であるがいい。〈獲得〉が肉体の〈善〉、心の〈善〉、そして（もしも望むならば）財産の〈善〉という装備とともにおまえにしたがうがいい。そして、これらの善の中でも、おまえ自らが獲得したもののほうが、おまえが他人から受け取ったものよりもおまえに愛されるがいい。それはちょうど、母親が自分のものであると知っている息子により多くの愛情を注ぐようなものだ。おまえは自らを分割できてはいけない。というのも、もしもおまえが自らを分断し、一部を精神の仕事に、一部を肉体の働きに従事させるとしたならば、おまえはどちらの部分においてもじゅうぶんな成果をあげることができないからだ。そして、もしもおまえがどちらかひとつにより多く専念すれば、もうひとつにおいて力を発揮することはそのぶんできなくなる。もしもおまえが物質的な事柄に完全に没頭すれば、おまえは知的な事柄においてなにもできなくなるし、その逆もまたあてはまるのだ。

〈好機〉は、必要なときに、大声を上げたり、仕草をしたり、あるいは沈黙を通じて、おまえに呼びかけ、おまえを激励したり、誘い出したり、刺激したり、強制したりするがいい。〈好都合〉と〈不都合〉は、いつおまえが重荷を背負い、いつ重荷を増やし、そして時にはいつ航海に出る必要があるかを、おまえに知らせるがいい。〈勤勉〉はおまえのためにあらゆる障碍を取り除くがいい。〈注意〉は、何もおまえを不意打ちしないように、周りを見張りながらおまえを守るがいい。〈欠乏〉は、おまえを虚しいものへの〈熱意〉と〈注意〉から遠ざけるがいい。もしもおまえが〈欠乏〉に耳を貸さないときには、最後に〈後悔〉が続くがいい。〈後悔〉は、空っぽの腕を動かすほうが手にいっぱいの岩を投げるよりも苦労が多いということを、おまえに経験させることだろう。より大きな〈力〉が介入し、〈自由〉を奪い去ったり、〈困難〉に力と武器を差し出したりする前に、おまえは〈勤勉〉の足でできるかぎり逃げ、急ぐがいい。」

■〈勤勉〉〈〈熱意〉〈労苦〉〉の提案

このようにして、〈熱意〉は、ユピテルとその他の神々に感謝をした後に、歩き出し、次のように話しました。

「さあ、わたし、労苦は、歩み出て、準備を整え、袖をまくりあげましょう。あらゆる麻痺、あらゆる閑暇、あらゆるだらしなさ、あらゆる怠惰な倦怠、あらゆる緩慢さは、わたしから去るがいい。わたしの〈努力〉よ、考察の目の前におまえの利益と目的を提示しなさい。おまえを生まれた家から追い出し、友から引き離し、祖国から遠ざけ、不親切な地域へと追放した、他人の多くの中傷や、多くの悪意と嫉妬の所産や、おまえに対するこの理にかなった恐怖を、有益なものに変えなさい。わたしの〈努力〉よ、わたしとともにこの追放と苦悩を、祖国における静かで快適で平和な生活よりも栄光あるものにしなさい。〈勤勉〉よ、立ちあがりなさい。おまえは何をしているのですか。死後には閑暇と睡眠がたっぷりあるのに、生きているうちになぜこれらに多くの時間を費やさなければならないのですか。死後、別の生と別の存在が待っているとしても、それは今のわれわれの存在とは別のものなのです。したがって、この生は二度と戻ることなしに、永遠に過ぎ去ってしまうのです。〈希望〉よ、何をしているのですか。なぜ、わたしを促し、刺激しないのですか。立ちあがりなさい。拙速な始め方をしたり、時間通りに終わらなかったりしないかぎり、わたしが困難な事柄から有益な結果を待ち望むことができるようにしなさい。そして、わたしの期待がたんに生きるためにではなく、よく生きるためにあるようにしなさい。〈熱心〉よ、つねにわたしのもとに留まり、わたしが善なる神にふさわしくないことを試みたり、より大きな問題を引き起こす問題に手を伸ばしたりしないようにしなさい。〈名誉欲〉よ、仕事の初めに安全を憂うことがいかに見るに堪えない醜悪なことかを、わたしの眼前に示しなさい。

〈賢明さ〉よ、不確かで疑わしいことからわたしが急に退いたり、背を向けたりせずに、ゆっくりと安全なところへと避難できるようにしなさい。おまえは、（わたしが敵にみつかり、彼らの狂乱がわたしを襲わないように）わたしの後にしたがい、わたしの足跡を消しなさい。おまえのお蔭で、わたしは〈運〉の住居から遠く離れた道を歩むことができます。というのも、〈運〉は長い手を持たないので、すぐ側にいる者たちにしか働きかけることができず、彼女の壺の中にいる者たちしか動かすことができないからです。おまえのお蔭で、わたしは適切にできることとしかしようとせず、仕事において（もしも同じほど用心深く、かつまた力強くなれないときには）力強い以上に用心深いのです。わたしの労働が隠されていると同時に開示されているようにしなさい。開示されているのは、みながそれを探し求めないためであり、隠されているのは、全員ではなく少数者だけがそれを見つけるためです。というのも、おまえも知るように、隠されたものは探求され、鍵をかけられたものは泥棒を呼ぶからです。さらに、白日のもとにあるものは卑しいものとみなされ、開いている箱は入念に調べられません。たいそう入念に保管されていないものは、ほとんど価値がないと思われているのです。

〈勇敢〉よ、困難がわたしを圧迫し、侮辱し、妨げるとき、おまえの活発で熱意ある声で、〈逆境にたじろがず、大胆に歩め〉[56]という言葉をわたしの耳に何度も語りかけなさい。〈熟慮〉よ、おまえのお蔭で、わたしは、軌道に乗らない仕事をいつ解消したり中断したりするべきかが分かるようになるでしょう。その結果、わたしの仕事は、適切にも、俗世間の薄汚い精神からの黄金や財産を目当てにすることはないでしょう。仕事が目指すのは、時間によって隠されたり分散されたりせずに、永遠性の領域においてもてはやされ愛好されるあの宝物なのです。結果として、〈フンコロガシたちは彼らの糞のことを考える〉という言葉がわれわれに言われることはないでしょう。〈忍耐〉よ、わたしを力づけ、抑制しなさい。〈倦怠〉ではなく〈寛容〉の兄弟であるおまえの選ばれた〈閑暇〉を、わたしに与えなさい。わたしを落ち着きのなさから遠ざけなさい。そして、お節介ではない〈熱意〉に近づけなさい。危険で不名誉で命に関わる障碍がある場所でわたしが走ろうとするときには、わたしが走ることを拒みなさい。嵐の海の克服できない混乱の中にわたしが飛び込もうとするときには、わたしが碇を上げて船尾を岸から離すことがないようにしなさい。そして、その間に〈熟慮〉と話し合う閑暇をわたしに与えなさい。

〈熟慮〉のお蔭で、わたしは以下のことを見ることになるでしょう。すなわち第一にわたし自身を、第二にわたしがしなければならない仕事を、第三にその目的と理由を、第四にその状況を、第五にその時間を、第六にその場所を、第七にその相手を、わたしは見ることになるのです。そのお蔭でわたしが何もしないときよりもより美しい、より善なる、より卓越したことをなすことができる閑暇をわたしに与えなさい。というのも、〈閑暇〉の家には〈熟慮〉が座しており、そこでは、至福な生について他の場所でよりも優れたしかたで論じられているからです。そこからは、機会をより良く見ることができ、その結果より有効に、より力強く仕事にかかることができるのです。なぜならば、あらかじめじゅうぶんに休んでいなければ、その後で上手に走ることはできないからです。

〈閑暇〉よ、わたしが他のすべての者たちよりも暇でないようにしなさい。そうすれば、わたしは、おまえのお蔭で、わたしの声と励ましによって、兵士や執政官や皇帝が剣や槍や盾によってする以上に、祖国である共和国の防衛に寄与することができるでしょう。寛大で英雄的で配慮に富んだ〈怖れ〉よ、わたしのもとに留まりなさい。わたしが生者の間で居場所を失う前に、栄光ある人たちの間で居場所を失わないように、わたしを刺激しなさい。死の眠りがわたしから手を奪う前に、わたしがじゅうぶんな備えを持ち、仕事の栄光がわたしから奪われないようにしなさい。〈熱意〉よ、雨が来る前に屋根が完成するようにしなさい。湿った落ち着きのない冬の〈北風〉と〈南風〉が吹く前に、窓が修理されているようにしなさい。立派に人生を過ごしたという〈記憶〉よ、わたしの心が曇る前に、老年と死がわたしの命を奪うようにしなさい。人生において獲得された栄光を失うことに対する〈恐怖〉よ、わたしの老年と死を苦くはなく大切で望ましいものにしなさい。」

サウリーノ ソフィアさん、これこそが、熟年がもたらす悲しみと苦痛に対する、そしてわれわれが感覚を使用しだしたときから生あるものの精神を専横する不慮の死に対する、もっともふさわしく名誉ある処方箋なのです。

それゆえに、ノラの詩人タンシッロの言葉は立派なものです。

天に愛され、高貴な企てに関して
無関心な部外者でなかった者たちは、
雪や氷が草花のない丘の上に落ちるときにも、
幸せだった季節のことを喜ぶ。
肌や顔が変わり、人生や営みが変わるとも、
彼らは悲しむことがない。
適切なときに果実を収穫した以上、
農夫は嘆くことがない[57]。

ソフィア　サウリーノさん、おっしゃるとおりです。しかし、お帰りになる時間です。というのも、ほら、たいそう望ましい優美さとたいそう見目がよい顔を持つ、わたしの親友の神が東方からわたしへと近づいているのです。

サウリーノ　なるほど。それでは、ソフィアさん、よろしければ、明日いつもの時間にまた会いましょう。わたしはその間に、今日あなたから聞いたことを記述しようと思います。そうすれば、必要なときにあなたの考えをよりよく思い返すことができるでしょう。そして、将来、あなたの考えを他の者たちによりたやすく伝えることができるでしょう。

■ ナポリの暴動

ソフィア 不思議なことに、彼はいつもよりあわただしく羽を動かしながらわたしに向かってくるわ。いつものようにふざけて杖を振ったり、透明な大気を翼で優雅に打ったりしながら来ないわ。どうやら彼はものすごく忙しいみたいだわ。あ、わたしを見ているわ。彼がわたしに向けた眼差しから、わたしが彼の悩みの原因ではないことがわかるわ。

メルクリウス わたしの大好きな高貴な娘、妹、友人よ、運命がいつもあなたに対して好意的でありますように。時間の怒りがあなたに対して無力でありますように。

ソフィア わたしの美しい神よ、何があなたの顔色を曇らせているのですか。わたしの眼には、あなたがあなたのたいそう喜ばしい優美さを他の機会に比べて出し惜しみしているようには見えません。なぜあなたは、わたしのもとに留まろうとするのではなく、別の場所に行く準備をして、大急ぎで来るように見えたのですか。

メルクリウス わたしが他の所に行っていた理由は、このナポリ王国の狂気に満ちた野蛮な不和を煽動しようとした火事に対する処置を講じ、その被害を元に戻すために、急遽ゼウスによって派遣されたからです[58]。

ソフィア どのようにして、メルクリウスさん、この災厄をもたらす復讐神がアルプスと海を越えてこの高貴な土地へ来たのですか。

メルクリウス それは、或る人の愚かな野心と狂気に満ちた確信によって呼び出され、寛大だがそれに劣らず不確かな約束とともに招かれ、偽りの希望によって煽動され、二重の嫉妬によって迎えられたのです。この二重の嫉妬は、民衆においては、従来享受してきたのと同じ自由を維持する欲求と狭隘な隷属へと陥ることへの恐怖とを引き起こし、君主においては、すべてを獲得しようとしたためにすべてを喪失するのではないかという不安を引き起こすのです。

ソフィア　このことの最初の起源と原因は何でしょうか。

メルクリウス　〈宗教〉を維持するという口実のもとに働く大きな〈貪欲〉です。

ソフィア　ほんとうに、この口実は間違っていると思われます。そして、わたしが正しければ、それは弁解の余地のないものなのです。というのも、いかなる荒廃や危険の脅威も存在せず、魂も昔と変わらぬ状態にあり、あの女神〔〈宗教〉〕への信仰が他国におけるように弱まっていないところに、対策や用心を要求する必要はないからです。

メルクリウス　もしもそうならば、対策を講じるのは〈貪欲〉ではなく、〈賢慮〉と〈正義〉であるべきです。というのも、あの君主は民衆を狂乱に導きました。そして、反逆的な心の持ち主を、正しい自由を守るというよりもむしろ不正な放逸を希求し、有害で頑迷な肉欲に支配される（獣のような大衆はいつもそれを求めるのです）ように仕向ける、絶好の時期が到来したと、〈好機〉は思っています。

ソフィア　困難でなければ言ってください。〈貪欲〉はどのようなしかたで対策を講じようとしているのでしょうか。

メルクリウス　犯罪者の処罰を重くすることによってです。そうすることによって、多くの無実な者たちが、そして時には正しい者たちが、悪人の罪を同じように引き受けることになります。このことによって、君主はつねにますます太っていくのです。

ソフィア　狼を統治者に持つ羊が彼に食べられることで罰せられるのは、当然のことです。

メルクリウス　しかし、狼の残虐な空腹と貪欲だけが、時として羊たちを罪ある者にするのにじゅうぶんであるという主張は、疑わしいものです。父親の過ちのせいで母親や子羊たちまでが殺戮されるというのは、あらゆる法に反しています。

ソフィア　ほんとうに、このような判決は、残酷な野蛮人の中でしかけっしてなされたことはありません。思うに、最初にそれが見出されたのは、ユダヤ人においてでした。この民族は、疫病やライ病のようなものであり、総じて有害なので、生まれる前に抹殺されるに値するのです。本題に戻りますと、あなたが不安に苛まれ、すぐにわたしのもとを離れようとしている理由は、このことなのですね。

メルクリウス　その通りです。飛んで行こうとしている場所に到着する前にあなたに会おうとして、わたしはこの道を選んだのです。そうすれば、あなたを無駄に待たせることがなく、昨日した約束を果たすことができるからです。わたしはあなたに関わる提言をユピテルにしましたが、彼は常にも増してあなたの願いをかなえたがっているように見えました。とはいえ、今日を入れた四五日の間は、あなたが作成しなければならない請願書でどのように交渉するのかを、あなたと相談する時間はありません。ですから、この間どうか辛抱してください。他の厄介事から自由なときにユピテルと元老院の神々に会うほうが、彼らが今のような状態でいるときに会うよりもよいのですから。

ソフィア　それでは、待つことにしましょう。提案を遅らせることによって、それをより上手に整理することができますから。正直言って、(今日請願を出すという約束を果たそうとして)大急ぎでしたためたために、わたし自身請願に満足していないのです。実際、この覚書で書いたよりももっと個々の実例に基づいて説明されなければならないと思います。さあ、この覚書を差し上げます。（もしも道中に暇があれば）わたしの訴訟の要点を理解することができるでしょう。

メルクリウス　それに目を通すことにします。とはいえ、どうかこの時間を使ってもっと長く厳密な記録を作成してください。そうすれば、すべてをじゅうぶんに配慮することができますから。――いまから、わたしは、第一に、力を混乱させるために、〈狡猾さ〉を起こしに行くつもりです。〈狡猾さ〉は〈欺瞞〉と力を合わせて、思い上がった〈野心的な反乱〉に対して、裏切りの手紙を口述することができるでしょう。この偽りの手紙によって、トルコの水軍の勢力をかわし、アルプスのこちら側から地上を大股で行進して近づいてくるフランスの狂乱に抵抗することができるでしょう。このようにして、〈力〉を欠いた大胆さが押し返され、民衆が鎮められ、君主が安心し、怖れが〈野心〉と〈貪欲〉の渇望を（それを癒すことなく）押し戻すことでしょう。そして、このことによって、太古の生活の〈習慣〉の確立を通じて、危険で忘恩の〈新奇さ〉が消滅し、追放されていた〈融和〉が最終的に呼び戻され、〈平和〉が自らの王座につくことになるのです。

ソフィア　わたしの神よ、それならば行きなさい。あなたの計画がじゅうぶんに達成されますように。そうすれば、わたしの敵である戦争がわたしやその他の者たちの状態を混乱させようと来ることがないでしょう。

第三対話　天の浄化の完成

第一部　閑暇を巡る論争

■〈閑暇〉と〈眠り〉の登場

ソフィア　サウリーノさん、〈労苦〉ないし〈勤勉〉ないし〈熱意〉が――あるいはあなたが彼女をどのように呼ぼうとも（というのも、彼女は一時間で言い尽くすことができないほど多くの名を持っているのですから）――なしたすべての提案をあなたにお知らせする必要はないでしょう。しかし、彼女が彼女の従者や仲間を連れて多忙なペルセウスがいた座を占めようと出かけるやいなや起きたことについては、黙っているわけにはいきません。

サウリーノ　聞いているので、おっしゃってください。

ソフィア　〈野心〉の拍車は、すべての英雄的で神的な精神を押しやり刺激することができますが、このことは〈閑暇〉と〈眠り〉に関しても例外ではありません。〈労苦〉と〈熱意〉が姿を消すやいなや、彼らは、暇で眠たそうにではなく、熱心に猶予を置かずに、ただちに姿を現したのです。

それゆえに、モムスは言いました。「ユピテルよ、われわれをやっかいごとから解放してください。ヘラクレスを追い出した後に多くのごたごたがあったように、ペルセウスを追い出した後にもごたごたが絶えないということが、はっきりとわかりました。」

ユピテルは答えました。「もしもたいそうな勤勉と労苦を引き受けて、あまりにも長くわれわれをうんざりさせるとしたら、〈閑暇〉は〈閑暇〉でなくなるだろう。〈眠り〉は〈眠り〉でなくなるだろう。というのも、見ての通り〈勤勉〉はここからすでに去っており、〈閑暇〉と〈眠り〉がここにいるのは、彼らの敵対者の不在に依拠する欠如的な徳によるものにすぎないのだから。」

モムスは言いました。「今日結論を出さなければならない重大事を決定できなくなるほど、彼らのせいでわれわれがのんびりと時間をつぶすことがなければ、すべてはうまく行くでしょう。」

■〈閑暇〉の演説

そこで、〈閑暇〉が以下のしかたで話し始めました。「神々よ、〈勤勉〉と〈労苦〉がしばしば悪であるように、〈閑暇〉も時には悪であることがあります。〈労苦〉が善であることがあるように、〈閑暇〉はさらに多くの場合ふさわしく、善なのです。それゆえに、(もしもあなたたちの間に正義があるならば)あなたたちがわたしに対して同等の栄誉を拒絶しようと考えているとは思えません。あなたたちがわたしに劣った価値しか認めないのは、ふさわしくないことだからです。それどころか、わたしは(勤勉と仕事の賞賛のために申し立てられているのを聞いたことがある、ある種の議論を使って)理屈づくであなたたちに以下のことをわからせる自信があります。すなわち、もしもわたしと〈勤勉〉が理にかなった比較の天秤の上に置かれたならば、〈閑暇〉は、たとえ同じほど善であるとみなされないとしても、自らがより多くの利点を持つことを説得することができるでしょう。その結果、あなたがたは、〈勤勉〉をわたしと同等の徳とみなすことをやめるだけでなく、〈勤勉〉を私と正反対の悪徳とみなすことになるでしょう。

　神様方、多くの称賛の対象である黄金時代を維持したのは誰でしょうか。自然の法である〈閑暇〉の法以外の誰が、この時代を作り、それを保ったのでしょうか。野心的な〈熱意〉、でしゃばりな〈労苦〉以外の誰が、それを取り除き、ほとんどとりかえしのつかないしかたでそれを追放したのでしょうか。世紀を混乱させ、世界を分裂させ、それを鉄と汚泥と陶土の時代へと導いたのは、〈労苦〉ではないでしょうか。〈労苦〉は、諸民族を車輪に据えて、彼らを高慢や好奇心や個人の名誉欲によって持ち上げた後に、まっさかさまに突き落としたのです。実際には万人と変わりがなく、威厳と功績においては時には万人の中で最下位にいる者が、悪意においておそらく多くの人々を凌駕したがゆえに、権力を得て、自然の法を覆し、自らの肉欲を法にしたのです。そして、この法には、数多くの苦難と数多くの傲慢と数多くの才能と数多くの熱意とその他数多くの同伴者が奉仕しています。これらとともに〈労苦〉がたいそう威張り散らして進み出ました。さらに、これら同じ服の下に隠れて現れなかった他の者たちも進み出ました。すなわち、〈狡猾〉や〈空威張り〉や他人に対する〈軽蔑〉や〈暴力〉や〈悪意〉や〈偽装〉です。さらに、あなたたちの前に出たことがない彼らの従者たちも進み出ました。すなわち、〈弾圧〉や〈略奪〉や〈苦痛〉や〈拷問〉や〈恐怖〉や〈死〉です。これらはいつも、静かな〈閑暇〉の名ではなく、熱心でお節介な〈熱意〉や〈労働〉や〈勤勉〉や〈労苦〉やその他多くの名で呼ばれているものの、執行者にして復讐者なのです。彼女〔〈労苦〉〕は、これらを標榜することで、より少なく認識されます。彼女は、これらを通じて、知られるよりもむしろ自らを隠すのです。

万人は、美しき黄金時代を賞賛しています。そこでは、魂は、あなたたちのあの神〈労苦〉から自由であり、静謐を保っていました。彼らの肉体にとって、空腹の調味料が、好意的な自然の差し出すどんぐりやりんごや栗や梨や根を、たいそう甘美で賞賛すべき食べ物にするのにじゅうぶんだったのです。自然は、このような食事で人類をより良く養い、愛撫し、より長く生かしたのですが、このことは、〈労苦〉の従者である〈熱意〉と〈勉学〉が見つけた人工的な調味料にはおよびもよらないことなのでした。これらの調味料は、味覚を騙して誘惑することによって、毒を甘いものとして提供します。そして、胃にとって有益なものよりもさらに味覚の気に入るものをもっと多く生み出すことによって、喉の気に入ろうと努める間に、健康と生命を害することになるのです。

万人は、黄金時代を褒め称えます。それにもかかわらず、万人は、『わたしのもの』と『あなたのもの』を発見することによってそれを消滅させた悪党を徳とみなし、そう宣言しているのです。この悪党は、大地（それはそこに住むすべての生き物に与えられているのですが）のみならず、海、そしてもしかすると大気までをも分割し、個人のものにしました。この悪党は、法を他人の快楽のためのものにし、万人にとってじゅうぶんであったものが、一部の人たちにとって有り余り、他の人たちに不足するようにしました。その結果、前者は自らの意に反して暴飲暴食し、後者は飢え死にするのです。この悪党が、海を渡り、自然の法を破り、善意に満ちた母が分け隔てた諸民族を混ぜ合わせ、ひとつの民の悪徳を別の民へと増殖させたのです。というのも、諸徳はこのようにして増殖することはできないからです。もっとも、（それらがもたらす結果と果実があらゆる良識とあらゆる自然の理性によって弾劾されているにもかかわらず）ある種の欺瞞と習慣によって『徳』や『善』と命名され、そのようなものと信じられているものを、『徳』や『善』と呼ぶならば、話は別ですが。それは、略奪的で所有的な法の明らかな悪行と愚行と悪意です。この法は、『わたしのもの』や『あなたのもの』を定め、もっとも強い者をもっとも正しい者とし、自然と（したがって）神が無差別に万人に与えた大地の財産と部分のもっとも熱心で働き者の最初の簒奪者をもっとも価値ある者とするのです。

わたしは、こいつ〔〈労苦〉〕ほど優遇されないのでしょうか。わたしが自然の肉声から出る甘美さによって教えたことは、この現在の確実な生を静かにおとなしく満足して生きること、自然が差し出す甘美さを感謝に満ちた感情と手で受け取ること、そして自然がわれわれに与え命じることを恩知らずの輩のように否認しないことです。実際、自然の作り手である神もまた同じことをわれわれに与え命令しているので、自然に感謝しないときにはわれわれは同じように神にも感謝しないことになるのです。反乱を好み忠告を聞かず、自然の贈り物に対して反抗的で忌避的なこいつが優遇されて良いのでしょうか。こいつは、自分の思考と手を人工的な企てと機械のために用いるのですが、これらによって世界は破壊され、われわれの母の法は転倒させられたのです。聞こえないのですか。近年、世界がようやくその悪に気づいて、わたしの統治のもとで、人類が陽気に満足して治められたあの時代を思い出して泣いているのを。〈熱意〉と働き者の〈労苦〉が混乱を引き起こしながら、すべてを野心的な〈栄誉〉の刺激によって治めると公言しているこの世紀を、世界が大声で嘆きながら呪っているのが聞こえないのですか。

おお、美しい黄金時代よ、
その謂《いわ》れは、乳の川が流れ、

森が蜜を滴らせていたためではない。
鋤に触れられなくても大地が
その豊かな実りを与えていたためでもなければ、
毒も怒りもなく蛇が這いまわっていたためでもない。
暗い雲があの頃には
その覆いを拡げることなく、
暑さと寒さのめぐりくるいまとは異なり、
永遠の春の季節の中で、
空が晴れやかな光に微笑んでいたためでもなければ、
流離《さすら》う船が異国の岸辺に
戦いや商いをもたらさなかったためでもない。

ひとえにその謂れは、実体のない
あの虚ろな名が、
偽りのあのまやかしの虚像が、
愚かな民によっては
のちに名誉と呼ばれ、

ぼくたちの本性の暴君に祀《まつ》りあげられたものが、
甘い喜びに浸る
恋人たちの群れに
おのれの苦い悩みを忍び込ませなかったためであり、
その厳しい掟が
自由に馴染んだ心に知られることなく、
代わりにすばらしく仕合せな掟を
自然が定めていたためなのだ、「快いことはすべて許される」と[59]。

こいつは、このわれわれの存在の中でわれわれが得ることができる静謐や至福、あるいは快楽の影に嫉妬して、性交や食事や睡眠に法を制定しました。その結果、これらに関するわれわれの喜びが減少しただけでなく、われわれはしばしばこれらに関して苦しみ、身を苛まれることになったのです。こいつは、自然の贈り物であるものを盗品にし、美しいものや甘美なものや善きものが軽蔑され、醜悪なものや苦いものや悪しきものが評価されることを望んでいます。こいつは、世界を誘惑して、それが持っている確かな現在の善を放棄させ、未来の栄光の影のためにあらゆる殺戮に専念し没入させます。天にある星の数ほど多くの鏡によって真理が示し、かつまた美しい対象の数ほど多くの声と言語によって外部の自然が宣言していることを、わたしは内なる建造物のすべての側面から歩み出て、以下のように勧告します。

影を手放し、真理を抱きなさい。
現在を未来と交換してはいけない。
君たちは、口にくわえているものの影を求めて
川に落ちる猟犬のようだ。
賢者や狡猾な者は、別の善を得るために
善を手放そうと考えたことはない。
君たちは、天国を見出したというのに、なぜ
かくも遠く離れたものを求めるのだ。

それどころか、この世にいる間にひとつの善を失う者は
死後に別の善を希望してはならない。
というのも、第一の善を大事に守らなかった者に
天は第二の善を与えようとはしないからだ。
こうして君たちは高みに登ろうと求めることで深みに落ち、
快楽から身を離すことで、苦痛の中に身を落とす。
そして永遠の欺瞞によって、

天を熱望しながら地獄にいるのだ60。

■〈閑暇〉の三段論法

そこでモムスが答えました。「〈閑暇〉は暇がたっぷりあるのでいろいろと理屈をこねることができましたが、それらのひとつひとつに答えるほど評議会は暇ではありません。〈閑暇〉は、いまは自らの存在を利用して、三日か四日の間待機しているのがいいでしょう。そうすれば、神々が暇を見出して、〈閑暇〉のために何か決めることができるかもしれません。いまは、それは不可能なのです。」

〈閑暇〉が言いました。「モムスよ、もう一組の理屈を持ち出させてください。それは形式においては一対の三段論法からなっていますが、形式以上に内容において有効なものです。それらのうちの第一のものはこうです。男たちの最初の父が善良な男であり、女たちの最初の母が善良な女であったとき、ユピテルは彼らにわたしを仲間として与えました。しかし、彼と彼女が邪悪になったとき、ユピテルはこいつが彼らの仲間になるよう命じました。それは、彼女が腹に汗かき、彼が額を痛めるためなのです……」

サウリーノ　「彼が額に汗かき、彼女が腹を痛める」と言うべきだったでしょうに。

ソフィア　〈閑暇〉は言いました。「それゆえ、神々よ、わたしが〈無垢〉の仲間と呼ばれ、こいつが罪の仲間と呼ばれたということから帰結する結論を考察してください。似たものは似たものと、ふさわしいものは同じようにふさわしいものと連れ添う以上、わたしが徳であり、こいつが悪徳であることになります。それゆえに、このような座にわたしはふさわしく、こいつはふさわしくないのです。第二の三段論法は以下の通りです。神々が神々であるのは、彼らがもっとも至福だからである。至福な者たちが至福であるのは、彼らが勤勉や労苦を持たないからである。動かず変化しない者たちは、労苦と勤勉を持たない。そのような者たちは、自らのもとに閑暇を持つ者たちに他ならない。それゆえに、神々が神々であるのは、彼らが自らのもとに閑暇を持つからである。」

サウリーノ　このことについてモムスは何と言ったのでしょうか。

ソフィア　アリストテレスの論理学を学んだために、第四の型で議論に答えることを習わなかったと言いました[61]。

サウリーノ　それでは、ユピテルは何と言ったのでしょうか。

ソフィア　〈閑暇〉が言い、彼が聞いたことすべての中で、〈閑暇〉が善良な男と女の仲間であったことについての最後の理屈しか覚えていないと言いました。このことを聞いて、ユピテルは、馬はロバと一緒にいるからといってロバではなく、羊はヤギと一緒にいるからといってヤギではないということを、思い浮かべたとのことです。

■ユピテルの返答

そして、次のように言いました。「神々は人間に知性と手とを与えた。そして、他の動物を超える能力を与えることによって、人間を自分たちと似たものにした。この能力は、通常の自然にしたがって働くことができるだけでなく、それ以外に、自然の法を超えて働くこともできる能力である。そして、この能力が授けられた目的は、他の自然、他の事物、他の秩序を、才能と自由（後者は、人間を神々の似姿にするために不可欠である）を用いて形成すること（あるいは形成できること）によって、人間が地上の神として君臨し続けるためである。この才能は、暇になると、まちがいなく無益で虚しいものになるが、それはちょうど見ることを止めた目やつかむことをしない手が無駄であるのと同じである。そして、この理由のために、摂理は次のことを定めた。すなわち、人間が実践なしに観想し、観想なしに実践することがないように、手によって実践に従事し、知性によって観想に従事するように定めたのだ。したがって、黄金時代において人間は、〈閑暇〉のために獣程度の徳しかもたず、おそらく、多くの獣よりも愚かであったであろう。

さて彼らが神的な活動へと競い合い、霊的な情念を獲得するようになると、そのことを通じて困難が生じ、必要性が持ち上がり、才能が研ぎ澄まされ、産業が発明され、技術が発見されるようになった。そして、日々つねに困窮を通じて、人間の知性の真奥から新しい驚嘆すべき発明が生まれたのだ。それゆえに人間は、熱心で執拗な仕事を通じて獣の存在から遠ざかれば遠ざかるほど、より高く神的な存在へと近づくのだ。仕事熱心さとともに増大する不正と悪意について、おまえは驚くべきではない。というのも、もしも牛や猿が人間と同じほどの徳と才能を持つとしたら、彼らは同じ心配、同じ感情、そして同じ悪徳を持つことになるのだから。このようなわけで、人間たちの中でもブタやロバや牛の性格を持っている者はたしかに邪さが少なく、多くの犯罪的な悪徳を持つこともない。しかしだからといって、彼らがより有徳なわけでもない。もっとも、それほど多くの悪徳を持たない獣が彼らよりも有徳だというのなら、話は別だがね。けれども、雌ブタが一年に一度だけ雄ブタを背中に乗せるからといって、われわれは雌ブタの節制の徳を称賛しない。それに対して、われわれが称賛を与える婦人は、生殖の必要性ゆえに自然から一度だけ刺激を受けるのではなく、快楽に気づいたために、彼女自身も行為の目的になろうとして、自らの考えに何度も刺激を受ける婦人なのだ。また、雌ブタや雄ブタが愚かさと粗雑な体質ゆえに肉欲によってまれにしか、そしてわずかの感覚しか伴わずに、刺激されないからといって、われわれはそれを称賛しない。そして同じことは、冷感症で病的な人間や障害を持つ人間にも言えるのだ。われわれは節制をそれとは別のしかたで考えなければならない。それは、より穏やかで、より生育が良く、より純真で、より鋭敏で、洞察力に富んだ体質の持ち主において真の節制であり、真の徳なのだ。それゆえに、諸国について一般論を語るならば、徳はドイツにはほとんどなく、フランスにはかなりあり、イタリアにはもっとあり、リビアにはさらにあるのだ。それゆえに、もしもおまえが深く考察するならば、少年たちに対する薄汚い愛への生まれつきの性向があるという人相学者の判断にソクラテスが同意したとき、彼は彼の弱点を明らかにしたのではなく、彼は節制ゆえにより多く賞賛されることになったのだ。」

「それゆえに」、とユピテルは続けました。「〈閑暇〉よ、こういうわけで、もしもおまえがこのことから考えるべきことを考えるならば、おまえの黄金時代には、いまほど悪徳の持ち主がいなかったからといって、人間が有徳であったわけではないということがわかるだろう。実際、悪徳を持たないということと有徳であるということの間には大きな相違があるのだ。もしも同じ熱意や才能、性向や体質がないところには同じ徳はないということが考慮されるならば、悪徳の不在から有徳がこのように安易に引き出されることはないのだ。それゆえに、われわれと同じ悪徳を持つとみなすことができないために、野蛮人や野生人のほうがわれわれ神々よりも優れていると考えるのは、狂人や愚鈍な人間だけなのだ。実際、もしも野蛮人のほうがわれわれよりも優れているならば、これらの人間よりもさらに悪徳を見出されることが少ない獣のほうが、彼らに輪をかけて善良であるということになるだろう。それゆえに、〈閑暇〉と〈眠り〉よ、おまえたちの黄金時代において、おまえたちが時にある種のしかたで悪徳ではないということはあり得るだろう。しかし、おまえたちが徳であるということは、けっしていかなるしかたにおいてもないのだ。だから、おまえ〈眠り〉が眠りでなく、おまえ〈閑暇〉が仕事であるときに、おまえたちは徳の中に数えられ、高められることになるだろう。」

■〈眠り〉の失態

そのとき、〈眠り〉が歩み出て、何度か目をこすり、無駄にやってきたように思われないようにと、彼自身も元老院の前で少し話し、何らかの小さな提案をしようとしました。モムスは〈眠り〉がこのように優美にゆっくりと歩みを進めるのを見ました。〈眠り〉は、〈逡巡〉の女神の優雅な美しさに捉えられていました。彼女は、太陽の前の暁光のように彼の前を進み、前口上を言おうとしていました。そして、〈眠り〉は神々の目の前で彼の愛を明らかにする勇気がなかったので（というのも、侍女を愛撫することは許されていなかったのです）、彼女が主人を愛撫し、（熱い息を吐いた後で）彼により多くの尊敬と栄誉を与えようとして、一字一句はっきり発音しながらこう言いました。

〈万物を憩わせる眠りよ、このうえなく穏やかな神よ、
心の安らぎよ。あなたこそは悩みを遠ざけ、苦しい仕事に
疲れた体を慰めて、次の仕事への備えをさせてくれるのです〉62。

非難の神〔モムス〕が長広舌を再開しようとしたとき（彼はいま言った理由によって彼の義務を忘れていたのです。）、

〈眠り〉は、これほど多くの賞賛の言葉に魅了され、〈逡巡〉の声の音にメロメロになって、彼の内臓に住んでいた〈熟睡〉を接見へと招きました。〈熟睡〉は胃の中に住居を持つ煙に合図した後に、みなと一緒に〈眠り〉の脳へと上昇し、頭を重くし、そのことによって感覚を麻痺させました。さて、〈いびき〉が縦笛とトロンボーンの音を出している間に、〈眠り〉はふらふらと歩いて、体を曲げて、ユノ夫人の膝に頭を置きました。そして、このように体を傾けたとき、(この神はズボンをはかずに、いつもシャツだけで歩いているので)シャツが短すぎたために、彼は尻と肛門と陰茎の先端をモムスとそこにいた他の神々に見せたのです。この機会を捉えて〈笑い〉が闖入し、元老院の眼前に数多くの小骨(これらはすべて歯でしたが)の姿を晒け出しました。そして、多くの哄笑からなる不調和な音楽を奏でながら、モムスの話の糸を切りました。モムスは〈笑い〉に対して怒ることができないので、憤慨のすべてを、彼を挑発した〈眠り〉に向けました。そして、モムスは〈眠り〉に一瞥も加えずに、彼に洋ナシとヤコブの棒とともに下剤を仰々しく差し出したのですが、それは〈眠り〉のふしだらで色っぽい〈語り口〉に対して最大の軽蔑を示すためだったのです。モムスは、〈眠り〉の状態だけではなく、彼に生じた奇妙な事件も、神々によって笑われたことに、ちゃんと気づいていました。実際、〈眠り〉という役者によって、彼自身も喜劇に巻き込まれてしまったのです。それゆえに、〈恥〉が彼の顔を赤い覆いで覆いました。

モムスは言いました。「誰がこのヤマネを連れ去るのですか。誰がこの恥ずべき鏡をわれわれの目に差し出されたままにしているのですか。」

そうこうしているうちに、〈怠け癖〉の女神はモムスの怒気を含んだ文句に動かされて(モムスは天にいる神々の中では身分が低くないのです。)、彼女の夫を抱きかかえました。そして、彼女は夫をそこからすぐに連れ去り、キンメリア人たちの国の側にある山の洞窟へと連れて行きました。すると彼らと一緒に彼らの三人の息子たち、モルペウスとイケロスとパンタソスも立ち去りました[63]。彼らが直ちに移った場所には、大地から靄が絶えることなく吐き出され、大気に永遠の黄昏をもたらしています。そこでは風は吹かず、無言の〈静寂〉が〈眠り〉の王宮の側に宮殿を持っています。王宮の前庭の前には、イチイやブナや糸杉やツゲや月桂樹の庭があります。王宮の真ん中には泉があります。その源流は、レテの川の急流から発し、暗黒の冥界から大地の表面へと向きを変えて、この泉の場所で外界に姿を現しているのです。この場所で〈怠惰〉とその息子たちは、眠りについた神を寝床に就かせました。この寝床の台は象牙から、マットレスは羽毛から、天蓋は大理石の色の絹からできています[64]。そうこうしているうちに、〈笑い〉が別れを告げ、会議から去りました。そして、神々の口と顎はようやくもとの秩序を取り戻したのです。実際、彼らの幾人かはあやうく顎を外すところだったのですから。

■閑暇の家の住民たち

〈閑暇〉は一人そこに残っていましたが、神々の判定が彼にとってあまり好意的でないのを見て、どうにかすればこれ以上有利になるという希望を失いました。というのも、彼のほとんどすべての主要な論点は受け入れられず、多くは地上に頭からたたきつけられ、強い勢いではね飛ばされたため、いくつかはやっとのことで生き、いくつかは割れ、いくつかは首を折り、いくつかはちりぢりに砕けたからです。そして、〈閑暇〉は、彼の仲間に起きたのと似た何らかの恥ずべき不名誉が生じて、モムスが非難を強める前に、そこから逃げ出そうとじりじりしていたのです。

しかし、モムスは〈閑暇〉が他の神に生じたことが自分にも起きるのではないかと恐れているのを見て、彼に言いました。「かわいそうに、心配することはないよ。わたしは運命によって、貧しい者たちの弁護人と定められており、おまえの弁護をするつもりだから。」そして、ユピテルに向かって言いました。「父よ、〈閑暇〉の訴えを巡るあなたの言葉から、あなたが彼の存在、彼の部屋、彼の従者と取り巻きについてじゅうぶんにご存じないことがわかりました。もしもあなたが彼の取り巻きを知ったならば、たとえ彼が〈閑暇〉として星々の中に座を占めることをあなたがお望みでないにしても、少なくとも彼が、〈仕事〉として、彼の敵と言われ、そう思われてきた者と互いを害することなく、永遠に一緒に住み続けることをきっとお望みになると思います。」

ユピテルの答えは、〈閑暇〉の愛撫に少しでも喜ぶことがない人間も神もいないのだから、彼は〈閑暇〉を正しく満足させることができる機会を求めており、〈閑暇〉が自らに有利な何らかの力強い訴えをするならば喜んで耳を傾けよう、というものでした。

モムスは言いました。「ユピテルよ、閑暇の家では、実践的生に関しても閑暇が存在するとお考えですか。そこでは、数多くの小間使いと従僕が朝早く起き、五、六種類の水によって三、四回顔と手を洗い、熱い鉄とシダの樹液で髪にカールをかけるのに二時間を費やしています。彼らはこのことによって高貴で偉大な摂理を模倣しているのです。髪の毛一本たりとも、この摂理によって、それが自らの理にかなって配置されるようにと、検査されないものはないからです。そこでは、上着はたいそう入念に整えられ、ひだ襟のひだはたいそう巧妙に秩序づけられ、ボタンはたいそうな節度をもって留められ、袖はたいそう優美に調整され、爪はたいそう精巧に洗われて磨かれ、ズボンと上着はたいそうな正義と公正をもって統一され、レースの結び目はたいそう用心深く結ばれます。そこで、人は靴下を整えるために、たいそう熱心に手のひらで何度も撫でます。ズボンの足の開口部が膝の折れる部分で靴下と一緒になる場所で、境界をたいそうな均整をもって調和させます。そして、靴下が緩くなって皺を作ったり足と不釣り合いになったりしないようにと、ガーターのきつい留め金をたいそう忍耐強く我慢するのです。そこでは、『靴を足に合わすのは優美でも適切でもないので、大きく、曲がって、ごつごつして、粗野な足を、きつい、まっすぐな、きれいで優雅な靴に無理に合わすべきである』と、判断力が、困難を愛するあまり、決定します。そこで人は、たいそう優美な足取りで歩き、姿を見られようとして町中を歩きまわり、婦人たちを訪問して会話をし、踊り、跳ね、駈け、体を揺すり、テレスカを踊ります。そして、これらの活動にくたびれて他にすることがないときには、過ちを犯す不都合を避けて、より多くの力と労力を必要とする他の遊びから遠ざかって、テーブルゲームをしようと席に着きます。そして、このようにして、すべての罪を（もしもそれらが七つの大罪以外の何ものでもなければですが）避けるのです。ジェノヴァの賭博者がこう言っているではありませんか。『伯爵との賭で百スクード失った後で、従僕から四レアルを勝ち取ろうと賭をし始める男が、いかなる〈傲慢さ〉を持つというのだろうか。千スクードが八日ともたない男が、いかなる〈吝嗇〉を持つというのだろうか。精神の全注意を博打に傾けた男に、いかなる〈肉欲〉と肉体的な〈愛〉があるというのだろうか。仲間が賭博から去るのを恐れて千の中傷に絶え、目の前の傲慢な男に対して親切に忍耐強く答える男に、どのようにして〈怒り〉の罪をとがめることができようか。自分の賭事にすべてを支出し、全精力を費やす男が、どのようにして大食漢であることができようか。自らの財産を投げ出し、軽蔑しているように見える男に、他人の財産へのいかなる〈羨望〉があるというのだろうか。正午から、時には朝から始めながら真夜中まで賭博をやめない男に、いかなる〈倦怠〉

があるというのだろうか。そして君は、彼がこの間に、従者たちや、神殿や市場やワインの貯蔵庫や台所や厩やベッドや売春宿で彼を助ける人たちを、暇にさせていると思うのか。』と。

ユピテルとその他の神々よ、閑暇の家には、先に言った仕事に従事する人たち以外にも、学問に従事する博学な教養人たちも存在するということをご覧に入れるために、質問させてください。閑暇の家では、人は観想的生に関して暇であると思いますか。実際、そこでは、たくさんの文法家たちが、名詞と動詞のどちらが最初にできたのかについて議論しています。なぜ形容詞は名詞の前に置かれたり後に置かれたりするのでしょうか。なぜ文の中で、たとえば et のようなある種の接続詞は前に置かれ、que のような別の接続詞は後ろに置かれるのでしょうか。どうしてEとDは、棒を加えて、Dを真ん中で割ると、嫉妬ゆえにロバを殺したあのランパサコスの神〔バッカス〕の肖像を見事に作ることになるのでしょうか[65]。「プリアペア」という本の正当な著者は誰でしょうか。マントヴァのマロー〔ヴェルギリウス〕でしょうか、スルモネのナソー〔オウィディウス〕でしょうか。これらに似たより繊細な問題には言及しないことにします。

そこでは、たくさんの弁証家たちが、以下の様々なことを探求しています。『ポリフィリウスの弟子のクリソロラスが金の口という意味の名を持つのは、そういうふうに生まれたからなのか、名声を意味するためか、あるいはたんにそういう名前が付いていただけなのか』『「命題論」が「カテゴリー論」の前に置かれるのか、後に置かれるのか、あるいは前後どちらにでも〈任意に〉置かれるのか』『不特定な個物は、第六の述語となり得るものの中に数えられるべきか、あるいは種の盾持ちや類の裳裾持ちのようなものなのか』『三段論法の形式を身につけた後で、判断の術を完成されるのに必要な『分析論後書』の研究にまず従事するべきか、あるいは発見の術の完成に役立つ「トピカ」にただちに進むべきか』『詭弁を用いる必要があるのは、〈使用のためか、逃走のためか、悪用のためか〉』『様相命題を形成する様相は、四か四十か四百か』。その他の数え切れない美しい質問については話すつもりはありません。

そこでは、自然学者たちが以下のことを疑っています。『自然の諸事物に関して学問は存在し得るか』『基体とは動的な存在者ないし動的な物体か。それとも、自然の存在者ないし自然の物体か』『質料は、存在的な現実態以外の現実態を持つか』。『自然と数学が一致する線はどこにあるか』『創造ないし制作は、無からであるか否か』『質料は形相なしに存在し得るか』『複数の実体的な形相は一緒に存在し得るか』。その他にも無数の似たような問題について彼らは疑っています。これらの問題は、無益な探求によって問いに付されなければ、じつは明白きわまりないものなのですが。

そこでは、形而上学者たちが以下のことについて頭を砕いています。『個別化の原理について』『存在者であるかぎりにおける基体としての存在者について』『数論の数や幾何学の大きさは事物の実体でないことを証明することについて』『イデアがそれ自体として実体的存在を持つということが真なるかどうかについて』『存在は、実体的に見た場合と客体的に見た場合、同一なのか、相違するのか、について』『存在と本質について』『偶有性は、ひとつの基体に存在するときと複数の基体に存在するときとでは、数において同じなのか、について』『存在者の多義性と一義性と類比について』『英知的存在が星々の球体に接するのは魂としてか、あるいは動者としてか』『無限の力は有限の大きさを持ち得るか』『第一動者はひとつか複数か』『従属的な原因の階梯の進展は有限か、無限か』。そして、たくさんの模倣者たちを熱狂させ、ソフィストの大御所たちの脳髄をしぼるその他の多くの似たような事柄について、彼らは頭を砕いているのです。」

そこで、ユピテルが言いました。「モムスよ、どうやら〈閑暇〉はおまえを味方にしたか、おまえに賄賂を与えたようだ。おまえはこのようにのんびりと話に時間を費やしているのだからね。いいから結論を言いなさい。この者についてなにをするべきかについて、われわれはすでに決定しているのだから。」

モムスは言いました。「それならば、この神の家で働いている他の無数の忙しい人々のことは言わないことにしましょう。例えば、世間の評判も顧みずに詩人とみなされたがっている多くの虚しいへぼ詩人たちや、多くの寓話作家たちや、古い歴史（それは、数え切れない人々によって、数え切れない回数、数え切れないほどよりよく報告されているのですが）の多くの新しい報告者たちについては言わないことにしましょう。代数学者たちや、円を四角形で測る者たちや、形の研究者たちや、方法論者たちや、方言の改良者たちや、正書法の導入者たちや、生と死の観想者たちや、天国への真の御者たちや、（たいへん有益な加筆とともに最近改訂版が再版された）永遠の生への新しい傭兵隊長たちや、より良いパンと肉とワイン（ソッマのギリシャ・ワインやカンディアのマルヴァシア・ワインやノラの辛口のワインにも勝るものです）の新しい使者たちについても言わないことにします。運命や選択に関する、肉体が至るところに存在し得ることに関する、吸血鬼の中に見出される正義の卓越性に関する、美しい瞑想についても言わないことにします。」

そのときミネルヴァが言いました。「お父様、もしもこのおしゃべりの口を閉ざさないならば、われわれは一日を空虚な話で浪費することになるでしょう。そして、われわれの主要な仕事を今日中に終えることはできなくなるでしょう。」

■ 閑暇の使命

そこで、ユピテルがモムスに言いました。「おまえの皮肉について理屈を捏ねている時間はない。しかし、〈閑暇〉よ、おまえの追放に話を戻すと、賞賛すべき熱心な〈閑暇〉は〈熱意〉と同じ王座に座るべきであり、座ることになるのだ。というのも、労苦は閑暇によって統制され、閑暇は労苦によって調整されなければならないからだ。閑暇のお蔭で、労苦はより理にかなった、迅速な、準備の整ったものになるべきだ。なぜならば、労苦から労苦へと移るのは困難なことだからだ。あらかじめ沈思され熟慮されていない行為が良くないように、閑暇によってあらかじめ沈思されていない行為は価値がないのだ。同様に、閑暇から閑暇へと移ることも、甘美で快いことではあり得ない。というのも、労苦の胎内から生まれ出ることなしには、閑暇はけっして甘美であることはできないからだ。それゆえに、〈閑暇〉よ、ふさわしい仕事の後に続かないときには、おまえはけっして快いものではあり得ないのだ。わたしは、卑しく怠惰な閑暇が（それが賞賛すべき活動と仕事の後に現れないかぎり）寛大な心にとって、持つことができる最大の労苦になることを望む。おまえは、〈老年〉の主人となり、〈老年〉がしばしば目を内面に向けるように仕向けるがいい。そして、もしも〈老年〉がふさわしい足跡を残さなかったときには、〈老年〉をわずらわしく悲しいものにするがいい。そして、ラダマントゥスの容赦ない裁判へと連れて行かれ、そこで判決を受ける時期が間近に迫っているという不安で〈老年〉を苛むがいい。このようにして、〈老年〉は、死が来る前に死の恐怖を味わうがいい。」

サウリーノ　この点に関するタンシッロの言葉は見事なものです。

過去は取り戻すことができないがゆえ、
後悔に匹敵するほどの悪しき状態を
世界は持つことができないと
君たちに誓う者を信じなさい。
後悔はみな苦痛をもたらすとはいえ、
われわれをもっとも強く襲い、打ちすえ、
治癒できない傷を刻印するのは、
人が多くをなすことができたのに、何もしなかったときのもの[66]。

ソフィア　ユピテルは言いました。「〈閑暇〉の部屋の中で生じる無益な仕事（その中の何人かの仕事についてはモムスが語ったばかりだが）の顛末がますます悲しいものであって欲しいものだ。いかなる仕事も生じさせることができなかった、大きな煩わしさと苦難を世界に生じさせたあの忙しい暇人たちに対して、神々の怒りが重く伸し掛かって欲しいものだ。これらの忙しい暇人たちは、人間の生のすべての高貴さと完成を単なる暇な信心と空想に変えたいと望んでいる。そして、熱意および正義の業を賞賛するにもかかわらず、それらのお蔭で人間はより善くならない（たとえそのように見えたとしても）と主張し、悪徳と怠惰を弾劾するにもかかわらず、それらのせいで人間が以前よりも神々の恩恵を受けなくなり、事態がいっそう悪くなることはないと言うのだ[67]。怠惰で無益で有害な〈閑暇〉よ、天において、天上の神々によって、おまえの部屋が用意されると期待してはならない。おまえの部屋は、冥界において、厳格で無慈悲なプルートーの従者たちによって用意されるのだ。」

さて、〈閑暇〉がたいそうのんびりと歩み去り、いくらせっつかれてもほとんど動かなかったことについては、言及するつもりはありません。〈閑暇〉は、〈必然性〉に蹴られて、いやいやそこから去りましたが、その際に、評議員が集会から去るための期限として彼に数日を与えなかったことについて嘆いていたのです。

第二部　古代エジプト人の英知

■〈トリプトレモス〉の追放と〈人間性〉の導入

そのとき、サトゥルヌスがユピテルに以下のお願いをしました。すなわち、夕方が近づいているので、他の席の配分においてはもっと迅速にして欲しいということ。取り除いたり配置したりするという主要な仕事だけに注意を払って欲しいということ。そして、女神たちやその他の神々の徳を支配するのに必要な秩序については、パンテオンの前夜にあたる、神々が再度会合する次回の主要な祝祭において決定して欲しいということ。これらのお願いをしたのです。この提案に対して、他のすべての神々が首肯しました。もっとも、〈性急さ〉と〈不和〉と〈時期尚早〉と他の神々は別ですが。雷鳴を司る神は「わたしもそう思う」と言いました。

すると、ケレスが言いました。「さあ、それでは、あすこに見える御者である、わたしの〈トリプトレモス〉をどこに遣わしましょうか。わたしは彼のために小麦のパンを人間たちに与えたのです。わたしが彼を二つのシチリア[68]の一区域に送り、そこに住まわせましょうか。この領域には、彼が熱心な働きによってわたしに捧げたわたしの神殿が三つあるのですから。すなわち、ひとつがプリアに、もうひとつがカラブリアに、もうひとつがトリナクリア〔シチリア島〕自体にあるのです。」

ユピテルは言いました。「娘よ、おまえの信奉者にして従者のことは、おまえの好きに任せるとしよう。そして、神々よ、もしもおまえたちが望むならば、われわれの言語で女神〈人間愛〉と呼ばれている、〈人間性〉がその座を相続するべきだ。この御者は彼女を最大限に体現していたように思われるからだ。加えて、ケレスよ、おまえが彼を派遣したのも、彼女に促されてのことだった。また、その後も、彼が人類に対するおまえの善行を実現する際に、彼女は彼の導き手であったのだ。」

モムスが言いました。「まさにその通りです。栗やソラマメやドングリの時代には手が届かなかった、たいそう見事な血液〔ワイン〕をバッカスが、たいそう見事な肉〔小麦〕をケレスが人間世界に作ったのは、彼女に促されてのことなのです。それゆえに、〈人間嫌い〉が〈困窮〉とともに彼女の前を逃げ去るがいい。そして、それが習わしであり、かつまた理にかなっているように、彼女の馬車の二つの車輪のうち、右は〈援助〉、左は〈相談〉であるがいい。そして、その長柄を曳く二匹の穏和な竜のうち、左は〈寛容〉、右は〈好意〉であるがいい。」

■〈蛇遣〉の追放と〈聡明さ〉の導入

次にモムスは、〈蛇遣〉をどうしたいのかについてメルクリウスに尋ねました。というのも、モムスは、〈蛇遣〉を南イタリアの詐欺師にさせるのが適材適所なことであると思っていたからです。〈蛇遣〉は、多くの毒蛇を平然と優雅に扱うことができるのですから。次にモムスは、輝けるアポロンに対して、キルケやメデアのような彼の魔術師や妖術師たちが毒殺を実行するために、あるいはアスクレピオスのような彼の医者が毒消しを使うために、蛇を用いるつもりがないか、尋ねました。さらにモムスは、ミネルヴァに対して、彼女の敵のラオコーンのような人間が蘇ったときに、この蛇を送って復讐させるつもりはないか、尋ねました。

神々の偉大なる父は言いました。「蛇も〈蛇遣〉も望む者が取り、好きなように用いるがいい。彼らがそこから取り除かれ、その場所を〈聡明さ〉が継承すればいいのだから。〈聡明さ〉は、蛇に見出され、驚嘆されるのが習わしだからだ。」

すべての神々が言いました。「それでは、〈聡明さ〉が跡を継ぐがいいでしょう。彼女は、彼女の姉妹である〈賢慮〉に劣らず、天に値するのですから。というのも、〈聡明さ〉は、ある計画を実現するためには何をするべきであり、何をしてはいけないかについて、命令し、秩序づけるのですが、〈賢慮〉は、彼女に固有の良き知性を通じて、このことをあらかじめ知っており、そのうえで判断を下すからです。そして、〈聡明さ〉は、〈粗野〉や〈無思慮〉や〈鈍感〉を、物事が疑われ審議される広場から追い払うべきです。そして、知恵の器から知を飲み、〈賢慮〉の諸々の行いを身籠もり、産み出すべきなのです。」

■〈矢〉の追放と〈注意〉の導入

モムスはいいました。「〈矢〉については、わたしはそれが誰のものかを知りたくてたまりません。これは、アポロンが巨大なピトンを殺すのに使った矢でしょうか。それとも、ヴェヌス婦人が彼女の小さな怠け者〔愛神クピド〕によって凶暴なマルスを傷つけたときに使った矢でしょうか。マルスは、その後、この残酷な女性への復譬として、彼女の下腹に短剣を柄《つか》まで刺したのですが。あるいは、アルキデス〔ヘラクレス〕がスティンファロスの鳥たちの女王を殺したときに使った矢でしょうか。あるいは、それによってカリュドンのイノシシが最後に倒れた矢でしょうか。あるいは、純潔なディアナの何らかの勝利の遺品ないし記念碑でしょうか。それが何であれ、その所有者はそれを取り上げ、好きな場所に置くがいいでしょう。」

ユピテルはいいました。「よろしい。〈策略〉や〈誹謗〉や〈中傷〉や〈嫉妬〉や〈悪口〉とともに、それをその場所から取り除きなさい。そして、節度ある意図による、良き〈注意〉や〈遵守〉や〈選択〉や〈照準〉がその跡を継ぐようにしなさい。」

■〈ワシ〉の追放と〈雅量〉の導入

そして、ユピテルはさらに言いました。「〈帝国〉の類型である、神的で英雄的な鳥、〈ワシ〉については、以下のように決定する。それは、生身のまま、酔っぱらいの国ドイツに移り住むがいい。それは、その地で、他の場所におけるよりも多く、形や姿や像や似姿において、瞑想的なドイツの目に見える空の星々と同じほど多くの絵画や彫像や版画において、賞賛されることになるだろう。〈帝国〉は、〈野心〉や〈自惚れ〉や〈無謀〉や〈迫害〉や〈専制〉やこれらの女神たちの他の仲間と従者たちを一緒に連れて行く必要はない。その土地はそれ自体としてはあまり大きくないので、これらの女神たちはみな手持ちぶさたになるだろうから。彼女たちは、この愛すべき気高い国から遠く離れて飛び去るべきなのだ。この国では、盾は椀であり、兜は深鍋と洗面器であり、剣は塩漬けの肉のさやを持つ骨であり、トランペットはグラスと杯とジョッキであり、太鼓は大樽と小樽であり、戦場は飲食のテーブルであり、砦と土塁や城や要塞は部屋よりも数が多い酒場やビアホールや食堂なのだ。」

ここでモムスが言いました。「偉大なる父よ、お話しを中断することをお許し下さい。わたしには、これらの女神の仲間や従者たちは、あなたが彼女らをそこに送らずとも、そこにいるように思われます。実際、ブタになることにおいて万人に勝ろうとする〈野心〉や、喉が上から下へと送ることができる以上のものを上から受け入れようとする腹の〈自惚れ〉や、ただちに吐かざるを得なくなるものを虚しく消化しようとする胃の〈無謀〉や、感覚と自然の熱に対する〈迫害〉や、植物的、感覚的、そして知的な生の〈専制〉が、この地球の他のすべての場所における以上に、このひとつの場所で支配しているのです。」

メルクリウスが言いました。「モムスよ、たしかにそうですね。しかし、この種の〈専制〉や〈無謀〉や〈野心〉や他の同類の悪しき女神たちは、彼女らの悪しき神霊たちとともに、ワシに属してはおらず、ヒルや大食漢やムクドリやブタに属しているのです。次に、ユピテルの判決について言えば、それはこの王的な鳥の状況と生と本性に対してたいそう危険なものに思われます。この鳥は、少ししか飲まないが大食であり、明るい澄んだ目を持ち、飛ぶのが速く、軽やかな翼で天へと飛翔し、乾燥した岩だらけの高い頑強な場所に住んでいます。ですから、田舎者たちとうまく付き合うことができないでしょう。彼らのズボンは二重の重さを抱えていて、それが彼らを大地の深く薄暗い中心へとつよく引きずり下ろしているのですから。しかも、彼らは、たいそう愚鈍なので、追跡や逃走に向いていないだけでなく、戦の際に守りを固めるにも適していないのです。彼らの大部分は眼病で、彼らは食べるよりもはるかに多く飲むのです。」

ユピテルは答えました。「わたしは言ったことを変えるつもりはない。わたしが言ったこととは、〈ワシ〉が自らの肖像を見るためにそこに生身のまま姿を現すということであり、牢獄に閉じ込められているかのようにそこにいなければならないということではない。また、他のよりふさわしい理由ゆえにワシの精神に真に合致したあらゆる場所に、先の述べた神々とともに〈ワシ〉がいてはならないとも、言っていない。そして、〈天における〉この栄光に満ちた座を、〈ワシ〉は、それが代理を務めていたすべての徳に残すがいい。それらの徳とは、女神〈雅量〉であり、〈豪華〉であり、〈寛大〉であり、他の姉妹や従者たちのことだ。」

■〈イルカ〉の追放と〈慈愛〉の導入

ネプトゥーヌスが言いました。「それでは、あの〈イルカ〉はどうしましょうか。お望みならば、それをマルセイユの海に置きましょうか。そうすれば、〈イルカ《デルフィーノ》〉はそこからローヌ川を行き来して時々ドーフィネ《デルフィナート》地方を訪れることができるでしょう。」

モムスは言いました。「すぐにそうするべきです。というのも、正直言って、もしも誰かが〈天にイルカを、波にイノシシを描いた〉ならば、そのことは〈森にイルカを、波にイノシシを描いた〉のに劣らず笑止千万なことだと思われるからです[69]。」

ユピテルは言いました。「ネプトゥーヌスの気に入った場所に、〈イルカ〉は行くがいい。そして、姿を持った〈慈愛〉と〈愛想〉と〈義務〉が彼らの仲間や従者たちとともに、その場所を継ぐがいい。」

■〈天馬〉の追放と〈神的狂気〉の導入

するとミネルヴァが以下の要求をしました。すなわち、〈天馬〉である馬が二十の明るい点を離れて、〈好奇心〉とともに馬の泉[70]へ行くようにして欲しい。この泉は、牛やブタやロバどもによって長い間かき混ぜられ、破壊され、濁ったものにされてきたからである。そこで〈天馬〉は、蹴ったり噛みついたりすることによって、このように野卑な集まりに対してこの土地のために復讐に努めなければならない。そうすれば、泉の水が良い状態に戻されたのをムーサの女神たちが見て、そこに戻って彼女たちの学寮を創り学位を授けることを自らにふさわしいこととみなすようになるからである。そして、〈神的狂気〉や〈恍惚〉や〈熱狂〉や〈預言〉や〈勉学〉や〈才能〉がそれらの同類や従者たちと天のこの場所を継ぐべきである。そして、そこから永遠に神的な水が人間たちへと垂れ落ち、彼らの精神を洗い清め、情念の渇きを癒すがいい。——このように、ミネルヴァは要求したのです。

■〈アンドロメダ〉の追放と〈希望〉の導入

ネプトゥーヌスが言いました。「（あなた方神々が同意するならば）この〈アンドロメダ〉を取り除いてください。彼女は、〈無知〉の手によって、邪悪な理屈と偽りの意見の鎖で、〈頑迷〉の岩に縛られています。そして、不安定な嵐の海の中を行き来する、破滅と最終的な滅亡のクジラに呑み込まれようとしているのです。彼女は、熱心で働き者で注意深いペルセウスの配慮と友愛に満ちた手の中へと委ねられるべきです。ペルセウスは、彼女をそこから解放して連れ出し、不名誉な鎖から彼自身のふさわしい妻へと彼女の地位を高めるべきなのです。そして、星々の間にある彼女の場所を誰が継ぐべきかについては、ユピテルが決めるべきです。」

神々の父は答えました。「わたしは、その場所を〈希望〉に継がせたい。彼女は、何らかの目的を感じ取ることができるすべての心を（自らの仕事と労苦に値する成果を期待させることによって）燃え上がらせる。そして、それを妨げるほど厳しく困難なことは何も存在しないのだ。」

パラスが答えました。「人間の胸のあのもっとも聖なる盾が、善のすべての建造物のあの神的な基盤が、〈真理〉のあのもっとも安全な防御が、跡を継ぐがいいでしょう。彼女〔〈希望〉〕は、いかなる奇妙な出来事によってもけっして幻滅しません。なぜならば、彼女は自らの内に自らに固有の充足性の種子があるのを感じているからです。これらの種子は、いかに強い打撃によっても彼女からは奪い取られることがないのです。スティルポンが敵の勝利に打ち勝ったと言われているのも、彼女のお蔭です。彼は、祖国と家を妻と子どもたちと財産を灰にした炎から逃れたときに、デメトリウスに次のように答えたのです。すなわち、彼はすべてのものを自分のもとに持っている。なぜならば、彼は自分のもとにあの〈剛毅〉、あの〈正義〉、あの〈賢慮〉を持っており、それらを通じて彼は彼の人生の慰安や休息や支えをよりいっそう希望し、またこの人生の甘美なものをよりたやすく軽蔑することができるからである。こう彼は答えたのです。」

■ 円積問題に関する考察

モムスが言いました。「話題を変えて、あの〈三角形〉ないし〈デルタ〉をどうするかについて直ちに検討することにしましょう。」

槍を持ったパラスが答えました。「それがクーサの枢機卿〔ニコラウス・クザーヌス〕の手中に置かれるのがふさわしいと、わたしには思われます。そうすれば、彼はそれを用いて、悩める幾何学者たちを、円を四角形によって測定するというううんざりする探究から解放することができるかもしれません。その際、彼は、最大の形と最小の形（すなわち、最小の数の角から成る形と最大の数の角から成る形）を釣り合わせ、一致させるという彼の神的な原理に、円と三角形を従わせることでしょう。それゆえに、彼はこの三角形を、それを内包する円とそれによって内包されたもうひとつの円と一緒に描くがいいでしょう。そして、これら二つの線（その中のひとつは、中心から、内側にある円と外側にある三角形との接点へと引かれており、もうひとつは、同じ中心から、三角形の角のひとつへと引かれています）の関係から、あのじつに長い間成果なしに探求されてきた円積問題を解決することになるでしょう（**図1参照**）。

ここでミネルヴァが立ち上がり、言いました。「わたしは、ムーサたちに対して慇懃さを欠いていると思われないために、この贈り物やいままで与えられた他の贈り物よりも比較にならないほど偉大ですばらしい贈り物を、幾何学者たちに贈ろうと思います。この贈り物は最初にノラの人に示され、それは彼の手を通じて大衆へと広められることになっているのですが、それに対して彼はわたしにいくら感謝の犠牲を捧げても足りないのです。というのも、最大のものと最小のもの、外的なものと内的なもの、原初と終局の間に見出される等しさを熟考させることによって、わたしは彼に、より豊穣で、より豊かで、より開かれた、より確実な道を提示するからです。この道は、どのようにして四角形が円と等しくなるのかを示すだけに留まらず、それ以外にも、あらゆる

図1

三角形、あらゆる五角形、あらゆる六角形、そして最終的にはいかほど多くの角を持とうがあらゆる多角形に関しても、ただちにこのことを示すのです。これらの形においては、線と線の長さが等しいだけでなく、それに劣らず、面と面、領域と領域の面積、そして立体形における個体と個体の体積が等しいのです。

サウリーノ このことは、たいそう素晴らしいことでしょうね。宇宙を測定する学者たちにとってかけがえのない宝となることでしょう。

ソフィア それは、幾何学的思考の残りのすべての発見に匹敵すると思われるほどに、すばらしい、価値ある宝なのです。それどころか、そこから別の、より全体的で、偉大で、豊かで、容易で、洗練された、簡潔であるにもかかわらず確実な発見が導き出されるのです。この発見は、いかなる多角形の形であろうとも、円の線と面によって測定し、逆に、円を任意の多角形の線と面によって測定することもできるのです。

サウリーノ その方法をぜひとも知りたいものです。

ソフィア メルクリウスもミネルヴァに同じように言いました。それに対してミネルヴァはこう答えました。「あなたがしたように、わたしも最初に、この三角形の中に、描きうる最大の円を描きましょう。それから、この三角形の外に、三つの角に接触して、描きうる最小の円を描きましょう。ここからわたしは、あなたの面倒くさい円積問題に進むつもりはありません。わたしがするのは、三角形を使った容易な測定であり、円の線の長さと等しい線の長さを持つ三角形、および円の面積と等しい面積を持つ三角形を、求めることになります。この三角形とは、円を内包するあの三角形と円に内包されたもうひとつの三角形のどちらからも等距離の、中間の三角形の近くにあるはずです。このようにしてそれを求める仕事は、他の人が自らの才知を用いて行えばよいでしょう。

わたしは、要点を指摘しただけでじゅうぶんだからです。同様に、円積問題においては、三角形ではなく、円の内側にある最大の四角形と、円の外側にある最小の四角形との中間にある四角形を用いる必要があります。円を五角形によって測定する場合には、円に内包された最大の五角形と円を内包する最小の五角形との間を取ればいいのです。似たようなしかたで、他のいかなる形も、面と線によって円と等しくすることができるのです（**図2—4**参照）。このようにして、さらに、三角形の円と等しい四角形の円を見出すことで、この円の四角形が別の円の三角形と同一の大きさを持っていることを見出すことになるでしょう。

サウリーノ　ソフィアさん、このようにして、円との関係を用いることで、すべての形を他の形に等しくすることができるでしょう。それは、諸々の尺度の尺度を作るということです。つまり、もしもわたしが四角形に等しい

図2

図3

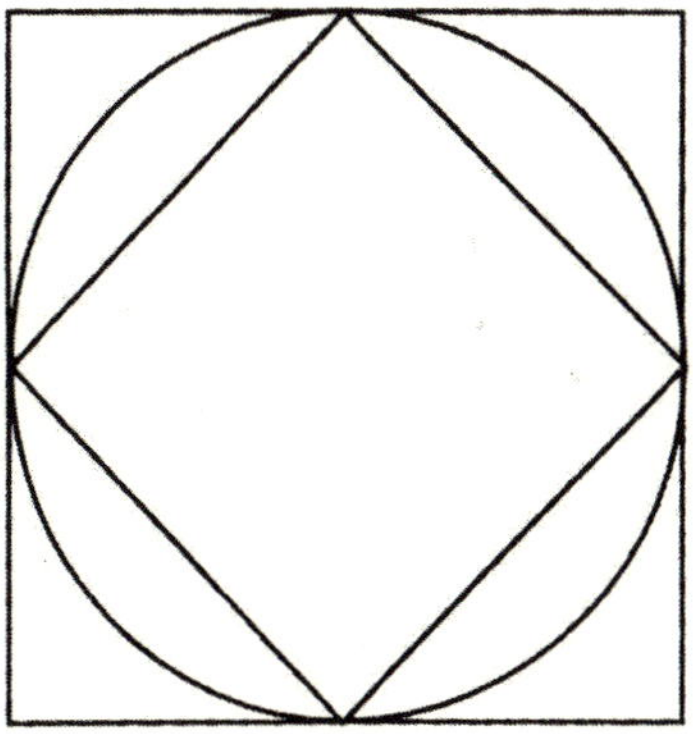

図4

三角形を作ろうとするならば、つぎのようにすればいいのです。一方で円に接続した二つの三角形の中間の三角形を取り上げ、他方で同じ円に、あるいはそれと等しい円に接続した二つの四角形の中間の四角形を取り上げれば、両者は等しくなるのです。もしもわたしが六角形に等しい五角形を作ろうとするならば、円の内と外に五角形と六角形を描き、二つある五角形の中間の五角形と二つある六角形の中間の六角形を取ればいいのです。

ソフィア　見事な理解です。それゆえに、そこではすべての形の面積を円と等しくすることができるだけでなく、線と面の関係において等しさをつねに保ちながら、円を媒介としてすべての形を他のすべての形の面積と等しくすることができるのです。このようにして、少しばかり考察し注意することで、任意の弦の長さが任意の弧の長さに対して持つあらゆる等則性と比例関係が把握できるのです。というのも、それは、全体的であれ、分割されてであれ、あるいは特定の正比例の関係であれ、（上述したしかたで円によって内包されるか、あるいは円を内包するところの）多角形へと置き換えることができるからです。

■〈信義〉が〈三角形〉の座を占める

「それでは」、とユピテルが言いました。「そこに何を置くのか早く決めるとしよう。」

ミネルヴァが答えました。「そこには〈信義〉と〈誠意〉がいるのがよいと思われます。それなしには、あらゆる契約はあいまいで疑わしく、あらゆる会話は成立せず、あらゆる共生は破壊されてしまうからです。『統治するためには信義を守る必要はない』とか『不信心や異端の人間たちに対して信義を守る必要はない』とか『信義を守らない者に対しては信義を破るべきだ』といった格言が慣習になったとしたら、世界がどうなるか考えてください。みながこのことを実践したら、どうなることでしょうか。『聖者に対しては聖者であり、邪悪な者に対しては邪悪な者であるべきだ』とすべての共和国や王国や帝国や家族や個人が言うとしたら、世界はどうなるでしょうか。破廉恥漢を同胞や隣人に持つがゆえに、自らが破廉恥であることを許されたら、どうなるでしょうか。自分たちが神々であるかのように、絶対的に善良であるように努める必要はなく、毒蛇や狼や熊のように自分の都合に合わせて善良であればいいと、人々は考えることになるのでしょうか。」71

ユピテルが言いました。「〈信義〉が徳の中でもっとも賞賛されるものであることをわたしは望んでいる。そして、〈信義〉は、別の信義も守るという条件のもとに与えられていないかぎり、別の信義が破られたからといって、けっして破られるべきではない。実際、礼儀正しく英雄的なギリシャ人やローマ人にふさわしい法ではなく、獣のように野蛮なユダヤ人やサラセン人にふさわしい法だけが、自らの都合に合わせて偽りを働くために時として特定の人々と約束することを許し、結果として、専制と裏切りを後押しすることになるのだ。」

サウリーノ　ソフィアさん、ある人が別の人を信じたために受ける危害（つまり別の人を信頼し、その人を善人とみなしたために受ける危害）ほど、不名誉で、破廉恥で、同情に値しないものはありません。

ソフィア　雷鳴を司る神は言いました。「それゆえに、わたしはこの徳が将来地上においてより賞賛されるために、それが天に姿を現して賞賛されることを望む。それは、〈三角形〉が見えていた場所に見えるようになるべきだ。〈三角形〉は、〈信義〉を意味するのにふさわしいものであったし、今もそうだからだ。というのも、三角の物体は（最小の数の角からなり、円からもっとも離れているので）他のいかなる形のものよりも動かしにくいものだからだ。

——このようにして、北の天の領域は浄化された。そこでは一般的に三百六十の星々が数えられている。すなわち、三つのとても大きな星々、十八の大きな星々、八十一の中ぐらいの星々、百七十の小さな星々、五十八のとても小さな星々、十三の最小の星々、ひとつの靄状の星、九つの薄暗い星々だ。」

■〈牡羊〉の追放と〈競争心〉の導入

サウリーノ それでは残りに関して何がなされたかを手短に話してください。

ソフィア モムスが言いました。「父よ、子羊たちのあの先祖〔牡羊座のこと〕をどうするか決めてください。それは、最初に大地から弱々しい植物を生えさせ、年を始め、新たな花と緑のコートによって大地を覆い、年を飾り立てるのです。」

ユピテルは言いました。「彼をカラブリアやプリアや幸福なカンパニアの子羊たちのもとに送るのは気が引ける。そこでは、しばしば冬の寒さで子羊たちは死ぬからだ。アフリカの平野や山岳の他の子羊たちのもとへと彼を送るのもふさわしくないように思われる。そこでは、過度の熱のために、子羊たちは倒れてしまうからだ。彼がテームズ川の周辺にいるのがもっともふさわしいように思われる。そこには多くの美しい、おとなしい、太った、白い、敏捷な子羊たちがいるからだ。それらは、タナグロのもののように巨大ではなく、セレやオファントのもののように黒くなく、セベトやサルノのもののように痩せておらず、テヴェレやアルノのもののように性悪でなく、タゴのもののように醜くない。実際、あの場所は、その地の支配的な季節〔春〕と調和している。なにしろ、そこでは〔昼夜平分線の両側の〕他のいかなる部分以上に気候が温暖なのだから。というのも、大地がつねに緑と花に覆われていることからわかるように、その大地からは雪の極度な寒さと太陽の過度の熱が追放されており、このことが常春の幸運な気候を作り出しているからだ。さらに、そこでは、広大な大海の腕に守られて、彼は、狼やライオンや熊やその他の凶暴な動物や大地の敵対的な諸力から危害を受けることがないだろう。そして、この動物は、君主や公爵や傭兵隊長や司教や隊長や案内人の特徴を持っている。このことは、天を見れば明らかだ。天のこの帯のすべてのしるしは彼を追いかけているのだから。地上を見ても明らかだ。彼が飛び跳ねようが下降しようが、向きを変えようがまっすぐ進むもうが、かがもうがしっかり立とうが、羊の群れ全体はいともたやすく彼を模倣し、彼に同意し、彼にしたがうのだから。

したがって、わたしは彼の場所を有徳な〈競争心〉と〈模範〉と善良な〈同意〉がそれらの姉妹や従者である他の徳と一緒に継承することを望む。これらの反対は、〈醜聞〉と〈悪例〉であり、それらは〈背信〉と〈離反〉と〈困惑〉を従者とし、〈悪意〉ないし〈無知〉のどちらか、あるいはそれら両方を案内人とし、愚かな〈軽信〉を弟子とし〈軽信〉は、見ての通り盲目で、不明瞭な探求と狂った説得の杖をついて、道を手探りで歩こうとするのだ〉、〈卑賤〉と〈無能〉を永遠の道連れとしている。これらすべての悪徳はこれらの座を去り、地上の放浪へと出発しなければならない。」

「見事な命令です」とすべての神々が答えました。

■〈雄牛〉の追放と〈忍耐〉の導入

すると、ユノが、彼女の牛であり、〔キリストが生まれた〕聖なる馬小屋の仲間である、あの彼女の〈雄牛〉をどうするか尋ねました。それに対して、ユピテルは答えました。「アルプスの近く、ポー川の畔にあるピエモンテの華麗なる首都は、〈雄牛〉から名前を取ってタウリーノ〔トリノのこと〕と呼ばれている。それはちょうど、ブケファロスからブケファリアが、ヤギからパルテノペの西側にある島々が、カラスからバシリカータのコルヴェートが、アリからミルミドニアが、イルカからドーフィネが、イノシシからアプルツィオが、蛇からオファントが、そしてよくわからない別の種類からオックスフォードが命名されているのに似ている。もしも〈雄牛〉がそこに行くのを望まないならば、その側の〈雄羊〉[72]の所に行くがいい。そこの家畜の肉が新鮮な草とおいしい牧草のお蔭で、世界でもっとも賞賛されていることからわかるように、そこで〈雄牛〉は、宇宙の残りの場所で彼が見つけることができるもっとも美しい伴侶たちを持つことになるだろう。」

するとサトゥルヌスが後継者について尋ねました。ユピテルは次のように答えました。「彼は、労苦に耐える、忍耐強く熱心な動物なので、今まで〈忍耐〉と〈寛容〉と〈受苦〉と〈辛抱強さ〉といった世界にほんとうに必要な諸徳の象徴であるべきだった。それゆえに、彼とともに〈怒り〉と〈憤慨〉と〈狂乱〉が去るべきだ。〈それらが彼と一緒に去るか、別々に去るかはどうでもいい。〉これらは、この時として激しやすい動物の伴をするのが常だからだ。ご覧、〈怒り〉が去っていく。彼女〔〈怒り〉〕は、〈不正〉と〈危害〉への危惧から生まれた娘なのだ。彼女は、悲しみと復讐心に満たされて去っていく。〈軽蔑〉が彼女を凝視し、彼女の頬を打つのは、自分にふさわしくないことだと彼女は思っているからだ。彼女は、ユピテルやマルスやモムスやすべての神々に燃える目を向けている。そして、復讐の〈希望〉が彼女の耳にささやき、彼女を挑発する〈侮蔑〉や〈罵倒〉や〈虐待〉に対して脅迫する〈可能性〉が彼女に好意を持っていることを示すことによって、彼女を幾分宥め、抑制している。ほら、あそこに、彼女の兄弟で、彼女に力と活力と熱情を与える〈衝動〉がいる。あそこには、彼女の姉妹の〈狂乱〉がいる。彼女は、〈激高〉と〈残虐〉と〈錯乱〉の三人の娘たちを連れている。彼女をおとなしく静かにさせるのはなんと困難でやっかいなことだろう。サトゥルヌスよ、君を除いたすべての神々にとって、彼女を料理し消化するのは至難の業だ。彼女は、鼻孔の開いた鼻と、突き出た額と、固い頭と、噛みつこうとする歯と、有毒な唇と、切れ味の鋭い舌と、つかみ取ろうとする手と、毒に犯された胸と、鋭い声と、血のような色を持っているのだ。」

ここでマルスが〈怒り〉を弁護して、彼女は時には、それどころかしばしば、たいそう必要な美徳であると言いました。というのも、マルスの言い分では、彼女は〈法〉を厚遇し、〈真理〉と〈判断〉に力を与え、〈才能〉を鋭敏にし、穏やかな心が理解しない多くの卓越した諸徳への道を開くからです。

それに対して、ユピテルは答えました。「それならば、彼女は、彼女が徳であるというその在り方において、彼女が好意を持つ諸徳を支え、それらと一緒にいるがいい。ただし、〈熱心〉が〈理性〉のランプとともに先導しないかぎりは、彼女はけっして天に近づいてはならない。」

■〈昴〉の追放と〈会話〉の導入

モムスが言いました。「父よ、アトラスの七人の娘〔〈昴〉〕はどうしましょうか。」

ユピテルは次のように答えました。「七つのランプを持って、あの真夜中の聖なる結婚式を照らしに行くがいい。そして、戸が閉められ、空から冷気や氷や真っ白な雪がちらつき始める前に行くように気をつけるがいい。というのも、遅れたときに声を張り上げて、戸を開けるように叩いても無駄だからだ。鍵を持つ門番は、『おまえのことなど知らないよ』と答えるだろうから。彼女らがランプの油を切らすような愚かなことをしないように忠告しなさい。ランプがいつも油で湿っていて乾かないならば、荘厳な賞賛と栄光の輝きを時として欠くようなことにはならないだろうから。そして、彼女らが離れるこの領域に〈会話〉と〈協会〉と〈結婚〉と〈同僚のよしみ〉と〈教会〉と〈団体〉と〈一致〉と〈集合〉と〈連合〉が部屋を持つがいい。そして、そこでこれらの諸徳は〈友情〉と結びつけられるがいい。なぜならば、〈友情〉がないところでは、その代わりに〈汚染〉と〈混乱〉と〈無秩序〉が存在することになるからだ。これらの諸徳は、正しいものでないかぎり、自己を失うことになる。というのも、これらは、(しばしばそう呼ばれることがあるとはいえ)本当はけっして破廉恥漢たちの間に見出されることがないからだ。破廉恥漢が本当に持っているのは、〈独占〉や〈密談〉や〈セクト〉や〈陰謀〉や〈群衆〉や〈謀反〉や忌み嫌うべき名前と存在を持つその他のものだからだ。これらの諸徳は、理性を欠いた者たちや良き目的を持たない者たちの間には存在しない。信仰と理解が怠惰なしかたで混交しているところにも存在しない。同じように理解されたことについて人々が力を合わせて同じ行為をするところに、これらは存在するのだ。これらは、善良な者たちのもとに長く留まり、邪悪な者たちのもとでは短く不安定なしかたでしか留まらないだろう。邪悪な者たちについては、〈法〉と〈判断〉について話すときにすでに取り上げた。彼らは有徳な行為に携わらないので、彼らの中には真の一致は見出されないのだ。」

サウリーノ　邪悪な者たちが一致するのは、彼らの理解が同等だからではなく、彼らの無知と悪意が同等だからであり、彼らが様々な理由に即して理解する能力を持たないからなのです。彼らが同意するのは、等しく良き目的のために働くことにおいてではなく、等しく善き仕事を軽蔑し、すべての英雄的行為を価値がないとみなすことにおいてなのです。

■〈双子〉の追放と〈平和〉の導入

けれども、話を戻すとしましょう。二人の若者たち〔双子座のこと〕についてはどのような措置がなされたのでしょうか。

ソフィア　クピドは、彼らをトルコ王のために要求しました。フォエブス〔アポロン〕は、彼らが誰かイタリアの君主の小姓になることを望みました。メルクリウスは、彼らが大広間の給仕になることを望みました。サトゥルヌスは、彼らが年老いた偉大な高位聖職者かあるいは哀れにも老衰した彼のための暖房代わりになることを望みました。

ヴェヌスが彼に答えました。「けれども、白鬚の老人よ、あなたが彼らに嚙みつき、彼らを食べないと、誰が彼らに保証できましょう。なにしろ、あなたの歯は自分の息子たちをも許しはせず、それゆえにあなたは親族殺しの食人種という汚名を着せられることになったのですから。」

モムスが言いました。「もっと悪いことに、彼は癇癪をおこしてこの鎌の刃先で彼らを刺し殺しかねないでしょう。ところで、父なる神よ、もしも彼らが神々の宮廷に残ることを許されたとしても、あなたに対して目を伏せる必要がない他の多くのあなたに劣らず尊敬すべき神々をさしおいて、彼らがあなたのものにならなければならない理由は存在しません。」

そのときユピテルは以下の決定を下しました。すなわち、思慮分別を持たない子どもである小姓やその他の従者たちが〈爾後は〉神々の宮廷に入ることを許可しない。そして、彼らは籤にかけられて、その結果、神々の中で誰が地上における友人の誰かに彼らを送る権利を持つかが決められる、と決定したのです。そして、何人かの神々が自分を選んでくれるよう懇願したのに対して、ユピテルは、「このような嫉妬を買いかねない事柄に関して、あたかも特定の当事者を依怙贔屓して、あなたたちの心の中に不公平の嫌疑を生み出したくない」と言ったのです。

サウリーノ　これら双子のために起こりうる不和に対するすばらしい命令です。

ソフィア　〈友情〉と〈愛〉と〈平和〉が、彼らの証人である〈盟友〉と〈接吻〉と〈抱擁〉と〈愛撫〉と〈媚態〉、そして双子のクピドのすべての兄弟、召使い、従者、助手、取り巻きとともに、その場所を継ぐべきであるとヴェヌスが要求しました。

「正当な要求です」とすべての神々が言いました。

「そうしよう」とユピテルが言いました。

■〈カニ〉の追放と〈改宗〉の導入

次は〈カニ〉について決定する番になりました。〈カニ〉は、燃えさかる火に焼け、太陽の熱によって真っ赤になっていたので、それが天にいる有様といったら地獄の苦しみへと落とされているのと変わりませんでした。そこでユノが、彼女に関わる問題として、〈カニ〉をどうするかについて元老院に尋ねました。元老院の大部分は、それを彼女の自由な意志に委ねました。ユノの答えは、もしも海の神ネプトゥーヌスが受け入れるならば、彼女は、星々の数よりも多いその仲間たちがいるアドリア海の波間にそれを沈めたいとのことでした。加えて、ユノは、〈カニ〉がヴェネツィア共和国の側にいることを望みました。というのも、この共和国は、まるでカニのように少しずつ東から西へと後ずさりしているからです。巨大な三叉の矛を持つ神〔ネプトゥーヌス〕は同意しました。すると、ユピテルが、〈退歩〉と〈頑迷〉と〈頑固〉とは正反対の徳である〈改宗〉と〈改善〉と〈抑圧〉と〈撤回〉の回帰線が〈カニ〉の場所を継ぐがいいと言いました。

■〈獅子〉の追放と〈寛大〉の導入

そして、ユピテルは、ただちに〈獅子〉について以下の見解を語りました。「しかしこの誇り高い動物は、〈カニ〉の後を追って、同じ場所でその仲間になることを慎まなければならない。というのも、もしもそれがヴェネツィアに行くならば、それはそこに自分よりも強い別の獅子を見出すことになるからだ。というのも、この別の獅子は、地上で戦うすべをわきまえているだけでなく、それに加えて水中でも見事に戦うし、空中ではそれ以上に見事に戦うからだ。というのも、この獅子は、翼を持ち、聖人の列に加えられており、文人でもあるからだ。それゆえに、〈獅子〉がリビアの砂漠に行きそこで妻と仲間を見つけるのが、より好都合だろう。そして、あの〈〈獅子〉がいた〉場所にあの〈雅量〉とあの英雄的な〈寛大〉とが移ればいい。この徳は、臣下を赦し、弱者に同情し、〈横柄〉に打ち勝ち、〈大胆〉を足蹴にし、〈自惚れ〉を退け、〈高慢〉を破ることができるのだ。」

「とても見事な配慮です。」とユノと会議の大多数の神々が言いました。

この徳がどれほど荘重で豪華で美しい装飾を伴い、どれほど多くの付き人たちとともに出かけたかについては、語らないことにします。というのも、今は時間がないので、改革と座の配置に関してあなたに主要なことを語るに留めたいと思うからです。あなたを案内して、ひとつひとつの座を巡りながらこれらの宮廷を吟味する機会があれば、残りのことすべてについてあなたに話すつもりです。

サウリーノ 親愛なるソフィアさん、それでいいですとも。あなたの丁重な約束を聞いてたいそう安心しました。それゆえに、他の座についてなされた命令と変更について簡潔に教えてくださるだけで、いまは満足です。

■〈乙女〉の追放と〈純潔〉の導入

ソフィア 「〈乙女〉はどうしましょうか」とルチナ、つまり狩人ディアナが問いました。

ユピテルが答えました。「彼女がヨーロッパの修道院にいる女子修道僧たちの長になる気があるか聞いてみなさい。修道院が破壊されたり、ペストによってその住民を失っていない場所での話だがね。あるいは、彼女が宮廷の令嬢たちの家庭教師になって、未熟な果実や季節外れの果実を食べようという食欲や、彼女たちの女主人たちの仲間になろうという欲望が、彼女たちを襲わないようにするつもりかどうか聞いてみなさい。」

ディクティナ〔ディアナ〕が言いました。「彼女は、自分が一度そこから追放された場所やそこから何度も逃げ出した場所に、帰ることはできないし、帰る気もない、と言っています。」

父祖なる神が答えました。「それならば、彼女は天にしっかりと留まっていればいい。そして、そこから落ちないように用心し、この場所で堕落させられないように気をつけるがいい。」

モムスが言いました。「もしも彼女が理性を持った動物や英雄や神々から遠く距離を保ち続けるならば、そしてもしも、いままでそうだったように、野獣たちの中に留まり、西に凶暴な〈獅子〉を、東に有毒な〈サソリ〉を持つならば、彼女はきっと純血を守ることができるでしょう。しかし、いまどうなるかは分かりません。というのも、いま彼女の側にいるのは〈雅量〉と〈友愛〉と〈寛大〉と〈勇敢〉だからです。これらの徳はたやすく彼女の上にのしかかり、内輪の接触を通じて彼女に雅量で友愛に満ちた寛大かつ勇敢な子どもを身籠もらせることでしょう。そしてその結果、彼女を女から男にし、森や高山に住む女神、サティルスやシルヴァヌスやファウヌスの女神から、慇懃で親しみやすく社交的でもてなしのいい神に変容させることでしょう。」

ユピテルが答えました。「なるようになるがいい。そしてその間に、同じ座に彼女と一緒に〈純潔〉と〈はにかみ〉と〈節制〉と〈純粋〉と〈謙虚〉と〈羞恥心〉と〈正直〉がいるがいい。これらの徳は、娼婦の〈肉欲〉と放縦な〈無節制〉と〈恥知らず〉と〈破廉恥〉の正反対なのだ。これらの徳を通じて、〈乙女〔処女性〕〉は徳のひとつになることができる。というのも、それ自身としては彼女には価値がないからだ。実際、それ自身としては、彼女は徳でも悪徳でもなく、善さも威厳も長所も持たない。そして、自然の命にしたがわないときには、彼女は罪や無力や狂気や愚鈍になる。理性の訴えにしたがうときには、彼女は〈節制〉と呼ばれ、徳を分かち持つことになる。というのも、彼女は、欲望を軽蔑する堅固さを持ち、そのことは、まったくの役立たずではなく、正直なしかたで人を喜ばす、親しみやすい対話へとつながるからだ。」

■〈天秤〉の追放と〈公正〉の導入

メルクリウスが言いました。「それでは、〈天秤〉をどうしましょうか。」

第一の長であるユピテルが答えました。「それは至る所へ行くがいい。それは家庭へと行くがいい。そうすれば、父親は息子たちの性向がどちらに向かっているのか――文芸にか、武器にか、宗教にか、独身生活にか、愛にか

――を見極めることができるだろう。ロバに空を飛ばせたり、ブタに田畑を耕させたりするのは、まずい仕事の割り振りだからだ。それはアカデミーや大学を行き交うがいい。そして、そこで教える者たちがちょうどよい重さを持っているのか、あるいは軽すぎるのか、重すぎるのかを吟味するがいい。教壇において、あるいは著作を通じて人を教える任にあえてつく者たちが、人の話を聞いたり学んだりする必要があるか吟味するがいい。そして彼らの才能を秤にかけることで、才能に翼があるのかあるいは鉛のように重たいのか、羊と牧人のどちらに向いているのか、ブタやロバを養うのに適しているのか、あるいは理性を持った生き物を育てるのに適しているのかを見極めるがいい。それはヴェスタの建造物へ行くがいい。そしてそこにいる男や女たちに、自然の法を破るためにはどのような、そしてどれほどの反対の重さがなければならないのか――それは自然を超えた、あるいは自然の外の、あるいは自然に反する別の法によるものなのか、あらゆる理性と義務に則っているのか、あるいは逸脱しているのか――を分からせなければならない。それは宮廷に行くがいい。そうすれば、役職や名誉や座席や愛顧や特権が各人の長所と価値の重みに応じて定められることになるだろう。というのも、秩序に則って支配することを知らない者は、秩序の長になるに値せず、〈運〉の大きな誤りによって秩序の長になるにすぎないからだ。それは共和国へ行くがいい。そうすれば、行政の責務が臣下のじゅうぶんな能力と釣り合うことになるだろう。役職を血縁や位や肩書きや富によって配分するのではなく、実り多き企てを生む徳によって配分するべきだ。そうすれば、公正な人々が主宰し、有能な人々が貢献し、博学な人々が教育し、知慮ある人々が指導し、強い人々が戦い、判断力ある人々が助言し、権威ある人々が命令するようになるからだ。それはすべての国家へ行けばいい。そうすれば、平和の条約や同盟や連盟において、国家は自らの信用と条約の相手の信用とを天秤にかけることによって、背信行為を行ったり、正義や誠実や共通の利益から遠ざかったりしなくなるだろう。そして、戦争を企てたり行ったりするときには、以下のことを考えるべきだ。すなわち、自国の力と敵国の力が、現在必要なことと将来可能なことが、提案の安易さと実行の難しさが、開戦の容易さと終戦の困難が、友国の気まぐれと敵国の堅固な意志が、攻撃の快感と防御の心配が、他国の財産の略奪の容易さと自国の財産の防衛の難しさが、自国の財産を消耗し失うことの確実さと他国の財産を獲得し自国のものにすることの不確かさが――これらが互いにどのような均衡を保っているかを熟思しなければならないのだ。それはすべての個人のもとへと行くがいい。そうすれば、各人は、以下の対を秤にかけることができるからだ。すなわち、自分が望んでいることと自分が知っていることとを、自分が望みかつ知っていることと自分ができることとを、自分が知っていてできることと自分がするべきであることとを、自分が望み、知り、でき、するべきであることと自分が現にそうであり、行い、持ち、期待していることとを、これらの対を秤にかけることができるのだ。」

パラスが尋ねました。「〈天秤〉があるところに何を置きましょうか。〈天秤座〉の場所に何が来るのでしょう。」

多くの神々が答えました。「〈公正〉と〈正しさ〉と〈再配分〉と理にかなった〈配分〉と〈好意〉と〈感謝〉と善き〈良心〉と自己の〈承認〉と目上の者たちへの〈敬意〉と同等な者たちへの〈公平〉と目下の者たちへの〈慈愛〉とすべての者たちに対する厳格さを欠いた〈正義〉です。これらの徳が、〈忘恩〉と〈無謀〉と〈無礼〉と〈向こう見ず〉と〈傲慢〉と〈軽視〉と〈不公正〉と〈傷害〉とそれらの同族の悪徳を追い払うがいいでしょう。」

「もっともです」と会議の全員が言いました。

■〈サソリ〉の追放と〈誠意〉の導入

この発言の後で、美しい髪のアポロンが立ち上がり、言いました。「神々よ、この縁起の悪い虫〔〈サソリ〉〕を追い払うときがようやく来ました。それは、わたしの愛するパイトンに生じた恐ろしい事件と残酷な死の主たる原因だったのです。この哀れな疑い深く臆病な青年が悪名高い駿馬とともにわたしの永遠の火の馬車を御していたときに、この有毒で危険な怪物が出会いざまにその死をもたらす尾の先端で彼を刺したのです。その結果、彼は驚愕のあまり我を忘れて、柔らかい手の中に持っていた手綱を馬の背の上に落としたのです。そこからいとも名高い天の破壊が生じ、天の川と呼ばれている場所にはいまだに焼けた部分が見えるのです。そこから世界のいとも有名な災害が生じ、多くの部分が灰になって見えるのです。結果として、わたしの神性に対するじつに恥ずべき軽蔑が生じたのです。この種の汚辱が天にて二つの印の空間をかくも長くの間占めてきたということは、恥辱以外のなにものでもありません。」

ユピテルが言いました。「それならば、ディアナよ、このおまえの動物をどうするか考えなさい。それは生きているときには邪悪であるし、死んでいるときには何の役にも立たないのだから。」

処女神は言いました。「もしもよろしければ、それがキオス島のケリッピオ山に戻ることをお許しください。わたしの命令の下に傲慢なオリオンを懲らしめるために生まれたのと同じ場所で、それはそれを生み出すときに使った素材へと解消されるべきです。それとともに〈詐欺〉と〈欺瞞〉と〈ごまかし〉と有害な〈虚構〉と〈虚偽〉と〈偽善〉と〈嘘〉と〈偽証〉と〈裏切り〉が立ち去るべきです。そして、それらと反対の美徳がその場所を継承するべきです。すなわち、〈誠意〉と約束の〈実行〉と信義の〈遵守〉とそれらの姉妹、取り巻き、従者たちです。」

モムスが言いました。「あなたの好きなようにしてください。ちょうど二人の少年が老いたるサトゥルヌスに委ねられたように、この動物があなたに委ねられることに誰も反対しないでしょう。

■〈射手〉の追放と〈瞑想〉の導入

それでは、エウスケミアの息子をどうするかについてただちに検討しましょう。彼は、何千年もの間、一度射た矢の補充がないのを恐れて、〈サソリ〉の尾が棘へとつながっている部分に向けられた孤独な矢をつがえたままでいます。目標を捉え照準を合わせるという弓道の半分を占める技に彼はたいそう秀でているように思われるので、的を射るという残りの半分の技についても彼はきっと無知ではないでしょう。それゆえに、彼をブリテンの島に送り、そこで彼が名声をいくらか獲得するよう、助言できるかもしれません。そこでは、ジャケットや袖付きのダブレットを着た紳士たちがアーサー王とショアディッチ公爵の祭を祝う慣わしがあるからです。けれども、わたしが恐れるのは、彼は的の中心を射るために必要な重要な言葉を欠いているので、仕事に支障を来たすのではないかということです。ですから、あなたたちも彼をどうするか考えてください。というのも、〈わたしの考えを正直に言いますと〉彼はソラマメやメロンを鳥から守る案山子以外の役には立たないと思われるからです。」

神々の父祖が言いました。「彼は好きな場所へ行くがいい。おまえたちの誰かが最善の居場所を彼に与えるがいい。そして、〈瞑想〉と〈観想〉と〈勉学〉と〈注意〉と〈熱中〉と最善の目的への〈衝動〉の姿が従者や仲間とともに彼の場所を占めるがいい。」

■〈雄ヤギ〉の功績

そこでモムスが発言しました。「父よ、あの聖なる、畏れられ、崇拝された〈雄ヤギ〉をどうしましょうか。あのあなたの神々しい幼なじみであり、僭越な巨人たちの危険な侮辱に対するわれわれの力強い、英雄的と言っても足りないほどの戦友をどうしましょうか。神々の恐るべき敵対者としてタウルス山の洞窟からエジプトに現れた、あの敵を吟味する方法を見つけた、あの偉大な軍師をどうしましょうか[73]。彼は（われわれが正面きって攻撃する勇気を持たないのを見て）獣に変身するという助言をわれわれに与えたのです。その目的は、われわれの生まれつきの欠陥を技術と狡賢さで補い、われわれが敵対者に対する栄誉ある勝利を得られるようにするためにです。しかし、悲しいことに、この長所は短所を伴っています。この善には悪が付け加えられているのですから。それはもしかすると、何らかの嫌悪感や苦さを持たない、いかなる甘美なものも存在してはならないという運命の命と決定によるものかもしれませんし、あるいは何か別の理由によるものかもしれません。」

ユピテルは言いました。「これほど大きな善に付け加えられ得るいかなる悪を、これほど大きな凱旋に伴い得るいかなる恥辱を、彼はわれわれにもたらすことができたのかい。」

モムスが答えました。「このことによって、彼はエジプト人たちが獣の生きた肖像を崇拝し、われわれをこれらの姿のもとで崇めるようにしたのです。その結果、これからお話ししますように、われわれは嘲笑の対象になったのです。」

■エジプト人の卓越した信仰

ユピテルが言いました。「モムスよ、このことを悪く取ってはならない。というのも、知ってのとおり、動物と植物は自然の生ける結果であり、その自然は（君が知らなければならないように）事物の中の神以外の何物でもないからだ。」

サウリーノ　それゆえに、〈自然は諸事物の中の神である〉のですね。

ソフィア　ユピテルは続けました。「それゆえに、様々な生き物が様々な神々や威力を表しているのだ。これらの神々と威力は、それら自体としての絶対的な存在に加えて、すべての事物によって、それら〔事物〕の容量と尺度に応じて、分有されているのだ。それゆえに、神は全体として（ただし、全体的に、ではなく、部分に応じてより卓越したしかたやより劣ったしかたで）すべての事物の中に存在している。それゆえに、マルスは、命のない絵画や彫刻のどれよりも、マムシやサソリ、さらにはタマネギやニンニクといった自然の痕跡や実体の様態の中に、より有効なものとして見出される。同じように、太陽は、クロッカスやスイセンやヒマワリや雄鶏やライオンの中に存在すると考えなさい。そして、このようなしかたで神々の各自が、各々の種を通じて、存在者の異なった類のもとにあると考えなさい。実際、神性が自らを自然に伝えることに応じてある種のしかたで下降するように、自然を介して神性へと上昇し、自然の事物の中で輝いている生を通じてそれらに君臨する生へと昇ることができるのだ。」

モムスが答えました。「おっしゃることは真実です。実際、これらの知者たちは、これらの手段を使って、神々を自らに親しい話しやすい身近なものにしたのです。そして、神々は、像から発した声によって、彼らに助言や教説や神託や超人間的な教えを贈ったのです。そのお蔭で、彼らは、魔術的で神的な儀礼を通じて、自然の梯子を使って神性の高みへと上昇することができたのです。同じ自然の梯子を使って、神性は自らを伝達することを通じて、最小の事物にまで下降しているのですが。しかし、幾人かの愚昧な偶像崇拝者たちが見出されるということは、嘆くべき事態であると思われます。彼らは、エジプト人の卓越した信仰を模倣するのですが、それは影が高貴な物体に近づこうとするのと同じく無駄な試みなのです。そして、彼らは自らがまったく理解しない神性を命のない死んだものの排泄物の中に求めているのです。そしてこのことすべてによって、彼らはあの神的な秘儀の崇拝者たちのみならず、われわれをもまた獣の評判を持った者たちとして嘲笑しています。そしてさらに悪いことに彼らは、自らの狂った儀式が名声を得、他の者たちの儀式が消滅し崩れ去ったのを見て、勝ち誇っているのです。」

イシスが言いました。「モムスよ、このことにいらだたないでください。運命が闇と光が交互に訪れることを命じたのですから。」

モムスが答えました。「しかし、悪いことに、彼らは自分たちが光の中にいるに違いないと思っています。」

それに対する、イシスの答えは以下のようなものでした。すなわち、もしも闇が自らを知るならば、闇は自らにとって闇でなくなるだろう。それゆえに、エジプト人たちは、神々からある種の利益と贈り物を獲得するために、深奥な魔術に導かれて、ある種の自然物を用いた。というのも、それらの中に神性が何らかのしかたで隠れており、それらを通じて神性はある種の結果を伝達することができ、伝達しようと望んでいたからだ。それゆえに、彼らの儀式は空虚な空想ではなく、神々の耳にじかに届く生きた声なのだ。われわれは、彼らが作り出す言葉によってではなく、自然の生み出す声によって彼らがわれわれを理解することを望んでいる。それと同じように、彼らもまた、自然の生み出す声に関わる儀礼の行為を通じて、われわれに理解されようと努めているのだ。もしもそうでなければ、ちょうどタタール人がいまだに聞いたこともないギリシャ語に対してそうであるように、われわれも彼らの祈りを聞いてもわからないことだろう。これらの知者たちは、神が事物の中にいることを知っていた。彼らはまた、神性が自然の中に潜んでおり、多様な基体の中で多様なしかたで働き火花を放ちながら、多様な自然の形態を通じて特定の秩序を伴って、自らを――つまり、存在と生と知性を――分け与えることも知っていた。それゆえに、彼らは、同じぐらい多様な秩序を通じて、彼らが熱望していたのと同じ数と性質の贈り物を受け取る準備をしていたのだ。それゆえに、彼らは、勝利のために、ワシの中にいる度量の大きなユピテルに献酒を捧げた。ワシの中には、度量の大きさという特性を通じて神性が隠れているからだ。彼らは、仕事における賢慮のために、ヘビの中にいる賢明なユピテルに献酒を捧げた。裏切りに対しては、ワニの中にいる恐ろしいユピテルに献酒を捧げた。同様に、他の無数の目的のために他の無数の種類に献酒を捧げた。そしてこのことはみな、魔術的で実効性のある理論を伴ってなされたのである。――このように、イシスは答えたのです。

■　神名の起源

サウリーノ　ソフィアさん、おっしゃることがよくわかりません。エジプト人たちが神を崇拝していた時代には、ユピテルという名前は用いられていませんでした。それが用いられるようになったのは、ずっと後のギリシャ人たちのもとでした。

ソフィア　サウリーノさん、ギリシャ語の名前だけを考えてはいけません。というのも、わたしはもっと普遍的な用法にしたがって話しているのですし、名前というものは（ギリシャ人たちのもとでさえ）神性の付加物にすぎないのですから。実際、周知のように、ユピテルはクレタ島の王であり、他のすべての人間たちの肉体と同様に石化するか灰になる肉体を持った、死すべき人間だったのです。ヴェヌスが魅力的で、けたはずれに美しく優美で寛大なキュプロス島の女王という死すべき女性であったことは、秘密ではありません。同様に、他のすべての神々も、もともとは人間として知られていたと思ってください。

サウリーノ それならば、なぜ人々は彼らをあがめ、彼らの名を唱えたのですか。

ソフィア そのわけを言いましょう。人々はユピテルを神性としてあがめたのではなく、神性をユピテルの中にいるかのごとくあがめたのです。というのも、人々は卓越した威厳と正義と雅量を持つ人間を見て、彼の中に雅量を持ち公正で寛大な神がいると考えたのです。そして、そのような神ないし神性を、それがこのようなしかたで自らを伝達するかぎりにおいて、ユピテルと名づけるということに決め、それを慣わしとしたのです。同様に、エジプトの賢者メルクリウスの名のもとに、神の知恵と解釈と顕現が命名されたのです。それゆえに、どちらの人間の場合にも、賞賛されたのは神性を表す名前以外の何ものでもなかったのです。この神性は、二人の誕生とともに人間たちに自らを伝達し始め、二人の死とともにその使命を終えたことを理解したか、あるいは天へと戻ったのです。このようにして、永遠の神々は(神的実体の真実をいささかも損なうことなしに)時代や国家に応じて異なった一時的な名を持ちます。たとえば、歴史が明らかにするように、タルソスのパオロはメルクリウスと呼ばれ、ガリラヤのバルナバはユピテルと呼ばれました[74]。その理由は、彼らがまさにこれらの神々と同一人物であると信じられたからではありません。むしろ、別の時代にメルクリウスやユピテルに見出されたあの神的徳が当時においては彼らにおいて——一方における説得力ある雄弁と、他方から生じた有益な結果ゆえに——見出されると考えられたからなのです。それゆえに、ワニや雄鶏やタマネギやカブがけっして崇拝されたわけではありません。崇拝されたのは、ワニや雄鶏やその他のものどもにおける神々や神性なのです。この神性は、特定の時間や場所において、異なった基体の中に（それらが死すべきものであるにもかかわらず）、継続的かつ同時に、かつて見出されたし、いまも見出されるし、将来も見出されるのです。これらの基体は神性と関係を持っていますが、それはあくまでも神性がそれらの近くに親しみやすいものとしてあるかぎりにおいてであり、神性が最高の絶対的なそれ自体における存在であり、生み出された諸物と関わりを持たないかぎりにおいてではありません。

■魔術

それゆえに、次のことを理解してください。万物の中に見出される純一な神性、宇宙を維持する豊穣な母なる自然は、自らを伝達するしかたの相違に応じて、異なった基体の中で輝き、異なった名前を得ます。そして、われわれは、異なった才能を分かち持つことを通じて、この一者へと上昇する必要があるのです。そうでなければ、われわれは、虚しく網で水を捉え、シャベルで魚を釣ろうとすることになるでしょう。そこで、人々は、われわれの母なる神であるこの地球の近くの主要な二つの物体、すなわち太陽と月の中に、二つの主要な関係に則って諸物を形成する生を見出したのです。その後、人々は、この生を他の七つの関係に則って理解し、それを七つの惑星と呼ばれている光に分け与えたのです。そして、任意の類における種の相違を、原初の原理と豊穣な原因に還元するのと同じように、これら七つの光に還元したのです。そして、植物や動物や石や流入やその他の諸物について、『これらはサトゥルヌスのものである』『これらはユピテルのものである』『これらはマルスのものである』

『これらとあれらはこれとあれのものである』と言ったのです。このようにして、部分や四肢や色や印や特徴やサインや像が七つの種に分割されたのです。しかし、だからといって、彼らが万物の中に見出される神性がひとつであるということを理解しなかったわけではありません。この神性は、無数のしかたで自らを拡散し伝達するのですが、それと同じように無数の名前を持っています。そして人々は、それから無数の種類の恩恵を獲得しようと努めて、無数の儀式によってそれを称えあがめながら、無数の道を通って、ただし各人に固有に割り当てられた方法で、それを探し求めるのです。そのためには、あの知恵と判断力、あの技術、勤勉、そして知的な明かりの使用が必要です。それは可知的太陽から、あるときはより多く、あるときはより少なく、時には最大限に、時には最小限に、世界に啓示されます。この実践は魔術と呼ばれています。魔術は、それが超自然的な原理に関わるかぎりにおいては、神的なものです。自然の観想とその秘密の探索に関わるかぎりにおいては、自然のものです。そして、物質的なものと精神的なものとの、精神的なものと知的なものとの、境界に存在する魂の理論と技術に関わるかぎりにおいては、中間的で数学的なものと呼ばれています。

そろそろ本題に戻るとしましょう。イシスがモムスに語った内容は以下のごとくです。すなわち、愚鈍な偶像崇拝者たちはエジプト人たちの魔術と神的な儀礼を嘲笑する理由を持ちません。エジプト人たちは、すべてのものとすべての結果の中に、各々に固有の理に応じて、神性を観想し、彼らが神性から求めた恩恵を自然の胎内にある諸々の種《しゅ》を通じて受け取るすべを知っていたからです。神性は、海や川から魚を与え、荒野から野生の動物を与え、鉱脈から鉱物を与え、木から果実を与えますが、それと同じようにして、特定の部分や特定の生き物や特定の野獣や特定の植物から、特定の状態や力や運や刻印を提供するのです。それゆえに、神性は、海においてはネプトゥーヌスと呼ばれ、太陽においてはアポロンと呼ばれ、大地においてはケレスと呼ばれ、荒野においてはディアナと呼ばれました。そして、他の種の各々においても異なった名前で呼ばれました。これらの種は、様々なイデアとして、自然の様々な神であり、それらすべては神々の神にして超自然的なイデアの源泉であるものに関連づけられていたのです。

■ カバラ

サウリーノ　あのヘブライ人たちのカバラは、どうやらここから派生したようですね。その知恵（それがその類《たぐい》の中でいかなるものであれ）は、モーゼがそのもとで教育を受けたエジプト人たちから生じたのですから。カバラは、最初に、第一の原理に言葉で言えない名を与えました。そして、第二に、そこから四つの名が生じ、それらはその後十二の名へと解消されます。十二の名は、縦に向かって七十二の名に転化し、斜めと縦に向かって百四十四の名に転化します。そして、このようにして、さらに四と十二の単位を通じて、種の数が無数であるのに合わせて、無数に拡張していくのです。そして、このようにして、（彼ら自身の言葉が許すかぎりにおける）各々の名に応じて、彼らは、個々の種《しゅ》を主宰する神、天使、英知、威力を名づけるのです。それゆえに最終的には、すべての光が第一のそれ自体において輝いているものへと還元されるように、すべての神性はひとつの泉へと還元されます。そして、多くの個別の基体としての異なった多くの鏡の中にある像は、それらの泉である形相的でイデア的な原理へと還元されるのです。

ソフィア　その通りです。このようにしてあの神は、絶対者としてはわれわれと関わりを持ちません。しかし、自然の結果へと自らを伝達するかぎりにおいて、自然そのものよりもこれらの結果に間近な存在なのです。その結果、神は、自然そのものでないとしても、自然の自然であり、魂そのものでないとしても、世界霊魂の魂なのです。したがって、彼の援助を特殊な関係において得ようと望む者は、秩序づけられた種《しゅ》の道を通って彼の前に姿を現さなければなりません。それはちょうど、パンを望む者はパン屋のもとに、ワインを望む者は貯蔵庫の管理者のもとに、果物を望む者は果樹園の管理者のもとに、教えを望む者は教師のもとに行くようなものです。他のすべてのことについても同様です。したがって、ひとつの善、ひとつの幸福、すべての富と財産のひとつの絶対的な原理が、異なった関係へと縮限されて、特殊なものどもの要請に応じて贈り物を流出するのです。ここからあなたは、すでに消滅したエジプト人たちの知恵が、地球や月や太陽やその他の天の星々だけでなく、ワニやトカゲやヘビやタマネギを崇拝したわけがわかるでしょう。

■ アスクレピウスの嘆き

彼らの魔術と神的な儀礼(それを通じて神性は、いとも容易に自らを人間たちに伝達していたのです)に関して、トリスメギストスは、アスクレピウスとの会話の中で以下の嘆きの言葉を語っています。「アスクレピウスよ、これらの生きた像を見なさい。それらは感覚と精神に満ちており、かくも多くの素晴らしい働きをなすのだ。これらの像は、未来の出来事を予見し、人間の情念や肉体の長所に応じて、病気と治癒、喜びと悲しみをもたらすのだ。アスクレピウスよ、知っているかい。エジプトは天の似像であり、もっとよい言い方をするならば、天において統率され行われることすべての植民地なのだ。ほんとうに、われわれの地は世界の神殿なのだ。しかし、悲しいことに、エジプトが神性を信心深く崇拝したのは虚しいことであったと思われるときが来るだろう。というのも、神性は天へと渡り、エジプトを捨て去るだろうからだ。そして、神性のこの座は、神々の現前を失うことによって、あらゆる宗教を欠くことになるだろう。それを継承するのは、いかなる宗教も敬虔も法も儀礼も持たない異国の野蛮な民なのだから。エジプトよ、エジプトよ、おまえの宗教の中で唯一残るのは、未来の世代にとって信じがたい寓話だけだろう。彼らに対しておまえの敬虔な偉業を語るのは、石に刻まれた文字だけだろう。そして、これらの文字は、神々や人間に語るのではなく（というのも、これらの人間は死んでおり、神性は天へと移住しているだろうから）、スキティア人やインド人や、その他同類の野蛮な本性の持ち主に語ることだろう。闇は光に優先され、死は生よりも有益であると判断され、誰も天へと目を向けることはなく、信心深い人間は狂人とみなされ、涜神的な人間は思慮深いとみなされ、狂乱した強者という最悪の人間が善人とみなされることだろう。そして、わたしを信じなさい、精神的な宗教へと献身する者は死刑に処せられることだろう。というのも、新しい正義、新しい法が見出され、聖なるものや宗教的なものは何ひとつ見出されることがなく、天や天上の住民たちにふさわしいことを聞くこともないだろうからだ。邪悪な天使たちだけが残り、人間たちに混じって、あらゆる悪をあたかもそれが正義であるかのように大胆に行うよう哀れな者どもを強いることになるだろう。そして、戦争や略奪や詐欺、そして魂や自然の正義に反するその他すべてのことへの材料を、人間たちに与えることだろう。これこそが、やがて来る世界の老衰、混乱、不信心なのだ。しかし、アスクレピウスよ、恐れることはない。これらのことが生じた後で、世界を統治し万能の未来の予見者である主にして父なる神が、洪水によってか、火によってか、病気によってか、疫病によってか、あるいは彼の慈悲深い正義の他の使節によって、疑いなく、このような汚点にけりをつけ、世界を昔の状態に呼び戻すだろう。」

■ エジプトの偶像崇拝の擁護

サウリーノ　それでは、イシスがモムスに話したことに戻ってください。

ソフィア　エジプトの儀礼の中傷者たちに対して、イシスは詩人の以下の詩句を語りました。

〈足のまっすぐな人間は内股の人間を、白人はエチオピア人を嘲笑うがいい。〉75

無思慮な野獣や真の獣たちは、野獣や植物や石において崇拝されたとして、われわれ神々を嘲笑します。そして、このようなしかたでわれわれを認めたエジプト人たちも嘲笑します。そして、彼らは、神性がすべてのものの中に自らを示していることに気づかないのです。神性は、普遍的で卓越した目的のためには、偉大なものや一般的な原理において自らを示し、人生の様々な行為に近接した便利で必要な目的のためには、たいへん卑しいと言われているものにも見出されるのです。各々のものは、いま言った理由によって、自らのうちに神性を宿しています。というのも、神性は明らかにたいへん小さなものにまで、それぞれの能力に応じて、自らを伝達するからです。神性が現存することなしには、何物も存在を有することはないでしょう。なぜならば、神性は徹頭徹尾、存在の本質だからです。

わたしはさらに以下のことを質問の形で付け加えましょう。いったいいかなる理由のために、彼らはエジプト人たちを、まさにそれによって彼らエジプト人たちがいまでも理解されている点に関して、非難するのでしょうか。そして、われわれから逃亡したか、あるいはライ病病みのように砂漠に追い払われた者たち〔ヘブライ人たち〕の話に戻ると、彼らが窮乏に苦しんで金の子牛の偶像のもとにわたしを崇拝したとき、彼らもまた必要に迫られてエジプトの儀礼を用いなかったのでしょうか。そして、別の必要に迫られたとき、ヘビの形をしたテウトの前で膝を折り手を挙げなかったでしょうか。もっとも、彼らの生まれつきの忘恩ゆえに、彼らは、誰か一人の神の好意を獲得した後には、別の偶像を破壊したのですが。さらに彼らが、自分たちを聖人や神人や祝福された人と呼ぶことによって、自分たちに名誉を与えようと望んだとき、彼らは自らに獣の称号を与えることによってしかこのことを達成できなかったのです。実際、十二部族の父が遺言によって息子たちに祝福を与えたとき、彼は彼らを十二の獣の名によって称えたのです。彼らは彼らの古い神を頻繁に「目覚めた獅子」「空飛ぶワシ」「燃える火」「轟音を立てる暴風雨」「力強い嵐」と呼び、彼らの後継者たちは新しく知られた神を「血に染められたペリカン」「孤独なスズメ」「殺された子羊」と呼んだのです。肖像や絵画において、この新しい神が、彼のみが開いて読むことができる本のようなものを手に持っているあの場面において、彼はこのように呼ばれ、このように描かれ、このように理解されているのです[76]。加えて、この神を信じることによって神化されたすべての者たちは、「彼の羊たち」「彼の牧草」「彼の家畜の群」「彼の羊小屋」「彼の羊の群」と、彼に呼ばれ、彼ら自身も自分たちをそのように呼んでいるのです。加えて、同じ者たちはロバによっても示されています。すなわち、ユダヤの民は母親のロバによって、この民を信用することによってそれに加わる他の民族たちは子どものロバによって示されているのです。それゆえに、これらの神人たち、この選ばれた民がたいそう貧しく卑しい獣によって示されているのです。それなのに、彼らはわれわれを嘲笑します。われわれのほうが、もっと強い、ふさわしい、威厳がある、他の獣たちによって示されているというのにです。

加えて、すべての栄光ある卓越した民族は、彼らのしるしや紋章によって自らを誇示し示そうとするときには、ご覧のように、ワシやハヤブサやトビやカッコウやフクロウや夜蛾やワシミミズクや熊やオオカミや蛇や馬や雄牛や雄ヤギとして姿を現します。そして時には、自分が獣全体になるには値しないと思ってか、獣の一部として自らを示すのです。つまり、足や頭や二本の角や尻尾や腱としてです。もしも彼らがこれらの動物そのものに変容することができたならば、彼らは喜んでそうしたと思いませんか。彼らが彼らの盾に獣を描いたり、彼らの肖像や彫刻に獣を付け加えるとき、彼らは何を求めているというのでしょうか。彼らはきっとこう言いたがっているのです。「(見物人よ)この肖像に描かれている人物は、その隣に一緒に描かれている獣なのだ」と。あるいは、「もしもあなたがこの獣が何かを知りたいならば、その正体は、この肖像に描かれた人物であり、その人の名はここに書いてある」と。もっと獣らしく見えるために、キツネやアナグマや雄羊や雄ヤギの毛皮を着る人は大勢いるではないですか。これらの動物になりきるために彼らに欠けているのは尻尾だけなのです。自分たちがどれほど鳥類に近いかを示し、どれほど軽やかに雲へと舞い上がることができるかを知らせるために、ベレー帽や帽子に羽根をつける人は大勢いるのです。

サウリーノ　高貴な貴婦人たち、あるいは高貴な振る舞いをしたがる貴婦人たちについて、あなたは何と言うでしょうか。彼女たちは自分の子どもたちよりも獣のほうを大事にするのですから。彼女たちは次のように言いかねません。「わたしにそっくりのわたしの息子よ、おまえが人間の姿をしているのと同じように、ウサギや子犬やテンやネコやクロテンの姿をしていたらいいのに。ほんとうに、わたしは、人間の姿をしたおまえを、下女や、侍女や、この卑しい乳母に委ねたのだけれども、この不潔な、薄汚い、酔っぱらいの女は、たやすくおまえに汚れをうつして、おまえを殺すことになるのだわ。というのも、おまえは彼女と寝なければならないのだから。けれども、もしもおまえがかわいい動物の姿をしていたならば、わたしが自分の腕でおまえを抱き、おまえを支えて、おまえに乳を与え、おまえに櫛をかけ、おまえのために歌い、おまえを愛撫し、接吻したことでしょう。ちょうどいまわたしがこの別の優しい動物にしているようにね。わたしは、この動物がわたし以外の誰かに馴れるのを望まないし、わたし以外の誰かに触られるのを許しはしないわ。そして、それが別の部屋にいたり、わたしのベッド以外のベッドで寝ることがないようにするのだわ。そして、もしも残酷なアトロポス〔運命の女神の一人〕がこの動物をわたしから取り上げるとしたら、わたしはそれがおまえのように埋葬させることを許さないわ。わたしはそれに香油を塗り、その毛皮に香水を振りかけるわ。そして、壊れやすい頭や足のような部分を欠いた神聖な遺体にするように、エメラルドで上塗りされ、ダイヤや真珠やルビーをちりばめられた、黄金の像を作るのだわ。そして、わたしが栄誉ある姿を見せなければならないときには、わたしはそれを一緒に連れて行き、わたしの首に巻いたり、顔や口や鼻の側に近づけたり、腕で抱えたり、腕を垂直に下ろすときにはスカートまでそれを長く伸ばすのだわ。そうすれば、その一部分はかならず目につくのだから。」ここから明らかなように、これらの貴婦人たちは自分たちの息子に対してよりも獣に対してより熱く心を引かれており、息子よりも獣のほうが高貴であり、より栄誉があることを見せつけているのです。

ソフィア　もっと重要な議論に戻るとしましょう。偉大な君主である人たち、あるいはそうであると自認している人たちは、他者に対する自らの権力と神的卓越性をはっきりとしたしるしによって明らかにするために、頭に冠を付けるのです。冠とは多くの角の形以外の何物でもなく、これらの角が円になって頭に「冠をかぶせる」、〈すなわち〉「角を与える」のです。これらの角は大きくて人目につけば付くほど、より威厳がある姿を持ち、より大きな偉大さのしるしになるのです。それゆえに、公爵は、伯爵や侯爵が彼のものと同じ大きさの冠を持つことに嫉妬しています。そして、より大きな冠は国王に、最大の冠は皇帝にふさわしく、三重の冠は教皇のものなのです。教皇は最高の父祖として彼と彼の同僚のためにこの冠を持たなければならないのです。教皇はまた二つの角を持つ教皇冠をつねに採用しています。ヴェネツィアの指導者は頭の中央に角を付けて現れます。偉大なトルコの王は、ターバンの外から丸いピラミッドの形に角を高くまっすぐに出します。このことはみな、自然が獣に与えたこの美しい部分を、より良い技巧を用いて頭につけることによって、つまり自らが獣の本性を持つことを示すことによって、自らの偉大さの証言を与えるためになされているのです。ユダヤの民の指導者にして法の制定者ほどこのことを効果的に示した人は、過去にいませんでしたし、その後も現れませんでした。すなわち、このモーゼは、エジプト人たちのすべての学芸を身に付けてファラオの宮殿から出ました。そして、多くのしるしによって、魔術に通じていた人たちすべてに打ち勝ったのです。彼は、あの民への神からの使者であり、ヘブライ人たちの神の権威であったのですが、その自らの卓越性をどのように示したのでしょうか。彼がシナイ山から偉大な石板を持って降りてきたとき、ただの人間の姿をしていたとお思いですか。彼は、彼の額から枝のように伸びていた一組の角を付けた尊敬すべき姿で現れたのです。この威厳に満ちた姿を前にして、彼を見ていたあの彷徨える民の勇気が欠けていたために、彼は覆いで顔を覆わなければなりませんでした。このことはまた、威厳を保ち、あの人間離れした神的な姿を、あまり親しみやすくしないためにもなされたのです。

サウリーノ　偉大なトルコ王も親しい接見をしないときには、覆いを彼の前に置くという話を聞いています。ジェノヴァのカステッロの僧侶たちがベールに覆われた尻尾を短い間示して、信者たちに接吻させたのを、わたしは見たことがあります。彼らはこう言っていました。「触ってはいけない、接吻しなさい。これは、オリーブ山からエルサレムへとわれらが神をお運びになった、あの祝福されたロバ様の聖なる遺物なのだ。これを崇拝し、接吻し、施しを差し出しなさい。〈その幾倍をも受け、その永遠の生命を受けつぐであろう〉」77。

■　角を付けることの本来の意味

ソフィア　この話はそのへんにして、本題に戻りましょう。この選ばれた民について、頭に角を付けて油を注ぐことなしには誰も王になってはならないと、法によって定められています。そして、聖なるものとされた角からあの王の液体が流れ出ることが命じられています。それは、このことによって、王の威厳を維持し、流出し、生み出す二本の角の威厳が明らかになるためなのです。さて、死んだ獣の一部の遺物がこれほど有名であるならば、借り物の角ではなく、自然の永遠の恩恵によって角を持つ、生きた丸ごとの獣についてはどう考えるべきでしょうか。わたしはモーゼの権威に則って語っています。彼は、法と書において、つねに以下の、あるいは以下のものに似た、脅迫を用いています。すなわち、「わが民よ、われわれのエホヴァの言葉を聞きなさい。『わたしの規則を破る者たちよ、わたしはおまえたちの角を取り去るだろう。わたしの法の侵犯者たちよ、わたしはおまえたちの角を弱め、消し去るだろう。悪党どもや破廉恥漢どもよ、わたしはお前たちの角をなくすだろう』」と言っているのです。同様に、彼は通常以下の、ないしは以下のものに似た約束しか用いません。すなわち、「わたしの選ばれた民よ、わたし自身にかけておまえに誓おう。わたしはおまえに角を付けよう。おまえに角を与えよう。わたしの忠実な民よ、安心しなさい。おまえの角に悪しきことは起きず、それらは減じることがないだろう。聖なる民よ、祝福された息子たちよ、わたしはおまえたちの角を高め、賛美し、崇高なものにするだろう。なぜならば、正しい者たちの角は褒め称えられなければならないからだ」と言っています。それゆえに、角には輝きと卓越性と力があることは明らかです。角は英雄や獣や神々のものだからです。

サウリーノ　評判が悪い男やある種の栄誉を失った〔妻が姦通された〕男を「角がある」と呼ぶ習慣はどこから来るのでしょうか。

ソフィア　幾人かの豚のような無知な人間が時としてあなたを哲学者（それは、もしも真実ならば、人間が持つことができるもっとも栄誉ある称号なのですが）と呼び、あなたに危害を与え中傷するためにそう言うのは、どこから来るのでしょうか。

サウリーノ　ある種の嫉妬からです。

ソフィア　狂人や愚人が時にはあなたに哲学者と呼ばれるのは、どこから来るのでしょうか。

サウリーノ　ある種の皮肉からです。

ソフィア　同じように、栄誉と賞賛を受ける者たちもまたそうでない者たちも、ある種の嫉妬やある種の皮肉によって、「角がある」と呼ばれることになるのです。

さて、イシスは雄ヤギに関する話を締めくくって、彼は角を持ち、獣であるだけでなく、神々に角を与え獣にした（このことはそれ自体として、神的形相ないし実体がすべての基体を通って、それらとともに、それらによって、あるいは浸透し、あるいは展開され、あるいは与えられる異なった方法に関する、自然と魔術の事柄についての偉大な教説と判断を含んでいます。）がゆえに、天だけでなく、もっと大きなより良い場所に値する神であると言いました。

■ 聖人崇拝の批判

そして、より卑しい偶像崇拝者たちが、それどころかギリシャや世界の他の部分のもっとも卑しい人間たちが、エジプト人たちをののしることについて、イシスは次のように答えました。すなわち、もしもエジプト人たちの崇拝においてふさわしくないこと（それはある意味で必要なことなのだが）がなされるとするならば、そしてもしも彼らが、便宜と必要ゆえに、生きた獣や生きた植物や生きた星々や息を吹き込まれた石像や金属の像（それらの中で、それらに固有の形相以上に内的なものはないのですが）の中に神性（それは、それ自身においては一であり、純一であり、絶対的ですが、すべてのものどもの中では多くの形を持つ者であり、あらゆる形を持つ者なのです）を崇拝することによって、罪を犯すならば、あのもうひとつの崇拝はそれとは比較にならないほど劣悪である、そしていかなる便宜や必要性もなく、それどころかあらゆる理性と威厳を欠いて、神の服や肩書きやしるしのもとに、獣やそれよりも劣悪な者どもを崇拝するあの輩の罪ははるかに大きなものである、とイシスは答えたのです。賢者たちが知っているように、エジプト人たちは、生きた獣と植物という自然の外見から出発して、神性へと上昇し、（彼らの成功が示すように）神性に浸透したのです。それに対して、あの輩たちは、彼らの偶像の壮麗な衣服から出発して（彼らはある人たちの頭にアポロンの黄金の光線を付け、別の人たちにケレスの恩恵を与え、別の人たちにディアナの純潔を与え、別の人たちにワシを、別の人たちの手にユピテルの王錫と稲妻を与えたのです。）、われわれの獣ほどの才知も持たない神々を実質的に崇拝するまでに成り下がったのです。というのも、彼らの崇拝が最終的に向けられたのは、死すべき、取るに足らない、悪名高い、愚かな、恥ずべき、狂信的な、不名誉な、不幸な、悪霊から霊感を受けた、才能や雄弁やいかなる徳も欠いた人間たちだったのですから。これらの人間たちは、生きているときには、それ自体として何の価値もなく、死んだ後でも、それ自体としても、別の目的のためにも、価値を持ち得ないのです。そして、彼らのせいで人類の尊厳は糞尿によってたいそう汚され、人類は知識の代わりに獣以下の無知によって養われ、その結果真の市民的正義なしに治められることになったのですが、これらすべては彼らの賢慮によって生じたのではなく、運命が自らのときと有為転変を闇に与えているからなのです。

■〈雄ヤギ〉は〈自由〉とともに天に留まる

そして、イシスは、ユピテルに向かって以下の言葉を付け加えました。「父よ、多くの獣たちに対するあなたの処置はとても残念なものです。あなたは彼らが獣であるがゆえに、天にふさわしくないとしているように思われます。けれども、わたしが示したように、彼らはたいそうな威厳を持っているのです。」

それに対して、雷鳴を司る神は答えました。「娘よ、獣だからそうしているのではないのだよ。もしも他の神々が獣であることを軽蔑していたら、これほど多くのこのような変身はそもそも生じなかっただろう。それゆえに、彼らがヒュポスタシス的実体のもとに留まることができないし、留まるべきでもないので、彼らはそこに肖像として留まるがいい。そして、この肖像は、その場所に定められた諸徳を意味し、それらのしるしと形姿になるがいい。そして、いくつかの獣は、(人類に対して復讐する用意がある動物であるがゆえに)明白に悪徳を意味しているが、だからといってそれらが、(別のしかたで、それら自身か他の者たちに対してたいそう好意的な)神的徳を欠いているわけではないのだ。というのも、熊やサソリや他の獣がそうであるように、絶対的な悪は何ひとつなく、悪とはある種の観点においてのみ存在するからだ。このことは、わたしの提案に矛盾するのではなく、それと折り合いが付くのだ。おまえはそれを見ることができたし、これからも見ることになるだろう。それゆえに、わたしは、〈真理〉が〈熊〉の、〈雅量〉が〈ワシ〉の、〈人類愛〉が〈イルカ〉の形と名前のもとにあっても気にかけないし、他の徳に関しても同様だ。

おまえの〈雄ヤギ〉の話に戻るとしよう。わたしが天を去らなければならない獣の名を最初に列挙したときに言ったことを知っているだろう。彼が除外された獣の中に入っていたことをおまえは覚えているはずだ。それゆえに、おまえが挙げた理由によっても、また挙げることが可能な他の多くのそれに劣らず重要な理由によっても、彼は彼の座を享受するがいい。そして、彼とともに、精神の〈自由〉(時に〈君主制〉――ただし貪欲な坊主たちのではない――がその役に立つことがあるが)と〈隠遁〉と〈孤独〉が留まるに値する。それらは良き〈脱我〉という神的な印を生み出すのが常だからだ。」

■〈水瓶〉の追放。人類の起源について。〈節制〉の導入

次にテティスが〈水瓶〉をどうするか尋ねました。ユピテルは答えました。「彼は行って、人間たちを探し、洪水の問いを解決すればいい[78]。そして、それがどのようにして世界中で起きたのか、なぜ世界の水門が全部開か

れたのかを教えれば良い。そして、その洪水が部分的なものであった（というのも、海や川の水が両半球をともに覆うのは不可能であり、それどころか回帰線と赤道のこちら側とあちら側をともに覆うこともできないのだから。）という謬見を人間たちが信じないように説得するべきだ。さらに彼は、波に呑まれた人類の生き残りがわれわれの住むギリシャのオリンポス山に来たのであって、アメリカの山々やシシリアのモンテベッロやその他の場所にではないことを、人間たちに理解させなければならない。さらに彼は以下のことを人間たちに説明しなければならない。すなわち、様々な人種が異なった大陸に存在するのは、母なる自然の胎内から現れた他の動物の種とは違って、移民と航海によって生じたのである。実際、彼らは最初の船が発明される前に存在していた船によって導かれたのだ。というのも最近になって、新大陸と呼ばれる大地の新しい部分が発見されたが、そこには一万年以上前の記念物が存在するからだ（ギリシャ人やドゥルイド人やメルクリウスの表が差し出すいまいましい理由はわきにおくことにしよう。それらは二万年という時間を数えており、しかもそれは、貧弱な注釈家たちが言うような月の暦によるものではなく、冬から冬へ、春から春へ、秋から秋へ、ひとつの季節からもうひとつの同じ季節へと計算する指輪に似た丸い年から成るものなのだ）。ここでの年とは、先に言ったように、完全で丸いもののことだ。というのも、彼らの四ヶ月とは四季のことであり、年がもっと少なく分割されたときには、それはもっと大きな月に分割されていたのだから。しかし彼は、おまえたちでも考えられるような不都合を避けるために、これらの年代を調整する何らかのうまい手立てを見つけて、この信仰を巧妙に維持するべきだ。そして、説明したり弁解したりできないことは、大胆に否定し、人間たちはみな嘘吐きなのだから、人間たちよりも神々（彼らの書簡と特許と印章を彼は持っているのだが）のほうをより信頼すべきだと、言うべきだ。」

ここでモムスが言葉を挟みました。「しかし、次のように弁明したらいいでしょう。すなわち、新大陸の住民は人類の一部ではないのです。というのも、彼らは四肢や容姿や頭脳において人間にたいそう似ていますが、人間ではないからです。彼らは、多くの場合、より賢明であり、神の崇拝においても人間ほど無知ではないからです。」

メルクリウスが、このことは納得しがたいことだと答えました。「年代記に関しては、一年を長くしたり短くしたりすることで、たやすく調整できるでしょう。しかし、別の穏健な理由を見つけたほうがいいでしょう。たとえば、風に吹かれて人間が新大陸にやってきたとか、あるいは鯨が人々をある国で呑み込んで、彼らを生きたまま運んで、別の国や別の大陸で吐き出した、とかの理由をです。そうでもしないと、われわれギリシャの神々は、混乱してしまうでしょう。というのもユピテルよ、あなたは、デウカリオン79を通じてすべての人間を蘇らせたのではなく、人間の一部を蘇らせたにすぎない、と言われるようになるからです。」

「このことにどう配慮するかについては、時間があるときに話すとしよう」とユピテルは言いました。そして、〈水瓶〉の使命について、次のように付け加えました。すなわち、〈水瓶〉は、ユピテルがいまに至るまで、天において、ギリシャ人やヘブライ人やエジプト人や他の民の神であったかどうか、そしてデウカリオンやノアやオトリウスやオシリスといった名を持っているかどうか、を巡る論争に決着をつけなければなりません。そして、〈水瓶〉は、ユピテルが、ワインへの愛ゆえに酔っぱらって彼の民族の生殖原理を息子たちに見せたあの父祖ノアであったかについて、最終的にけりをつけなければなりません。ノアがこのような行為に及んだ目的は、二人の男性が後ろ向きに歩きながら父の開けっぴろげの下腹部に布をかぶせたときに、洪水の波の深淵に呑み込まれたあの民族の復元的原理がどこに存するかを示すためだったのですが。あるいは、ユピテルが、テッサリアのデウカリオンであったのかについて決着をつけなければなりません。デウカリオンには、彼の妻のピッラとともに、人間を回復する原理が石にあることが示されたのです。このことが起きたのは、男と女である二人の人間が後ろ向きに歩きながら、これらの石を後ろに向かって、母なる大地の開かれた懐へと投げたときなのですが。そして、〈水瓶〉は、これら二種類の語り口のうちの、(両方を史実とすることはできないので)どちらが寓話でどちらが史実であるのか、そしてもしも両方とも寓話である場合には、どちらが母でどちらが娘なのか、そしてそれらを隠匿されるに値する何らかの真理の隠喩へと還元することができるかどうか、を示さなければなりません。

しかし、〈水瓶〉は、カルデア人の魔術の力がユダヤ人のカバラに由来すると推量してはなりません。というのも、ヘブライ人は大地の排泄物であるということは証明されており、エジプト人がヘブライ人から何らかの原理(価値あるものも無価値なものも)をもらったということを本当らしくでっちあげることができた人はいまだに存在しないからです。それゆえに、われわれギリシャ人は、われわれの寓話や隠喩や教説の親として、文芸と高貴さの偉大な王国であるエジプトを認めており、あの民族を認めているわけではありません。あの民族は、一片の土地も、生得の権利によってやあるいは市民的正義によっても、彼らのものとして所有したことがありません。それゆえにユダヤ人は、長い悪運の暴力のもとに世界の一部であることを妨げられてきたように、生得の権利においても世界の一部ではないと、じゅうぶんに結論づけることができるのです。

サウリーノ　ソフィアさん、ユピテルがこのことを言ったのは嫉妬のせいなのでしょう。というのも、彼らは地上の人間に属する民族ではなくむしろ天上の神的な民族であるがゆえに、聖なる民と呼ばれるし、そのように呼ばれるに値するからです。そして、この世界には彼らに値する部分がないので、彼らは天使たちによってもうひとつの世界の相続人として認められているのです。このもうひとつの世界は、いかなる人間といえども、偉大であれ卑小であれ、賢明であれ愚かであれ、力によっても、選択によっても、運命によってもそれを獲得し、確実に自らのものとして保持することができないぶん、よりいっそう価値があるのです。

ソフィア　サウリーノさん、本題に戻るとしましょう。

サウリーノ　それでは、あの場所を何が継承するのをユピテルが望んだかおっしゃってください。

ソフィア　〈節制〉と〈礼節〉と〈洗練〉です。そして、下界に追い払われたのは、〈不節制〉と〈過度〉と〈苦々しさ〉と〈粗野〉と〈野蛮〉です。

サウリーノ　ソフィアさん、どのようにして〈節制〉は〈洗練〉と同じ席を獲得するのですか。

ソフィア　母親が娘と一緒に住むようにです。というのも、感覚的かつ知的な情念に関する不節制のせいで、家族や共和国や市民的対話や世界は解消され混乱に陥り、消滅し、流れ去るからです。そして、〈節制〉こそが、すべてを改革するものなのです。これらの部屋を見に行くときに、あなたにこのことを示しましょう。

サウリーノ　いいでしょう。

■〈魚〉の追放と〈沈黙〉の導入

ソフィア　それでは、〈魚〉について話をするとしましょう。クピドの美しい母が立ち上がり言いました。「神々よ、わたしに対するあなたがたの善意と愛にかけて、わたしは、心底から、あなたたちにわたしの名付け親たちを推薦します。彼らは、エウフラテスの川岸であの大きな卵を産み、それはハトによって暖められて、わたしの同情を閉じ込めたのです。」

ユピテルが言いました。「それでは彼らはもといた場所に帰るがいい。そして、ここに長い間いたことにじゅうぶん満足するがいい。さらに、シリア人たちが破門されることなしに彼らを食べることができないという特権が確立されるがいい。そして、彼らは、傭兵隊長のメルクリウスのような男がやってきて、彼らの腹の卵を奪い取り、誰か盲目な人間の眼病を治すための何か新しい隠喩を作り出さないように用心するがいい。というのも、わたしはクピドが目を開くことを望まないからだ。実際、クピドは盲目の状態でありながらたいそう真っ直ぐに矢を射て、彼が欲するだけの数の傷をつけることができるのだから、もしも清涼な目を持ったら彼が何をしでかすことになるか、考えてもみなさい。それゆえに、彼らはあの地へ行くがいい。そしてわたしが言ったことを忘れないがいい。ご覧、〈沈黙〉と〈寡黙〉が、エジプトとギリシャでピクシスの像が持っていた姿で、口に人差し指を当てて、自分たちで彼らの場所を占めに向かっているよ。彼らを通り過ごさせよう。彼らに何も話したり聞いたりしてはならない。ご覧、別の側から、〈無駄話〉と〈饒舌〉と〈おしゃべり〉が彼らの召使や小姓や助手たちを連れて去っていくよ。」

モムスが言いました。「ベロニチェの髪と呼ばれているあの忌々しい髪は取り除かれなければなりません。そして、それはあのテッサリア人によって持ち出され、地上の誰か禿の王女に売りに出されればいいでしょう。」

ユピテルが答えました。「いいだろう。黄道帯の領域はこれで浄化されたわけだ。そこには、三百四十六の高貴な星々があり、それらのうちの五つは最大のものであり、九つは大きく、六十四は中ぐらいで、百三十三は小さく、百五はより小さく、二十七は最小で、三つは霧状なのだ。」

第三部　アンリ三世への期待

■〈クジラ〉の追放と〈平安〉の導入

雷鳴を司る神は言いました。「さて、天の第三の部分を整えなければならない。それは午《うま》の部分とも南の部分とも呼ばれている。ネプトゥーヌスよ、そこで最初に姿を現すのは、あのおまえの図体のでかい動物だ。」モムスが言いました。「もしもこの〈クジラ〉が、ニネヴェの預言者80にとってガレー船や馬車や天幕の代わりになり、この預言者がそれのために食事や薬や嘔吐剤になったところのあのクジラでないならば、もしもそれがペルセウスの凱旋のトロフィーでないならば、もしもそれがジャンニ・デ・オルコの先祖でないならば、もしもそれがコラ・カタンツァーノが地獄へ降りたときの獣でないならば、わたしには――天の共和国の偉大なる秘書官の一人であるにもかかわらず――それがどのような悪い動物であるかわかりません。（ユピテルが許すならば）それはサロニカに行くがいい。そして、〈破滅〉の女神の迷える民にとって何か美しい寓話を提供することができるか見てみるがいい。そして、この動物が嵐の中の泡立つ深海に姿を現すときには、その海のやがて来る――

その同じ日にではなく、それに続く日々の中の一日における——静けさを告げるがゆえに、わたしにはそれがそれの流儀に応じて精神の静寂の見事な典型であるに違いないと思われるのです。」

ユピテルは言いました。「心の〈平安〉というこの至高の徳が天に姿を現すのは良いことだ。なにしろこの徳は、人間たちを、世界の不安定さに対して堅固にし、運の危害に対して不動にし、管理の気遣いから遠ざけ、新奇なものを追い求めることをなくさせ、敵に対しては煩わしくなく、友人に対しては重苦しくないようにし、空虚な栄誉に無関心にし、偶然の多様さによって困惑することをなくし、死に遭遇しても揺らぐことがないようにするのだからね。」

■オリオン

それから、ネプトゥーヌスは尋ねました。「神々よ、わたしの大好きな子分であるあのオリオンはどうなるのですか。彼は、（語源学者たちによれば）恐怖のために天で放尿しているのですが。」

そこでモムスが答えた[81]。「神々よ、わたしに提案させてください。ナポリの格言が言うように、マカロニがチーズの中に落ちたのです。こいつは、奇跡を行うことができ、ネプトゥーヌスが知っているように、海の波の上を沈んだり足を濡らすことなしに歩くことができます。そして、このことによって結果としてその他多くのすばらしい芸当ができるのです。彼を人間の所に送りましょう。そしてわれわれが勝手気ままに考えたことを人間たちに伝えさせましょう。そして彼らに、白を黒と思わせ、人間知性は盲目であると思わせましょう。また、それによって人間たちがより良く物を見ることができる理性に鑑みれば、卓越して優れており、最善であるように見えるものは、下劣で破廉恥できわめて悪いものであると、思わせましょう。自然はあばずれの娼婦であり、自然法は非道であると思わせましょう。自然と神性は同じ善き目的において一致することなく、一方の正義は他方の正義に従属せず、両者は暗闇と光のように正反対である、と思わせましょう。神性全体がギリシャ人たちの母であり、他の民族に対しては意地悪な継母のようなものであり、それゆえに誰一人として、ギリシャ化する、〈すなわち〉ギリシャ人になることなしには、神々に気に入られることはないと思わせましょう。そして、その理由として、ギリシャが持つもっとも破廉恥な怠け者でさえも、神々の民族に属するがゆえに、共和制の時代のローマや他の民族が輩出することができたもっとも公正で雅量のある人間よりも――この人間が習俗や学問や強さや判断や美や権威においてどれほど勝っていようとも――比較を絶して勝っていると思わせましょう。なぜならば、これらは自然の贈り物であり、神々に軽蔑され、より大きな特権を享受できない者たちに残されているからです。より大きな特権とは、神が贈る超自然的なものであり、たとえば水の上を飛び越えたり、カニを躍らせたり、足の不自由な人たちを宙返りさせたり、モグラが眼鏡をかけずに見ることができるようにしたり、その他数えきれないすばらしい芸当をなすものなのです。彼はこのことによって、彼らをわれわれと似た者にする哲学やあらゆる観想やあらゆる魔術は、狂気以外の何物でもないと説得するでしょう。また、あらゆる英雄的な行為は臆病であり、無知は、労苦なしに獲得でき魂を胆汁質にしないために、世界で一番美しい学問であると説得することでしょう。このようにして、彼は――われわれの悪党たちがギリシャ人であるがゆえに、あるいはギリシャ化されているがゆえに、神々とみなされるようにすることで――われわれが失った祭礼と名誉をもしかすると回復し、さらに増大させることができるかもしれません。

しかし、神々よ、わたしはあなたたちにこの助言をする際に、一抹の恐れを隠すことができません。というのも、わたしには虫の知らせがあるのです。この男〔オリオン〕は、ひとたび味をしめるや、それに満足せず、『偉大なるユピテルはユピテルでなく、オリオンがユピテルである、そしてすべての神々はキマエラや空想以外の何ものでもない』と、人々に言い、信じさせることになる可能性がある、と。さしあたって、彼が自らをわれわれに勝ったものにすることができる多くの巧妙なパーフォーマンスを行うことを、〔格言に言うところの〕〈あらゆる手段を尽くして〉われわれが許可しないことが適切だと思われます。」

ここで、賢明なミネルヴァが答えました。「モムスよ、あなたがどういう意味でこれらの言葉を話し、これらの助言を与え、これらの警告をしているのかわたしにはわかりませんが、どうやらあなたの話は皮肉に満ちたものだと思われます。なぜならば、『神々は、これらの貧弱な手段を使って人間たちのもとで栄誉を乞う』と考えるほど、そして〔これらの詐欺師たちに関して〕『彼らを評価する者の無知と獣性に基づく彼らの偽りの名声は、彼らの無価値と最高の恥辱の確証であるよりも、むしろ彼らの名誉である』と考えるほど、あなたが狂っていると思うわけにはいかないからです。神性と支配的な真理の目にとって大事なことは、人間たちの誰にも知られないとしても、その人が善良で価値がある、ということです。それに対して、別の人が偽りによってすべての人間から神とみなされるようになったとしても、このことはその人に何の価値も加えません。というのも、この人は単に運命によって道具と指標にされたにすぎないからです。この道具と指標によって、この人が卑しくあさましく唾棄すべき人間であればあるほど、彼を評価するすべての人間たちのより大きな無価値と狂気が明らかになるのです。したがって、ギリシャ人でありいくばくの価値を持つオリオンだけでなく、世界中でもっとも無価値で腐敗した民族に属する、もっとも下劣で薄汚い本性と精神を持つ人間を取り上げ、彼がユピテルと崇められるとしましょう。だからといって、彼がユピテルにおいて栄誉を受けるのでも、ユピテルが彼において軽蔑されるわけでもないのです。彼は、仮面で自らを隠すことによって、その地位や王座を獲得するかもしれません。しかし、他の人間たちは彼において貶められ、非難されることになるのです。それゆえに、悪霊の助けによって盲目な人間たちの猿となり嘲笑の的となるからといって、悪党が栄誉を得ることはけっしてないでしょう。」

■オリオンの処遇と〈精励〉の導入

ユピテルが言いました。「あらゆる未来の醜聞を避けるために、この男〔オリオン〕に関してわたしがどういう決定を下すか分かるかい。わたしは彼を下界へと去らせるつもりだ。そして、些事や手練手管や詐術やトリックやその他のまったく役に立たない奇跡を行う力を、彼が全部失うように命じることにする。というのも、世界という共和国にとって必要な諸事の中に見出され、それらに存している、あのたいそう卓越した威厳ある気質を彼が破壊するのを、わたしは望まないからだ。実際、この気質はたやすく騙されやすく、その結果狂気へと傾きやすく、あらゆる堕落と無価値に陥る傾向があるのだから。それゆえに、わたしは、われわれの名声がこの男や彼と似た男の裁量に委ねられるを望まない。というのも、自らの隊長や寛大な侯爵に自らの支配を覆すことができるほど大きな権力と権威を与える王が狂っているならば（このことは王国にとって危害を及ぼすものになるとはかぎらない。王国は隊長や伯爵によって、王によってと同じほど、あるいはそれ以上にうまく統治されることができるのだから。）、その王が唾棄すべき卑賤な男に同じ権威を与えた場合、彼はもっと頭がおかしく、矯正者や後見人が必要になるからだ。実際、この男によって無知が学問とみなされ、高貴さが軽蔑され、粗野が名誉を得ることになり、結果として、すべてが卑しくなり、破壊され、混乱され、転倒することになるのだから。」

ミネルヴァが言いました。「彼はただちに発つがいいでしょう。そして、その場所を〈精励〉と戦争の〈鍛練〉と軍事〈技術〉が継いで、祖国の平和と権威を維持するがいいでしょう。そして、これらの徳は、野蛮人たちと戦い、彼らに打ち勝ち、彼らを市民生活と人間的な会話に導くがいいでしょう。非人間的で、薄汚く、野蛮で、獣にふさわしい祭祀や宗教や犠牲や法を消滅させるがいいでしょう。というのも、少人数である高貴な知者たちや真に善良な人たちを圧倒する卑しい無知な破廉恥漢たちの大群のせいで、このことを成し遂げるためには、時にはわたしの槍先なしにはわたしの知恵だけでは足りないからです。何しろこれらの悪行は世界に根を生やし、芽生え、増えているのですから。」

ユピテルは答えました。「わが娘よ、これら最後に述べた事柄に対しては知恵だけでじゅうぶんだ。それらは、脆弱な基盤しか持たないものとして、おのずから老い、落ちぶれ、時間に呑み込まれて消化されることだろう。」

パラスは言いました。「しかし、われわれが彼らを改良する前に彼らがわれわれを破壊しないために、彼らに抵抗し反撃しなければなりません。」

■ エリダヌス川の処遇

ユピテルが言いました。「エリダヌス川について語ることにしよう。この川をどう扱っていいのか、わたしには分からない。われわれが語った他のものは、天に座を占めるにあたって地上を離れたが、この川だけは地上と天の両方に存在している。この川は、ここにあると同時にあそこにあり、内にあると同時に外にあり、高みにあると同時に低いところにある。それは、天上のものにも地上のものにも関与している。イタリアにもあり、この南の領域にもある。それに場所を与える必要はなく、むしろそれから何か場所を取り上げる必要があるように、わたしには思われるのだ。」

モムスが言いました。「父よ、それどころか、それが創造され、命名され、呼びかけられ、敬われる場所すべてにおいて、それが存在するようにしたほうがふさわしいと思われます。（というのも、エリダヌス川には、同じものが多くの場所に、実体的かつ個人的に、存在することができるという特性があるからです。）このことすべての費用で、利息を払うことなしに、もしかするとじゅうぶんな報酬を伴ってなされ得るのです。ただし、その際には以下のようにしなければなりません。すなわち、この川の、想像され、命名され、呼びかけられ、敬われた魚を食べる者は、まるでそれを食べなかった者とかかわらず、同様にこの川の水を飲む者は、それを飲まなかった者とかかわらず、それを頭で思い描く者は、この川について頭が空っぽの者とかかわらず、この川のネレイデスやニンフたちを仲間にする者は、茫然自失の状態にある者と同じように孤独である、ということです。」

ユピテルが言いました。「いいだろう。いかなる危害もないのだから。というのも、この川のせいで、他の者たちが食物を欠いたり、飲み物を欠いたり、頭が空になったり、仲間を欠いたりすることはないのだから。実際、彼らの食べることや、飲むことや、頭で思い描くことや、仲間に持つことは、想像や命名や呼びかけや敬意においてのことなのだから。それゆえに、モムスの提案にしたがうとしよう。他の神々もそれに同意していることだし。それゆえに、エリダヌス川は天に座を占めているが、それは想像力に頼ってのことにすぎない。したがって、この同じ場所に別のもの——われわれはそれについて近々別の日に決めることにするが——が本当に存在するとしてもかまわないだろう[82]。われわれは、この座について大熊座についてと同じように考えるべきなのだ。

■〈ウサギ〉の追放と〈希望〉の導入

今度は〈ウサギ〉について配慮することにしよう。わたしはそれが、死の〈観想〉による恐怖の象徴であったと思いたい。と同時に可能なかぎり、〈恐怖〉の正反対である〈希望〉と〈確信〉の原型であったとも思いたい。というのも、どちらも、〈熟慮〉の娘であり〈賢慮〉に使えるかぎり、ある意味で徳であるか、あるいは少なくとも徳の素材だからだ。しかし、〈虚しい恐怖〉と〈臆病〉と〈絶望〉は、〈ウサギ〉とともに下界に行き、愚かで無知な心の持ち主に真の地獄と苦痛の冥界を作り出すがいい。下界には、偽りの想い（それらは、愚かな〈信頼〉と目が見えない〈信心〉によって生み出され、養われ、育てられたのだが）を媒介にして、偽りの〈懐疑〉と死に対する盲目の〈驚愕〉が戸を開けて入らないような隠れた場所は存在してはならない。しかし、それら（偽りの〈懐疑〉と死に対する盲目の〈驚愕〉）が近づいてはならず、近づこうとしても無駄な場所が下界にもある。それは、真の哲学的観想の無敵の壁に囲まれた場所であり、そこでは静寂な生が武装されて高く掲げられ、真理が露わにされ、あらゆる実体が必然的に永遠であることが明白になるのだ。そして、さまようことがない高次の自然への順応に存する、人間的な完成と正義のみが、その場所を奪取することができるのだ。」

そこでモムスが言いました。「ユピテルよ、ウサギを食べる者が美しくなるということが分かりました。それゆえに、この天の動物を食べる者は誰もが、男であろうが女であろうが、醜い者から見栄えがいい者になり、無様な者から優美な者になり、醜悪で嫌悪をもよおすものから快適で優しいものになるようにしましょう。そして、それを食し、消化し、それと同化する、お腹や胃が祝福されるようにしましょう。」

ディアナが言いました。「そうですね。けれども、わたしのウサギの精子が失われることがないようにしてください。」

モムスが言いました。「ウサギが食べられたり飲まれたりせずに、ウサギに触れる歯やそれに触る手やそれを見る目やもしかするとそれを捕える場所が存在することなしに、全世界がそれを飲食できる方法をあなたに言いましょう[83]。」

■〈大犬〉の追放と〈伝道〉の導入。狩猟を巡る議論

ユピテルが言いました。「このことについては、後で話しなさい。いまは、その後を走るこの〈大犬〉に話題を移すことにしよう。それは何百年もの間ウサギを精神において捕えているが、これ以上狩りを続ける材料を失うことを恐れて、それを本当に捕まえる時がないのだ。そして、長時間をかけて、ウサギの後から吠えながら、ウサギの答えを聞く振りをしているのだ。」

モムスが言いました。「父よ、この犬について、わたしはいつも嘆いたものです。テーバイの狐を追いかけるはずのマスティフ犬をあなたが天に昇らせて、（狐が地上で岩に変身しているというのに）この犬をウサギの尻尾を追いかけるグレーハウンドのように扱っているのは、まずい配慮だからです。」

ユピテルは言いました。「〈決めたことを変えるわけにはいかない〉。」

モムスが言いました。「問題は、ユピテルが、自分が絶対的権威を持つということを知らしめるために、彼の意思を正義とし、彼の行いを運命による決定としている、ということです。その結果、彼が過ちを犯すこと、あるいはかつて犯したこと、を信じる余地がなくなってしまったのです。それに対して他の神々は、分別が足らないために、時には後悔したり自らの意見を撤回したり、正したりすることができるのです。」

ユピテルが言いました。「おまえは、個別的なことから一般的な命題を推測しようとしているようだが、それではわれわれはいま何をするべきだと思うのかね。」

モムスは、自分が種別的に（すなわち類似した事柄において）一般的な推量をし、類的に（すなわちすべての事柄において）しなかったことを詫びました。

サウリーノ　見事な註釈です。違いがあるところに類似はないのですから。

ソフィア　モムスはさらに言いました。「それゆえに、聖なる父よ、あなたの力はたいそう大きく、大地から天を、石からパンを、パンから別の物を作ることができます。それどころか、あなたは存在せず作ることもできないものをも作ることができます。ですから、どうか威風ある物狂い、王の狂気、皇帝にふさわしい狂乱である、狩人たちの技術、〈すなわち〉狩猟を、徳や宗教や聖なるものにしてください。そして、野生の獣を殺し、皮をはぎ、バラバラにし、その内臓を取り出す、殺し屋であることに大いなる栄誉を与えてください。このことはディアナがあなたにお願いするのがふさわしいことですが、それにもかかわらずあえてわたしからお願いします。というのも、恩恵や高位を嘆願する際には、当事者自身が姿を現し自己紹介し提案をするよりも、むしろ別人が間に入るほうが、時には誠実なことだからです。というのも、当事者自身が提案した場合、それが拒否されたときには彼に対する軽蔑がより大きなものになるし、当事者が求めていることが認められたときにも彼の品格に傷が付くことになるからです。」

ユピテルが言いました。「肉屋であるということは、（ドイツの特定の地域でそうみなされているように）死刑執行人であるよりももっと卑しい生業である。というのも、死刑執行人の生業は、人間の体にしか手をかけず、時には正義に仕えることになるのだが、肉屋は可哀想な獣の体に手をかけ、常軌を逸した喉につねに仕えているのだから。この喉は、人間の体質と生にとってよりふさわしい、自然によって命じられた食べ物に満足しないものなのだ。（他のもっとふさわしい理由については、ここでは触れないことにする。）同様に、狩人であるということは、肉屋であることに劣らず卑賤な生業である。というのも、獣という点で、森に住む野生の動物は平地に住む家畜に劣らないのだから。それにもかかわらず、わたしの娘、ディアナをわたしが非難しないために、そして彼女が非難の対象にならないために、わたしは以下の命を下したい。すなわち、人間の殺害者であることは不名誉なことであり、肉屋であること、〈すなわち〉家畜の殺し屋であることは卑しいことであるが、森に住む獣の死刑執行人であることは名誉であり名声であり栄光である、という命をだ。」

モムスが言いました。「この命令は、静止する、あるいは前進するユピテルにではなく、後退するユピテルにふさわしいものですね。わたしはいつも驚きとともに見たものですが、これらディアナの神官たちは、ダマジカや野ヤギや鹿やイノシシやこの類の別の動物を殺すと、大地に跪き、帽子を取り、天へと手を挙げます。それから、自分たちの新月刀で獣の頭を切断し、他の四肢に触る前に、心臓を取り出します。そして、このようにして神的な祭儀において小さなナイフを使いながら、他の儀式へとだんだんと進んでいくのです。このことは、以下のことを明らかにするためになされるのです。すなわち、この仕事の仲間を受け入れずに、他の者どもが彼の周りを取り囲みある種の尊敬の念と偽りの感嘆をもって彼を眺める――そのような男だけが、いかにも信心深い大仕掛けの中で獣の振る舞いをすることができる、ということが明らかになるのです。そして、この男は、唯一の殺し屋であるにもかかわらず、ただ一人魔法の呪文を唱えることを許され至聖の場所に足を踏み入れることができる最高の神官であると自分では思っているのです。けれども、悪いことに、これらのアクタイオンたちが荒野の鹿を追跡しているうちに、彼らのディアナによって家畜の鹿に変身させられてしまうのです。彼らのディアナは、魔術的な儀式によって彼らの顔に息を吹きかけ、泉の水を彼らに注ぎ、三度こう唱えるのです。

〈もしもおまえが獣を見、
獣と一緒に走っていたならば、
かつておまえと一緒に走っていたわたしを、
おまえはガリレアにて見ることだろう[84]〉

あるいは、俗語によって、別のしかたで、次のように歌うかもしれません。

おまえの部屋を離れて、
獣を追いなさい。

たいそう熱心に
その後を走りなさい。
そうすればおまえ自身が実体において
その仲間となることができるだろう。アーメン。」

ユピテルは話を結論に導きながら言いました。「したがって、わたしは――獣についてのイシスの発言を考慮して、かつまた狩人たちがたいそう熱心に、注意深く、そして信心深い祭儀を伴って、自らが鹿やイノシシや野獣や獣に変身するという事実に鑑みて――狩猟が徳であることを望む。それは、たいそう英雄的な徳であり、君主がダマジカやウサギや鹿や他の野獣を追いかけるときには、敵の軍勢が彼の前を駈けていると思わなければならない。そして、何かを捕えたときには、彼がもっとも恐れている君主か僭主を捕虜にしたと思い込まなければならない。そうすることによって、彼は、これらの美しい儀式をとり行い、熱烈な感謝を捧げ、あの美しくも神聖な些事を天へと差し出す理由を持つことになるのだ。」

モムスが言いました。「猟犬に関する見事な配慮です。この猟犬は、コルシカかイギリスに送るといいでしょう。そして、その場所を真理の〈伝道〉と〈僭主殺し〉と祖国や家のことに関する〈熱心〉と共和国に関する〈注意〉と〈保護〉と〈配慮〉が継承すればいいでしょう。」

〈子犬〉の追放と〈社交性〉の導入

「それでは」、とモムスが続けました。「〈子犬〉をどうしましょうか。」

優しいヴェヌスが立ち上がりました。そして、彼女と彼女の侍女たちの暇つぶしのために、彼女たちの休暇中に、それが、愛嬌溢れる仕草をし、可愛いキスを振りまき、優しく尻尾を振りながら、彼女たちの膝の上で戯れることができるよう、神々にお願いをしました。

ユピテルは言いました。「よろしい。しかし娘よ、わたしはそれと一緒に、たいそう人気がある〈世辞〉と〈へつらい〉が、永遠に憎まれている〈熱心〉と〈軽蔑〉とともに去ることを望む。というのも、〈おとなしさ〉と〈社交性〉と〈寛大〉と〈感謝〉と純一な〈従順〉と慈愛に満ちた〈奉仕〉にその場所にいて欲しいからだ。」

美しい女神は答えました。「他のものに関しては、お望みのようにしてください。実際、これらの子犬なしには宮廷で幸福に生きることはできないのです。それはちょうど、あなたがお話しになった諸徳なしには、宮廷で有徳な生き方を貫くことができないようなものなのです。」

〈船〉の追放と〈気前の良さ〉の導入

パポス島の女神〔ヴェヌス〕が口を閉ざすや否や、ミネルヴァが口を開き、言いました。「わたしの美しい工芸品〔〈船〉〕を、何の目的のために定めるのですか。あの放浪する宮殿を、あの動く部屋を、あのさまよえる工房にして野獣を、生きた健康な体の持ち主たちを呑み込んで彼らを海の正反対の遠く離れた岸部に吐き出すあの本物のクジラを、どうするのですか。」

多くの神々が答えました。「それは、嫌悪すべき〈貪欲〉や卑しく性急な〈商売〉やすてばちの〈海賊行為〉や〈略奪〉や〈欺瞞〉や〈高利貸し〉やその他これらの悪徳の破廉恥な召使いや従者や取り巻きとともに、去るがいいでしょう。そしてそこには〈気前の良さ〉と〈雅量〉と精神の〈高貴〉と〈交際〉と〈義務〉とその他これらの徳にふさわしい従者と召使が座を占めるがいいでしょう。」

ミネルヴァが言いました。「それは誰かに与えられ、その人に属さなければなりません。」

「おまえが好きなようにするがいい。」とユピテルが言いました。

ミネルヴァが言いました。「それならば、それは誰か熱心なポルトガル人か好奇心が強く貪欲なイギリス人に仕えるがいいでしょう。そうすれば、この人はそれとともに西インドの方角に別の大地と領域を発見しに行くことができるからです。それは、頭の鋭いジェノヴァ人〔コロンブス〕が発見しておらず、頑固で吝嗇なスペイン人が足を踏み入れていない場所なのです。そうすれば、この土地も続いて、未来において、新しい大陸と海の、もっと好奇心が強く熱心で入念な探索者の役に立つことになるでしょう。」

■〈ヒドラ〉の処遇

ミネルヴァが発言を終えると、悲しげで頑固で憂鬱なサトゥルヌスが声をあげました。「神々よ、〈ロバ〉や〈雄羊〉や〈乙女〉とともに天に留まることを許されているものの中にこの〈ヒドラ〉も入るべきだと思われます。この古い偉大な蛇は、大胆で好奇心が強いプロメテウスがわれわれにもたらした恥の復讐を遂げた者として、天上の祖国を獲得するにじゅうぶんに値したのですから。プロメテウスは、われわれの栄誉の友であるよりもむしろ人間たちに好意を向けすぎており、人間たちに不死の特権を与えることによって、彼らをわれわれとまったく似た同等のものにしようとしたのです。この動物〔〈ヒドラ〉〕こそが、大地が生み出す他のすべての動物以上に賢明で巧妙で頭が良くずるがしこく繊細な、あの賢く注意深い動物なのです。わたしの息子であり、あなたたちの兄であり父であるユピテルを、プロメテウスが買収して、人間たちに永遠の命で満たされたあの皮袋と樽を与えようとしたとき、これらの荷をロバの背に乗せ人間界へと運ぼうとしました。そのときロバは御者の先を歩いていましたが、太陽の熱気に焼かれて疲労困憊し、渇きに肺までひからびたために、ヒドラに招かれて泉へと赴きました。そこで（泉は窪みにあり、水は地面より二三パルモ（一五―二三センチ）下にあったので）ロバは舌で水面を触れるために身を屈めなければなりませんでした。そのとき、背から樽が落ち、皮袋が破れて永遠の命は流れ去り、全部が大地の中に消え去り、後にはまるで冠のように草と一緒に泉を取り巻くぬかるみが残っただけなのです。ヒドラは命の水をほんの少し巧妙にも自分のために集めました。プロメテウスは混乱したままでした。人間たちは死すべき定めという悲しい状態のもとに置かれました。そして、人間たちの永遠の恥辱にして敵であるロバは、ユピテルの承認のもとに、人類によって、永遠の労苦と窮乏、存在し得る中でもっとも劣悪な食事、そして棒でしばしば強く打たれるという報酬へと断罪されたのです。このようにして、神々よ、ヒドラのお蔭で、人間たちはわれわれを幾分考慮するようになったのです。実際、いまでも彼らは――死すべき存在であり、自らの無力を知り、われわれに身を委ねることになるのを待っているにもかかわらず――われわれを軽蔑し、われわれの行いを馬鹿にし、われわれをサルやオナガザルのようにみなしているのです。もしも彼らがわれわれと同じように不死であったなら、彼らは何をしでかすことでしょうか。」

「サトゥルヌスの説明はなかなか見事なものだ。」とユピテルが言いました。

「それならば、ヒドラはそこに留まるがいいでしょう。」と神々全員が答えました。

ユピテルはさらに言いました。「しかし、〈嫉妬〉と〈悪口〉と〈陰謀〉と〈嘘〉と〈諍い〉と〈争い〉と〈不和〉は去るがいい。そして、それらと反対の徳は、ヘビの〈利発〉と〈注意〉とともに残るがいい。

■〈カラス〉の追放と〈魔術〉の導入

しかし、わたしはあの〈カラス〉がそこにいることに我慢がならない。それゆえに、アポロンがあの彼の神的で善良な従者、あの熱意ある使節にして勤勉な使者を取り去るがいい。この〈カラス〉は、神々がその熱心な奉仕によって自らの渇きを取り去ろうと期待したときに、神々の命令を見事に実行に移したのだ。」

アポロンが言いました。「もしもそれが支配者になりたいのならば、カラスの大群がいるイギリスに行くがいいでしょう。もしもそれが一人でいたいならば、サレルノの側のコルヴィーノ《カラス》山に行くがいいでしょう。もしも多くのイチジクの実があるところに行きたいならば、ニースからジェノヴァまでリグーリアの海が岸を濡らすフィゴニアの地域に行くがいいでしょう。もしも死体の味に惹かれているならば、カンパニアの地域を通過するか、あるいはローマとナポリの間の街道を通るがいいでしょう。そこには、大勢の泥棒が晒し台にかけられており、〈カラス〉がそこを通る際に、世界の他の場所では見出されない、生肉のもっとも豊富で豪勢なご馳走が順次ふるまわれることでしょう。」

ユピテルが言い足しました。「〈醜態〉と〈揶揄〉と〈軽蔑〉と〈饒舌〉と〈詐欺〉も下界へ降りるがいい。そして、結果によって善であると判断された〈魔術〉と〈預言〉とあらゆる〈予言〉と〈予測〉がその座を継承するがいい。」

■　カラスの隠喩の考察

サウリーノ　ソフィアさん、カラスの隠喩に関するあなたの見解を知りたいものです。この隠喩は、エジプトで最初に発明され作られました。それから物語の形で、ヘブライ人たちによって取り上げられました。そして彼らによってこの知識はバビロニアから発信され、ギリシャの詩人たちによって寓話の形で採用されました。ヘブライ人たちが言うには、人間たちが腹が破裂するほど水を飲まされて死んだときに、水が引いたかどうかを見るために、カラスがノアと呼ばれていた人間によって箱船から送り出されました。そして、この生き物は、死体の味に魅せられて、そこに留まり、使節としての仕事を果たして帰ることはなかったのです。この話は、エジプト人とギリシャ人が語ることと正反対のように思われます。彼らによれば、カラスは、神々が渇きによってほとんど死にかけていたときに、水を見つけるために、彼らがアポロンと呼ぶ神によって天から派遣されたのです。そして、この生き物は、イチジクの味に魅せられて、何日もそこに留まり、水を運ぶことなしに、そして（おそらくは）瓶を失って、ようやく遅れて帰ったのです。

ソフィア　いまは、この知識が詰まった隠喩を長々と説明するつもりはありません。しかし、ひとつだけあなたに言っておきましょう。エジプト人たちの発言とヘブライ人たちの発言はすべて、同じ隠喩への答えなのです。というのも、大地の最高の山よりも十クビト（約四・五メートル）高く持ち上げられた箱船からカラスが飛び立ったという発言と、天からカラスが飛び立ったという発言とは、わたしにはほとんど同一であるように思われるからです。そして、このような場所や地域にいる人間たちが神々と呼ばれるのも、わたしにはさして奇妙なこととは思われません。というのも、彼らは天の近くに住んでいるので、たやすく神々になることができるのです。さらに、あの主人公がヘブライ人たちによってノアと呼ばれ、エジプト人たちによってアポロンと呼ばれたことも、たやすく調和します。なぜならば、異なった命名は、生殖という同一の任務において一致するからです。なにしろ、〈太陽と人間が人間を生み出す〉[85]のですから。さらに、このことが人間たちが水浸しになったときに起きたということと、神々が渇きに死にかかっていたときに起きたということも、たしかにまったく同一のことです。というのも、天の水門が開き、天空の貯水池が壊れたときには、大地の住民が水浸しになり、天の住民が渇きに死にそうになるのは、必然だからです。カラスがイチジクに心を奪われて留まったということと、死体の味に魅惑されたということも、夢判断についてのヨセフの解釈を考慮すれば、同一であることになります。というのも、「イチジクの入った籠を頭に載せて、それを食べに鳥どもがやってきた」という夢を見たファラオの料理人に対して、ヨセフは、料理人は首を吊られ、カラスとハゲタカが彼の肉を食べるだろうと予言したからです[86]。カラスが帰るには帰ったが、遅れたためにいかなる利益ももたらさなかったということは、二度と帰って来なかったということとまったく同一であるのみならず、けっして行くことも送り出されることもなかったということとも、まったく同一なのです。なぜならば、無駄に行き、為し、帰る者は、行くことも為すことも帰ることもしない者と変わりがないからです。そして、われわれは、遅れて何も為さずに帰ってくる者に対して、たとえその者が何かを持ち帰ったとしても、次のように言うのが常なのです。

出て行け、兄弟よ。そして、帰ってくるな。
おまえを見たのはルッカでだったかな[87]。

それゆえに、サウリーノさん、エジプトの隠喩は、他の物語や寓話や比喩に矛盾することはないのです。

サウリーノ　あなたがしたテキストの照合に、わたしは完全に満足してはいませんが、かなり満足しています。けれども、いまは話の本筋に戻ってください。

■〈カップ〉の追放と〈禁欲〉の導入

ソフィア　メルクリウスが尋ねました。「〈カップ〉をどうしましょうか。ジャーをどうしましょうか。」

モムスが言いました。「〈相続法に則って〉、それを高低ドイツが生み出した最大の飲兵衛に与えることにしましょう。高低ドイツでは、英雄的な美徳に混じって、〈食欲〉が称揚され、賞賛され、賛美され、崇められており、〈酩酊〉が神的な属性のひとつに数えられているのです。そこでは、〈両方のユース〈法と汁〉が吐き出されるまで〉、飲兵衛がドリンクしてはドリンクし直し、飲んでは飲み直し、げっぷをしてはげっぷをし直し、いびきをかいてはいびきをかき直し、吐いては吐き直しているのです。〈つまり〉、コンソメやからすみやポタージュやセルブラ・ソーセージや米やソーセージを吐くまで食べて、彼は〈大食漢の栄誉を得て豚の中の豚とみなされる〉ことになるのです。〈酩酊〉がこいつと一緒に出て行けば良いのですが。〈酩酊〉がそこでドイツの服を着て、聖アントニウスの乞食僧の背負い籠のような大きな半ズボンを穿いているのが見えないのでしょうか。このズボンの前をあけて天国に雄羊の一突きを与えようとしているのが見えないのでしょうか。〈酩酊〉が、岩壁も大岩も茂みも堀も避けることなく、前後左右にものにぶつかりながら、熊のように歩くのをご覧なさい。〈酩酊〉の忠実な仲間たちが一緒にいるのをご覧なさい。〈満腹〉〈下痢〉〈ガス〉〈眠気〉〈震え〉であり、それらの別名は、〈千鳥足〉〈吃音〉〈舌足らず〉〈血の気のなさ〉〈目眩〉〈げっぷ〉〈吐き気〉〈嘔吐〉です。さらにその他の追随者や従者や取り巻きも一緒にいます。〈酩酊〉は歩くことができないので、ほら、凱旋の馬車に乗りました。馬車には多くの善良で賢明で聖なる人物が結ばれています。それらの中でもっとも有名で名高い者は、ノアやロトやキアッコーネやヴィタンザーロやツカヴィーニャやシレヌスです。旗手のザンパリオンは緋色の小旗を持ち、そこには二羽のムクドリの自然の姿がその羽の色で描かれています。そして、二つのくびきにつながれて、白・赤・混色・黒の四匹の豪勢な豚が梶棒を引いています。第一の豚はグルンガルガンフェストロフェルといい、第二の豚はソルビルグラムフトンといい、第三の豚はグルティウスといい、第四の豚はストラフォカチオといいます。」

しかし、このことについては別の機会に詳しくお話ししましょう。その場所を〈禁欲〉と〈節制〉がそれらの組織と従僕たちとともに継承することをユピテルが命じた後にどうなったかを、いまは見ることにしましょう。というのも、ケンタウルスのキロンについて考えるときが来たからです。

彼が話題に上がる順番が来たとき、年老いたサトゥルヌスはユピテルに言いました。「わたしの息子にして主よ、陽が落ちようとしているので、他の四つについて急いでかたをつけることにしませんか。」

■ ケンタウルスのキロン

するとモムスが言いました。「さて、野獣に移植されたこの人間、あるいは人間に接ぎ木されたこの野獣をどうしたものでしょうか[88]。その中では、ひとつの人格がふたつの本質から成り立っており、ふたつの実体がひとつの仮説的統一へと合流しています。そこでは二つのものが第三の存在を成立させるために統一されており、このことに関しては疑問の余地はありません。むしろ難問は以下のことにあります。すなわち、このような第三の存在は、それを成立させる二つの部分、あるいはそのうちのひとつよりも優れたものなのか、あるいは劣ったものなのか、という難問です。要するに、人間の存在に馬の存在が付け加えられたときに、天の座にふさわしい神が生まれるのか、家畜の群れや家畜小屋の中に入れられるにふさわしい野獣が生まれるのか、という難問なのです。結論を言うと、たしかに、イシスやゼウスやその他の卓越した神々によって野獣であることについて多くのことが語られて、人間が神であるためには、野獣と共通点を持たなければならず、人間が神の高みにあることを示そうとするならば、同程度に野獣性を示さなければならないと言われています。しかし、わたしはけっして、完全無欠の人間や野獣が存在するかわりに、人間の一部と野獣の一部しか存在しないところのほうが良い状態にあるとは、信じることができないのです。それはちょうど、ズボンの一切れと上着の一切れがあるところに、上着やズボンよりもすばらしい、あるいはもっと美しい着物が生まれはしないのと同じことなのです。」

「モムスよ、モムスよ」とゼウスは答えました。「この事柄の神秘は隠れており偉大であり、おまえの理解を超えている。だから、高尚で偉大な事柄としておまえはそれをただ信じなければならないのだ。」

モムスは言いました。「よく分かっていますとも。それは、わたしや少しでも知性があるいかなる者によっても理解され得ないことなのです。神であるわたしも、米粒ほどの考えを持っている他の者も、それを信じなければならないのです。まずあなたからうまい具合に信心をいただけたらばいいのですが。」

ユピテルは言いました。「モムスよ、知る必要があること以上を知りたがってはいけないのだ。そして、（わたしを信じなさい。）このことは知る必要がないことなのだ。」

モムスが言いました。「それならば、理解する必要があるのは、わたしが不本意ながら知りたがっているということ、そして、ユピテルよ、あなたのお気に召すために、以下のことを信じたがっているということです。すなわち、一片の袖と一足の靴は、一対の袖と一対の靴よりもはるかに価値があるということ。人間は人間でなく、獣は獣でなく、半分の人間は半分の人間でなく、半分の獣は半分の獣でないということ。半人半獣は不完全な人間や不完全な獣ではなく、〈清らかな心で〉崇拝すべき神であるということです。」

■〈ケンタウルス〉は〈純一〉とともに天に留まる

このとき神々はユピテルに、事を急ぎ、ケンタウルスに関しては彼の好きなように決めるよう懇願しました。それゆえ、ユピテルはモムスに沈黙を命じ、次のように決定しました。「わたし自身キロンに対して勝手なことを言ったとしても、いまはそれを撤回しよう。そしてこう言おう。ケンタウロス・キロンはまったき正義の人であり、かつてペリア山に居を構え、その地でアスクレピウスに医学を、ヘラクレスに天文学を、アキレウスにキタラ〔弦楽器〕を教え、病人を治癒し、星辰へと昇る道を示し、妙音を奏でる弦を木に接続し、それを弾く方法を教示したのだから、天に座を占めるにふさわしい、と。キロンが天の座にもっとも適任であることは、この天の神殿においてキロンが司る祭壇には、彼以外に司祭がいないことからも判断できる。そこにキロンは、いけにえの野獣を手に持ち、献酒のための酒器を腰にぶらさげているのだ。祭壇や内陣や礼拝堂は必要不可欠なものであり、司祭なしにはそれらは無益なものであるのだから、運命が他の決定を下さないかぎり、キロンは永遠にそこで生き続けなければならない。」

ここでモムスが言いました。「ユピテルよ、この者を天の祭壇と神殿の司祭にすることは、じつにふさわしい賢明な決定です。というのも、彼が手に持っている獣を使い果たしたとしても、そこに獣が欠けることは不可能だからです。実際、彼は同一の者でありながらも、犠牲を捧げる者と犠牲として、〈すなわち〉司祭と獣として、役に立つことができるからです。」

ユピテルが言いました。「いいだろう。この場所から〈獣性〉と〈無知〉と無益で危険な〈寓話〉が去るがいい。そして〈ケンタウルス〉がいる場所には、正しい〈純一〉と道徳的な〈寓話〉が残るがいい。〈祭壇〉がある場所から〈迷信〉と〈不誠実〉と〈瀆神《とくしん》〉が去るがいい。そしてそこには、虚しくない〈宗教〉と愚かでない〈信仰〉と真の誠意ある〈敬虔〉が留まるがいい。

■〈三重冠〉はアンリ三世に与えられ、天の座を〈勝利〉が継承する

ここでアポロンが提案しました。「この〈三重冠〉はどうなるのでしょうか。そしてこの〈冠〉は、何のために定められているのでしょうか。」

ユピテルは答えました。「運命の定めと神の霊の導きと自らの大功によって、これはまさに、雅量あり強力で

戦闘的なフランス国の王である、無敵なるアンリ三世のものだ。アンリ三世は、フランスとポーランドの冠に続いて、この冠を手にすることを約束されている。このことは、王の即位の初めに、あの高名な紋章を自らのものと決めたことからも確証される。この紋章では、二つの低い冠が第三のさらに顕著で美しい冠と一体をなし、それに魂を与えるかのようにして、〈第三のものは天のために残されている〉という言葉が付け加えられているのだ。この最良のキリスト教徒である、聖なる、宗教的な、純粋な王は、〈第三のものは天のために残されている〉と自信を持って言うことができる。というのも、彼は『平和なる者たちは幸いなるかな、静かな者たちは幸いなるかな、心の清らかな者たちは幸いなるかな。なぜならば、天の王国は彼らのものだからだ。』[89]と書かれていることを熟知しているからだ。彼は平和を愛し、彼の愛する民をできるかぎり平安と敬神の状態に保っている。彼は、戦争の道具の騒ぎや喧噪や大音響を好まない。それは、地上において独裁者や君主の不安定な地位を盲目的に獲得するのに役立つだけなのだから。彼の気に入るのは、永遠の王国へのまっすぐな道を示す、すべての正しく聖なる行いなのだ。彼の心の平安は戦争の狂乱の役に立つことではないのだから、彼が生きているうちに、彼の手を借りて、彼のために錫杖や冠の数を増すという言い訳のもとに、他の国々の平和を虚しく乱しに行くことができるなどと、大胆で荒れ狂い混乱した精神を持つ彼の臣下たちは、望んではいけない〈第三のものは天のために残されている〉からだ。彼の意に反してフランスの反乱軍が異国との境界や海岸を求めに出かけても、その試みは無駄に終わるだろう。なぜならば、不確かな助言のいかなる提案も、運勢の好転へのいかなる希望も、外国を統治しその支援を得ることのいかなる利点も、彼に王衣と冠を与えるという口実のもとに、彼から（不可抗力の場合を除いて）心の平安への彼の至福な気遣いを取り除くことはできないからだ。彼の心は、他人のものに関して貪欲であるよりも、むしろ自分のものに関して気前がいいのだから。したがって、他の者たちはポルトガルの王国の空位を狙うがいい。ベルギーの領土を懇願するがいい。他の君主たちよ、おまえたちはなぜ頭を使い、脳みそを絞るのか。他の君主たちと王たちよ、彼がおまえたちの力を押さえつけ、おまえたちから冠を取り上げに来るなどと、なぜ疑い恐れるのか。〈第三のものは天のために残されているのだ。〉それゆえに」とユピテルは結論を言いました。「〈冠〉は、その偉大な所有に値する者を待ちつつ留まるがいい。そして、さらにそこには〈勝利〉と〈報い〉と〈報酬〉と〈完成〉と〈名誉〉と〈栄光〉が王座につくがいい。これらは、美徳でないにしても、美徳の目的なのだから。」

サウリーノ　神々は何と言ったのでしょうか。

ソフィア　大きな神も小さな神も、重要な神も軽微な神も、男の神も女の神も、どのような種類の者であれ、会議にいた者はみな、声をきわめて、あらゆる仕草を使って、ユピテルのもっとも賢明で正しい決定に最高の賛同を与えました。

■　南の〈魚〉が追放され、〈健康〉が導入される

そこで、雷鳴を司る最高の神は欣喜雀躍して立ち上がり、ただひとつだけ決定されていなかった南の〈魚〉に向けて右手を伸ばして、言いました。「すぐにそこからあの魚を取り去りなさい。そしてその肖像以外はそこに残らないようにしなさい。そして、その実体はわれわれの料理人に与えるがいい。そして、それはいま新鮮な状態で、われわれの晩餐を完成させるために調理されるがいい。その一部は焼き、一部は煮魚として、一部は酢づ

けで、残りは料理人の好きなように、ローマ風のソースとともにだ。そして、急いでそれをやって欲しい。というのも、働きすぎてわたしは腹ぺこであり、おまえたちもきっと同様だからだ。加えて、この浄化がわれわれに何らかの利益をもたらすというのは、好都合なことだからだ。」

すべての神々は言いました。「じつにお見事です。そして、その場所には〈健康〉と〈安全〉と〈有益性〉と〈悦楽〉と〈休息〉と最高の〈快楽〉が留まるがいいでしょう。それらは、徳の報酬から生み出されたものであり、努力と労苦の報いなのです。」――そして、この言葉とともに、彼らは、三一六の著名な星を持つ黄道帯の向こうの空間を浄化し終えて、会議から退出したのです。

サウリーノ　それでは、わたしは夕食に行くとします。

ソフィア　そして、わたしは夜の瞑想に引きこもることにします。

訳注

1　ノラはカンパニア地域ナポリの近郊の村であり、ブルーノの生地である。異国の放浪者ブルーノにとってこの故郷は特別な意味を持ち、彼は著作の中で自らを「ノラの人」と呼んでいる。

2　フィリップ・シドニー（Phillip Sidney, 1554-1586）は、ルネサンス・イギリスの代表的な文人であった。彼はイタリア語に長じ、イタリア文化への造詣が深かった。

3　ブルーノとオックスフォード大学の教授たちとのコペルニクス説を巡る論争を暗示している。その顛末は、『聖灰日の晩餐』で皮肉たっぷりの口調で語られ、イギリス人読者の反感を買った。

4　ファルク・グレヴィル（Fulke Greville, 1554-1628）。シドニーと同様、彼もまた当時を代表する文人であり、イタリアの言語と文化に造詣が深かった。

5　シレーノスは、ギリシャ神話におけるディオニュシオスの従者。体の半分が人間、半分がヤギという奇妙な外見を持ち、好色な酒飲みとして知られていた。プラトンは、『饗宴』221D-222Bにおいて、アルキビアデスの口を借りて、あえて彼の師ソクラテスをシレーノスになぞらえている。シレーノスのイメージは、皮肉と諧謔に満ちたブルーノの著作の喜劇的文体を理解するキーワードである。このテーマに関しては、ヌッチョ・オルディネ著、『ロバのカバラ』、加藤守通訳、東信堂、二〇〇二年、第一一章参照。

6 「賢慮」(prudenza) という言葉は、この箇所のすぐ前にも使われており、重複している。

7 グラナーダによれば、ここで批判されているのは、第一に新教徒、第二にアリストテレス主義者、第三に衒学者である。

8 以下に列挙されるユピテルの知識は、『原因・原理・一者について』にて叙述されたブルーノの自然哲学の概要である。

9 アリストテレス主義者たちのこと。

10 モムスは、古代の神話においては、夜の息子であり、非難の神であった。しかし、古代ギリシャの作家ルキアノスの対話においては、モムスは暗黒の特質を失い、自由にものを言う神として重要な役割を演じることになった。ルネサンスにおいても、アルベルティの『モムス』やエラスムスの『痴愚神礼讃』などにおいて、モムスは同様の役回りを演じることになった。

11 エリダヌス川の座を占めることになる〈具体的なロバ性〉に関しては、本書の続編として刊行された『天馬のカバラ』で詳しく論じられることになる。

12 ペトラルカ『カンツォニエーレ』一九三、一―二の模倣。

13 ソフィア(知恵)には、地上のソフィアと天上のソフィアがいるが、対話をリードするのは地上のソフィアである。

14 サウリーノ(Saulino)ないしサヴォリーノ(Savolino)は、ブルーノの母方の家系の名である。

15 ドイツの哲学者ニコラウス・クザーヌスのこと。

16 アリオスト『狂えるオルランド』、脇功訳、第四五歌、二、一―六、名古屋大学出版会、二〇〇一年。

17 ここに列挙されている変身のリストは、オウィディウス『変身物語』六、一〇八以下からとられている。

18 イスラエルの三代目の王ソロモンへの当てこすり。

19 サトゥルヌスの父にして、ユピテルの祖父であるウラノスのこと。

20 プレスター・ジョーンの伝説は、当時の地理文学で好んで扱われていた。彼のキリスト教国は、エチオピアか極東に存在すると言われていた。

21　ユピテルが父サトゥルヌスを去勢し、その性器を海に投げ捨てたとき、ヴェヌスが泡から生まれた。
22　ヴェルギリウス『牧歌』四、三六。
23　セネカ『オエディプス』九八〇―九八六および九九一―九九四からの自由なイタリア語訳。「残酷な妹」とは、運命の三女神パルカエの一人、ラケシスのこと。
24　オウィディウス『変身物語』一〇、一五五―一六一。
25　ホラティウス『歌集』一、一〇、一二。
26　ルクレティウス『事物の本性について』第一巻、一―九行の自由な訳。
27　オウィディウス『変身物語』第五巻、三四六―三五四。
28　後に半人半獣であるケンタウルスのキロンのもとにキリストが批判されていることを考えると、ここでの「半人」はキリスト教徒たちを指すと思われる。
29　ヴェルギリウス『アエネーイス』六、三七。
30　ブルーノによる星座の神話的解釈は、当時流布していた偽エラトステネスの『カタステリスモイ』やヒギヌスの『天文学』と『寓話集』などに依拠していた。もっともブルーノの誤読のために実際の神話の人物名と異動がある個所もまれに見られる。
31　プレイアデス星団（すばる）のこと。
32　ヒギエヌスによれば、この卵から生まれた女神シリアは、ヴェヌスと同一視された。
33　ヒギエヌスによれば、オリオンは父ネプトゥーヌスから水の上を歩く能力を授かった。
34　ブルーノの著作『天馬のカバラ』のこと。
35　アポロンの息子パエトンが太陽の馬車を地上に近づけすぎたために、ユピテルはそれをエリダヌス川へと落下させた。パエトンの死を悼む彼の姉妹たちはこの川岸のポプラの木となった。オウィディウス『変身物語』二、三一九以下参照。

36 オウィディウス『変身物語』IV、六七〇以下参照。

37 偽エラトステネスやヒギヌスによれば、ネメアの獅子は、カニの怪物と同様に、ヘラクレスに挑むためにユノによって大地から生み出された。

38 ユピテルが雄牛に変身してエウロパを略奪した有名な話については、オウィディウス『変身物語』二、八六三以下参照。

39 カリストのこと。ユピテルとカリストの物語については、オウィディウス『変身物語』二、四〇一以下参照。

40 大熊座は沈むことがないが、その理由は怒ったユノが海の女神テティスに命じて、熊を海に受け入れさせなかったからである。オウィディウス『変身物語』二、五二七以下参照。

41 ヴェルギリウス『農耕詩』一、二四二以下。

42 ここで名指しされている家はみな、大紋章の中に熊を描いている。イギリスの熊たちは、ロバート・ダドレイ(Robert Dudley)家のことである。

43 ペトラルカの「ソネット」二六五番のパロディー。

44 ユピテルがアルカディアのニンフであるカリストを強姦した後に、生まれた息子がアルカスである。その後、カリストはユノによって熊に変身させられるが、エリュマントスの森で青年アルカスに出くわす。何も知らないアルカスがカリストに槍を突き刺そうとしたとき、それを見ていたユピテルはアルカスを熊に変身させ、母親とともに天に住まわせた。これが大熊座と小熊座の由来である。オウィディウス『変身物語』二、四〇一以下参照

45 アンリ三世の紋章が暗示されている。フランスとポーランドの二つの冠を描くこの紋章には、「第三の冠は天に残る」という侵略主義的な政策の拒否を意味する言葉が付されている。

46 ここでの非難は、ルターやカルヴァン等のプロテスタンティズムに向けられている。

47 ここでの批判は、ルターの『奴隷意志論』に向けられている。

48　プロテスタントの神学者たちのこと。ブルーノは、宗教改革を文献学と結びつけて考えているのである。

49　『マタイによる福音書』一〇、三四―三六の以下の文に対する批判。

「わたしが来たのは地上に平和をもたらすためだ、と思ってはならない。平和ではなく、剣をもたらすために来たのだ。わたしは敵対させるために来たからである。人をその父に、娘を母に、嫁をしゅうとめに。こうして、自分の家族の者が敵となる。」

50　『マタイによる福音書』一一、五、『ルカによる福音書』七、二二に対する批判。

51　ユヴェナリス『風刺詩』一〇、三三六。ただしブルーノの引用は原文と若干異なっている。

52　詩人にして弁論家であったルイジ・グロート（一五四一―一五八五）のこと。

53　オウィディウス『変身物語』五、三八五―三八七参照。

54　アリオスト『狂えるオルランド』第四歌一。

55　オウィディウス『変身物語』五、二三六―二四一参照。

56　ヴェルギリウス『アエネーイス』第六巻九五。

57　タンシッロの『葡萄の収穫者』(*Vendemmiatore*) からの断片的な引用。

58　ここで暗示されているのは、一五四七年にナポリで起きた民衆の暴動である。この暴動は、王国に異端審問を導入しようとしたペドロ・アルバレス・デ・トレド総督の試みに反対して起きた。

59　トルクァート・タッソ『愛神の戯れ』第一幕第二場五六五―五九〇行。

60　タンシッロの『葡萄の収穫者』からの断片的な引用。

61　アリストテレス『分析論前書』一、四―七参照。

62　オウィディウス『変身物語』一一、六二三―六二五。

63 オウィディウス『変身物語』一、五九二―六四二参照。
64 オウィディウス『変身物語』一、五九五―六一一参照。
65 卑猥な暗示らしいが意味不明。ランプサコスの神はディオニュシオスのこと。
66 タンシッロの『葡萄の収穫者』からの自由な引用。
67 ここでの議論は、「主として」ルターへの批判である。
68 シチリアとナポリ王国のこと。
69 ホラティウス『書簡詩』二、三、三十参照。
70 オウィディウス『変身物語』五、二五六以下などで語られている、ペガサスの蹄によって湧き出た泉ヒッポクレーネのこと。この泉は詩神（ムーサ）たちの泉として有名である。
71 ここで暗示的に批判されているのは、マキアヴェッリ（『君主論』第十八章）の思想であろう。
72 フランス南西部の都市マントンのこと。
73 巨大な怪獣ティポンがエジプトのタウルス山に留まり、神々を脅かしたとき、神々は牧神パーン（雄ヤギ）の助言によって獣に変身し、難を逃れることができた。オウィディウス『変身物語』五、三二五―三三一参照。
74 『使徒言行録』一四参照。
75 ユヴェナリス『風刺詩』二、二三。
76 『ヨハネの黙示録』五参照。
77 『マタイによる福音書』第一九章二九。
78 ルネサンス期における新大陸とそこに存在した古代文明の発見は、ノアの洪水を巡る伝承の信憑性を揺り動かすことになった。人類が世界の様々な土地で独自に誕生したという人類の複数起源説（その主たる論客がブルーノである）は、この発見を重視した。それに対して、「全世界的な大洪水による、ノアと彼の妻を除く全人類の滅亡、そしてノアを始祖とする人類の再生」を重視するキリスト教は、あくまでも人類の単一の起源を主張し、新大陸における文明もまた旧大陸から伝播されたものであると頑なに主張した。以下に続く箇所では、ブルーノは、ユピテルの皮肉たっぷりの言葉を通じて、人類の単一起源説の頑迷さを揶揄している。

79　ノアの洪水に対応するような洪水の話は、ギリシャ神話にも見られる。デウカリオンはいわばギリシャ版のノアの役回りを演じている。

80　ヨナのこと。『旧約聖書』「ヨナ書」二参照。

81　モムスによるオリオンの描写は、キリスト教、とりわけルターに対する当てこすりである。

82　『天馬のカバラ』において、〈具体的なロバ性〉がエリダヌス川の場所を占めることになる。

83　キリスト教の聖餐に対するあてこすりである。

84　『詩編』や『マタイによる福音書』といった聖書の箇所を想起させるラテン語文。ブルーノは、キリストの死を狩猟における獣の殺戮と結び付けることで、それを茶化しているのである。

85　アリストテレス『自然学』二、二参照。

86　『創世記』四〇参照。

87　当時流布していた格言らしい。

88　人間と馬からなるケンタウルスは、神と人間の媒介者としてのキリストを象徴している。

89　『マタイによる福音書』五参照。

■訳者紹介

加藤守通（かとう　もりみち）

上智大学総合人間科学部教授。

1954年生まれ

1977年　米国イェール大学文学部卒業（西洋古典学）

1986年　西ドイツ（当時）ミュンヘン大学哲学部博士号取得

主要業績

Techne und philosophie bei Platon（Peter Lang Verlag, 1986）

"Aristoteles über den Ursprung Wissenschaft Erkentnis"（*Phoronesis*, vol.32, 1987）

『イタリア・ルネサンスの霊魂論』（共著）（三元社、1955）

『教養の復権』（共著）（東信堂、1996）

ジョルダーノ・ブルーノ著『原因・原理・一者について』（翻訳）（東信堂、1998）

『文化史としての教育思想史』（共編著）（福村出版、2000）

N. オルディネ著『ロバのカバラ――ジョルダーノ・ブルーノにおける文学と哲学』（翻訳）（東信堂、2002）

ジョルダーノ・ブルーノ著『カンデライオ』（翻訳）（東信堂、2003）

ジョルダーノ・ブルーノ著『英雄的狂気』（翻訳）（東信堂、2006）

Le opere scelte di Giordano Bruno Vol.5:
Spaccio de la bestia trionfante

ジョルダーノ・ブルーノ著作集5

傲れる野獣の追放

2013年9月20日　初　版第1刷発行　〔検印省略〕

定価はカバーに表示してあります。

訳者©加藤守通／発行者 下田勝司　印刷・製本／中央精版印刷

東京都文京区向丘1-20-6　郵便振替00110-6-37828

〒113-0023　TEL (03) 3818-5521　FAX (03) 3818-5514

発行所 株式会社 東信堂

Published by TOSHINDO PUBLISHING CO., LTD.

1-20-6, Mukougaoka, Bunkyo-ku, Tokyo, 113-0023, Japan

E-mail : tk203444@fsinet.or.jp http://www.toshindo-pub.com

ISBN978-4-7989-1188-5 C3310 © 2013 by Morimichi KATO

東信堂

ハンス・ヨナス「回想記」	H・ヨナス 盛永・木下・馬渕・山本訳	四八〇〇円
責任という原理——科学技術文明のための倫理学の試み（新装版）	H・ヨナス 加藤尚武監訳	四八〇〇円
原子力と倫理——原子力時代の自己理解	Th・リット 小笠原道雄編	一八〇〇円
感性のフィールド——ユーザーサイエンスを超えて	桑子敏雄・千代章一郎編	二六〇〇円
環境と国土の価値構造	桑子敏雄編	三五〇〇円
メルロ＝ポンティとレヴィナス—他者への覚醒	屋良朝彦	三八〇〇円
概念と個別性—スピノザ哲学研究	朝倉友海	四六四〇円
〈現われ〉とその秩序—メーヌ・ド・ビラン研究	村松正隆	三八〇〇円
省みることの哲学—ジャン・ナベール研究	越門勝彦	三二〇〇円
ミシェル・フーコー——批判的実証主義と主体性の哲学	手塚博	三二〇〇円
カンデライオ（ジョルダーノ・ブルーノ著作集 1巻）	加藤守通訳	三二〇〇円
原因・原理・一者について（ジョルダーノ・ブルーノ著作集 3巻）	加藤守通訳	三二〇〇円
傲れる野獣の追放（ジョルダーノ・ブルーノ著作集 5巻）	加藤守通訳	四八〇〇円
英雄的狂気（ジョルダーノ・ブルーノ著作集 7巻）	加藤守通訳	三六〇〇円
ロバのカバラ——ジョルダーノ・ブルーノにおける文学と哲学	N・オルディネ 加藤守通監訳	三六〇〇円
（哲学への誘い—新しい形を求めて 全5巻）		
哲学の立ち位置	松永澄夫・鈴木泉編	三二〇〇円
哲学の振る舞い	松永澄夫・村瀬鋼編	三二〇〇円
社会の中の哲学	松永澄夫・高橋克也編	三二〇〇円
世界経験の枠組み	松永澄夫・伊佐敷隆弘編	三二〇〇円
自己	松永澄夫・浅田淳一編	三二〇〇円
哲学史を読むⅠ・Ⅱ	松永澄夫	各三八〇〇円
言葉は社会を動かすか	松永澄夫編	二三〇〇円
言葉の働く場所	松永澄夫編	二三〇〇円
食を料理する——哲学的考察	松永澄夫	二〇〇〇円
言葉の力（音の経験・言葉の力第Ⅰ部）	松永澄夫	二五〇〇円
音の経験（音の経験・言葉の力第Ⅱ部）—言葉はどのようにして可能となるのか	松永澄夫	二八〇〇円
環境 安全という価値は…	松永澄夫編	二〇〇〇円
環境 設計の思想	松永澄夫編	二三〇〇円
環境 文化と政策	松永澄夫編	二三〇〇円

〒 113-0023 東京都文京区向丘 1-20-6 TEL 03-3818-5521 FAX03-3818-5514 振替 00110-6-37828
Email tk203444@fsinet.or.jp URL:http://www.toshindo-pub.com/

※定価：表示価格（本体）＋税